KB149109

평 화 통 일 학

평화통일학

–인내천(人乃天) 이념으로–

지은이 | 노태구

발행일 | 2022년 4월 20일
발행처 | 부코
ISBN | 978-89-90509-56-7   03340

출판 등록번호 | 제22-2190호
출판 등록일자 | 2002.08.07

홈페이지 | www.booko.kr
트위터 | @www_booko_kr

전화 | 010-5575-0308
팩스 | 0504-392-5810

주소 | 서울 서대문구 북아현동 3-68 부코빌딩 501호
메일 | bxp@daum.net

저희 출판사는 여러분의 소중한 원고를 기다리고 있습니다. 메일로 투고해주십시오.

이 책을 복사, 복제, 전재하는 것은 저작권법에 의해 금지됩니다.
Copyrights©All rights reserved.

평 화 통 일 학

-인내천(人乃天) 이념으로-

노 태 구 저

부코
www.booko.kr

서 문: 평화통일학으로 제2건국(완전독립)을

인간중심정치철학은 학문의 꽃이라고 할 수 있는 철학을 비롯하여 역사학, 문학, 정치학, 경제학의 인문사회과학과 물리학, 화학, 생물학, 우주학 등의 자연과학의 전문지식을 아우르는 학문의 이론에서부터 실천방안까지 모두를 아우르는 통섭학문이다.

인간중심의 세계관은 유물론과 유심론을 변증법적으로 결합하여 모든 학문적 연구의 목적은 언제나 인간의 생존과 발전의 길을 밝히는 데 이바지하고, 인간중심 철학은 인간운명 개척의 기본방향과 큰 길을 밝혀주는 학문으로 정의할 수 있다.

지금까지의 철학은 인간의 운명과 동떨어진 문제들만 다루었다. 따라서 인간중심 정치철학은 기존철학의 문제점을 제기하며 독자적인 주장을 펼치게 된다.

여기서 인간중심정치철학을 간단히 약술해보도록 하자.

첫째, 인간은 세계의 본질을 가장 발전된 형태로 체현하고 있기 때문에 세계에서 가장 발전된 존재로서 유일한 자주적 창조적 존재라는 인식을 **세계관**의 출발점으로 하고 있다.

인간중심 철학은 이러한 의미에서 생명과 정신의 기운을 해명하고 인간이 세계에서 차지하는 자주적 지위와 창조적 역할을 밝힘으로써 유물론과 관념론의 일면성을 극복하고 인간중심의 세계관과 인생관을 확립하고 있다.

둘째, 인간은 개인적인 동시에 집단적인 존재다.

한 개인은 자기 개체의 생존을 보존하려는 속성과 사회집단의 생존을 보

4

존하려는 본질적 속성을 동시에 본질적으로 갖고 있기 때문에 인간은 사회적 집단적 존재라는 것이다. 사회생활 과정에서 인간은 언어, 문자라는 매체를 통하여 얻은 지식을 사회성원들이 다 같이 교환하고 이용하며, 더 나아가 인간의 정신적, 물질적, 사회적 힘을 사회생활 과정에서 고도로 발전된 과학문화와 위력한 객관적 기술수단들에 체현시켜 사회공동의 재부로 후대에 전달하여 이용하고 있다. 개인의 생명체는 사멸하지만 개인이 속해 있는 집단적 생명체인 민족은 대를 이어 영원하고 무궁, 무한한 생명력을 가진 존재로 남을 수밖에 없다는 것이다.

셋째, 인간사회가 계속 생존하고 발전하기 위해서는 **자연개조사업, 인간개조사업, 사회관계 개조사업의 3대 개조운동**을 끝없이 영위해가야 한다는 것이다.

자연개조사업을 통해 인간은 자연의 힘을 자기의 힘으로 전환시킴으로써만 생존과 발전을 실현할 수 있다. 인간이 발전한다는 것은 자연에 잠재하고 있는 끝없는 힘을 인간자신의 것으로 만들어 인간을 발전시키는데 이용한다는 것을 의미한다. 자연을 인간을 목적의식적인 운동에 인입(引入)한다는 것을 의미한다. 인간의 요구에 맞게 자연을 개조하는 인간의 창조적 활동이 더욱 강화 발전됨에 따라 인간을 중심으로 진행되는 운동의 범위는 끝없이 넓어진다. 이렇게 자연개조사업을 통해 얻는 물질적 힘을 인간의 창조적인 힘으로 전환시키는 것은 인간 차제를 끝없이 발전시키는 원동력이며 필수적인 조건이 되는 것이다.

이점에서 인간은 물질세계 전체의 발전을 위하여 활동하게 된다. 자연 자체가 자기의 특성을 충분히 살려 끝없이 아름답고 값진 것으로 변화될 것이다.

인간개조사업은 정신적 생명력을 생산하는 창조활동이라고 볼 수 있다. 육체적 힘은 타고난 것이지만 정신적 힘은 사회생활을 통하여 인간이 창조한 사회적 생명력이다. 몸집을 키우는 육체적 개조는 정신력 강화에 이바지해야 한다. 정신적 힘이 강화되면 자기 몸의 육체적 힘을 창조적으로 이용할 수 있을 뿐 아니라 자연의 무진장한 힘도 자기 힘으로 이용할 수 있다. 그리하여 교육사업과 과학연구사업, 문화예술창작사업 등이 중요하다.

사회관계 개조사업은 사회협조적 생명력을 강화하기 위한 주요한 창조적 사업이다. 각이한 특징을 가진 다양한 인간이 협조하면 결합의 구성요소인 개인의 생명력보다 자기보존성이 질적으로 강한 새로운 생명력의 결합체가 출현하게 된다. 이런 점에서 사회관계개조와 관리를 책임지고 있는 **정치**가 인간의 생명력을 종합적으로 대표하여 사회집단에 대한 지휘기능을 수행한다. 따라서 사회관계를 합리적으로 개조하는 창조적 사업이 인간의 3대 생명력을 종합적으로 결합시키는데 이바지하는 매우 중요한 창조적 활동으로 되는 것이다.

이와 같이 인간중심의 세계관으로 이러한 3대 개조사업을 발전시켜 나가면 인간의 인식능력의 발전에는 끝이 없으며 인간의 운명개척과 인간의 위력의 발전에도 끝이 없다는 것을 알게 된다. 인간에게는 동물적 잔재가 적지 않게 남아 있으므로 자연개조사업에서 얻는 물질적 힘을 이용하여 인간개조사업, 사회관계개조사업을 발전시켜 나가야 한다는 것이다. 결과적으로 우리는 물질경제생활, 정신문화생활, 사회정치생활의 3대 개조를 통해 지속적인 발전을 이루어갈 수 있다.

결론적으로 인간중심 정치철학의 특징은 인간이 세상에서 가장 발전된 존재로서 자기운명 뿐만 아니라 민족과 세계의 운명까지 책임져야 한다는 것을 자각하고, 이를 정치사상교육을 통해 계속하여 성실하게 노력해간다면 민족통일을 자주적·평화적으로 이룰 수 있을 것이다. 그리하여 제2건국인 한(韓) 민족의 통일로 동북아시대를 열어 세계 인류는 영원히 발전하게 될 것이며 끝없이 휘황찬란한 미래로 뻗어나갈 수 있다.

인간론적 세계관에 기초한 인간중심정치철학을 평화통일학으로 하여 희망적인 메시지를 민족과 인류에게 제시하였다는 점에서 본고의 그 현대사적 의미가 다대하다고 할 수 있을 것이다.

* 본고는 한민족의 평화통일을 위하여 황장엽선생의 주체사상을 강의와 자료를 중심으로 요약 정리해본 것이다.

　黃長燁선생님은 1923년 1월 23일 평안남도 강동군 만달면 광청리 삼청동 4남매의 막내로 태어나셨다. 선생은 일제 강점기에 시대적인 아픈 고난의 생활 속에서도 배움에 대한 관심이 높았다. 자서전 곳곳에 공부하기를 좋아해서 발분망식(發憤忘食: 공부에 열중해서 먹는 것도 잊은 체)하고, 잠자는 시간이 아까워할 정도로 쉴 새 없이 널리 학문을 섭렵하며, 운명하시기 전까지 사색하고 연구하며, 토론하여 가르침을 몸소 실행하셨다. 때로는 동화책이나 자연과학의 수치까지 인용하며 가르치는 것을 보면 탄복하지 않을 수 없다. 미수(米壽)의 연세에도 책을 사다보며 배우고, 쓰며 가르치기를 좋아하시니 한국이 낳은 세계적인 석학이라고 할 수 있겠다. 한국에 와서 20여권의 책을 저술·출판하셨다.

2022 壬寅年 元旦
方背洞 談園精舍

盧泰久 識

서 문: 평화통일학으로 제2건국(완전독립)을 ···················· 4

제1편 인간중심 민주주의 ································· 11

제1장 민족의 행복한 통일을 위하여: 玄江의 '인생관'을 통해 ················ 12
제2장 인간중심철학의 3대 창조적 원리: 정치에 투자를 ···················· 32
제3장 통일민주주의 시대의 도래: 정의와 사랑으로 ························· 51

제2편 정치경제학 ································· 67

제4장 통일의 민주화전략: 양체제 결합의 완성된 민주주의로 ··············· 68
제5장 인간중심철학의 종교관 ·································· 83
제6장 경제학이란 무엇인가?: 개인주의와 집단주의의 균형적 발전을 ····· 94
제7장 계급투쟁과 무산계급독재: 인간의 이해관계를 반영한 사상으로 ·· 103

제3편 통일의 세계관 ················· 115

제8장 새로운 통일세계관: 생명활동의 동화작용으로 ················· 116
제9장 인간론적 세계관: 유물론과 관념론의 지양 ················· 123
제10장 과학적 세계관(神觀: 우주관): 물질세계에 대한 상식으로 ········· 139
제11장 민족통일을 위한 세계관: 인내천(人乃天) 종교로 ·············· 149

제4편 아름다운 민족통일을 위해 ················· 163

제12장 사회역사관으로 보는 민주주의 이념당의 건설 ················· 164
제13장 (제4)지도사상부와 이념당 건설: 통일이 발전의 원동력이다 ····· 182
제14장 지도사상부와 이념당건설: 통일한국의 정부형태 ·············· 199

부록
평화와 통일을 위한 천도교의 역할 ················· 217
북한인권 개선을 위한 종교의 역할 ················· 230
공평세상을 위한 정치지도력 ················· 246
통일평화대학을 근간으로 통일연방정부를 ················· 255

제1편

인간중심 민주주의

제1장 민족의 행복한 통일을 위하여: 玄江[1]의 '인생관' 을 통해

Ⅰ. 서언: 협조적 정치력으로

현강 선생님의 생전의 모습을 떠올리면 민족의 평화통일을 위해 심혈을 기울이시며 집필과 강의로 한 순간도 쉼이 없이 매진하시던 모습이 지금도 선연하다. 선생님을 뵙게 된 이후 수삼년을 강의를 들으면서 친숙하게 된 이후로는 정년을 맞으면서 제2의 인생 이모작을 두고 학문과 인생에 있어서 선생님을 사표(멘토)로 삼아 나 자신의 일상에서 조금이라도 생활에 해이가 오게 되는 순간이면 선생님을 떠올리면서 자리에서 박차고 일어나곤 한다.

인간은 개체적 존재이지만 집체적 존재라는 공동체적 삶을 의식하면서 민족공동체와 더불어 영생의 삶을 위해 자리에서 일어나 다시 옷깃을 여미고, 이 시대의 민족사적 당면과제인 평화통일이라는 민족의 운명개척을 위해 고심하게 된다.

인간은 개인적인 동시에 집단적인 유(類)적 존재로 고립된 개인으로서는 살 수 없기 때문에 사회적으로 협조하는 것이 불가피하다. 개인적 존재로서의 삶의 요구와 집단적 존재로서의 삶의 요구를 다 같이 충족시키는 행복을 누리기 위해서는 **반드시 사회적 협조성을 발전시켜나가야 한다.**

나는 선생님의 유지이신 우리 민족의 얼과 한(恨), 정(情), 혼(魂)으로 제도화한 제4 지도사상부와 이념당 건설을 완수하기 위해 '인간중심정치철학'의 공   부를 지금도 계속하고 있다. 때가 오면 본격적으로 이념당 건설로 통일운동을 시작하기위해 우선은 사람중심의 민주주의 정치철학을 체계적으로 이해하여 우리 후학들이라도 사상적으로 결합하여 상호 협력할 수 있는 허심탄회한 관계를 만들어 가기 위해 현강의 주요 저서인 『인생관』 『세계관』 『사회역사관』을 순서대로 연구해 가기로 한다.

여기 소개하고자 하는 글은 『인생관』[2]을 탐독하여 중요내용을 요약하

---

1) 황장엽선생의 총애를 받던 임중산(林中山)이 지은 호이다. 玄妙之道의 지성의 뜻과 선생의 고향인 大同江의 의미가 담겨져있다. 현강(玄江) 황장엽(黃長燁) 선생은 2010년 10월 10일 오전에 환원하셨다.
2) 황장엽, 『인생관』(서울: 시대정신, 2001.2.초판, 2003.12.재판), pp.470.

여 편집 형식으로 소개하고자 한 것이다.

II. 인생관의 기본문제

1. 인간과 민족 그리고 우주

우주에서 차지하는 인간의 자주적 지위를 두고 인간은 자연이 가지고 있는 힘을 자기의 힘으로 전환시킴으로써 발전할 수 있다. 자연은 끝이 없으며 끝없는 힘을 가지고 있다. 이것은 인간이 끝없이 발전할 수 있는 원천을 가지고 있다는 것을 말해 준다.

또한 **우주에서 차지하는 인간의 창조적 역할**을 두고 자연개조를 통해 물질 · 경제생활을 취득할 수 있다. 즉 인간에게는 인류 발전에 필요한 양분을 끝없이 공급해줄 수 있는 위대한 어머니인 대우주가 있고, 발전할수록 더욱 빨리 발전할 것을 요구하는 인간의 자주적인 요구가 있다. 발전의 끝없는 원천과 발전의 끝없는 동력이 있는 만큼 발전하기 위해 노력하기만 하면 인간은 자기 민족의 운명의 주인, 우주의 주인으로서 끝없는 발전의 길을 걷게 될 것이며, 우주에서 차지하는 인간의 창조적 역할과 자주적인 지위는 끝없이 높아지게 될 것이다.

따라서 **민족과 우주의 운명의 주인으로서의 인간의 사명**은 인간의 위대성을 살리는데 있는 것인데 가장 중요한 것은 모든 사람들이 인간의 위대성과 숭고한 사명을 자각하고, 민족과 전인류가 **정의와 사랑의 원리로 결합되어 긴밀히 협력하는 것**이다. 이렇게 될 때 모든 사람들이 다 **위대한 민족과 인류의 생명을 자기의 생명으로 지니고 가장 숭고한 삶을 누릴 수 있는 것**이다.

2. 개인과 사회(사회적 집단): 사상의 의식을 통해

개인주의적 인생관은 개인이기주의와 자유방임주의로 기울어질 수 있는 위험성이 크다는 것이다. 사회를 관리한다는 것은 사회에서 차지하는 사람들의 지위와 역할을 관리한다는 것을 의미한다. 민주주의적 원칙에서 사회를 통일적으로 관리한다는 것은 사람들이 사회 공동의 주인으로서의 지위를 차지하고 주인으로서의 책임과 역할을 다하도록 이끌어 준다는 것을 의미한다. 이것은 사람들에게 사회 공동의 주인으로서 권리를 보장해주는 동시에 모든 사람들이 사회로부터 맡은 임무를 책임적으로 수행하도록 사상적으로, 도덕적으로, 행정적으로, 법적으로 지도하고 도와주고 통제한다는 것을 의미한다. 개인주의자들은 법적 통제나 행정적 통제에 대해서는 중요한 의의를 부여하고 있지만, 사상 도덕적인 교육과 방조의 중요성에 대해서는 응당한 관심을 돌리지 못하고 있다. 즉 물질적인 관리에는 관심이 크지만 정신적인 관리에는 무관심하다는 것이다. 바로 이와 같은 인간 관리의 부족함이 오늘날 개인주의 사회의 중요한 병집이 되고 있으며, 이것이 개인의 민주주의적 자유 자체를 위협하는 중요한 원인이 되고 있는 것이다. 계급주의적 집단주의자들이 자유민주주의 체제의 이러한 약점을 노리고 있다는 것을 잊어서는 안 될 것이다.

집단주의적 인생관을 두고 인간은 먼저 개인적 존재로서의 자기를 인식하고, 그 다음에 사회적 집단적 존재로서의 자기를 인식하게 된다. 이것이 인간이 자기 자신에 대한 인식을 심화시켜 나가는 인식 발전의 순서라고 볼 수 있다.

소련식 사회주의는 계급주의 때문에 집단주의가 더욱 폐쇄적인 비민주주의적인 것으로 되었지만, 계급주의가 아니라 하더라도 사회주의적 집단주의는 사회를 통일적으로 관리하는 일면에 치중함으로써 개인들의 민주주의적 자유를 크게 제한하지 않을 수 없다. 집단주의 원칙에만 기초해서는 국가를 민주주의적으로 관리하는 문제를 해결할 수 없다. 그리고 **참다운 혁명가는** 자기의 혁명적 인생관을 다른 사람에게 강요하는 일이 없다. 사상의 귀중함은 바로 그것이 인간의 자주성을 옹호하는데 있다. 사상적 독재는 인간의 자주성을 억압하는 것으로서 자주적인 사상과 근본적으로 배치된다.

인생관에서 **삶의 요구와 이해관계**는 사회적 의식인 **사상의식**을 통하여 표현된다. 사람들의 요구를 사회적인 방법으로 결합시킨다는 것은 무엇보다도 모든 사회 성원들이 사회적 집단의 삶의 요구와 이해관계를 반영한 올바른 사상을 가지게 한다는 것을 의미한다. 만일 민족의 모든 성원들이 자기 민족의 삶의 요구와 이해관계를 반영한 **애국애족의 사상**을 가지게 되면 사회적 집단으로서의 민족의 생명의 통일이 이루어졌다고 볼 수 있으며, 이러한 민족은 사회적 집단으로서의 자기의 고유한 생명을 가진 민족, 제 정신을 가진 민족이라고 볼 수 있다. 이러한 민족의 생명력은 필승불패이며, 어떤 어려운 환경 속에서도 자기 운명을 자체의 힘으로 확고하게 개척해 나갈 수 있다고 단언할 수 있다.

그럼에도 불구하고 아직도 많은 사람들이 인간의 삶의 요구와 이해관계를 반영한 사회적 의식인 사상을 생명과 결부시켜 이해하지 못하는 데로부터 **사상적 결합의 중요성**에 관심을 돌리지 못하고 있다. 이런 사람들은 개인의 생명만을 생명으로 인정하고 사회적 집단의 생명을 생명으로 인정하지 않으며, 개인의 사상만을 사상으로 인정하고 사회적 집단의 사상을 사상으로 인정하지 않고 있다. 그리하여 자기 민족의 삶의 요구와 이해관계를 반영한 사상을 진지하게 연구하여 인민들 속에 보급할 생각은 하지 않고, 사상의 다양성만 강조하면서 저마다 사상의 대가로 행세하는가 하면, 남의 사상을 소개하는 데만 급급하고 있는 형편이다.

III. 생명관: 개인의 생명과 (사회적)집단의 생명

육체적 생명으로부터 사회적 생명으로의 발전을 위한 인간의 결합은 목적의식적으로 진행되기 때문에 결합의 대상에도 제한이 없으며 결합의 내용에도 제한이 없다. 인간은 보다 많은 사람들이 보다 다양하고 복잡한 내용을 가지고 협력할 수 있으며, 결합될수록 인간의 사회적 생명력은 더욱 강화되게 된다. 사회적 의식과 사회적 재부, 사회적 관계와 결부된 인간의 사회적 생명은 육체적 생명과 질적 차이를 가진 위력한 생명이다.

인간의 생명에서 생물학적 속성과 사회적 속성의 상호관계를 볼 때 뇌수를 통한 관념론과 유물론을 설명함에 있어서 **인간중심의 생명관적 세계관**은, 생명활동에 대한 뇌수의 조절기능의 역사적 발전 과정에서 의식을 의식의 본질로만 파악함으로써 의식을 신비화하는 **관념론**적 오류와, 의식을 객관세계의 반영으로만 보는 **반영론**의 오류를 다 같이 극복할 수 있는 것이다.

생명을 강화하는 방도로서는
첫째로 **정신적 힘을 강화하여야** 한다.
둘째로 **육체적 힘을 강화하여야** 한다.
셋째로 **생명과 생명을 강화하여야** 한다.
넷째로 **사회에서 차지하는 지위와 역할을 높여야** 한다.

개인의 생명과 사회적 집단의 생명에는 공통성과 차이점이 있다. 만일 인간이 다 같고 차이점이 없다면 서로 분리되어 있을 필요가 없으며 하나로 통일되어 하나의 생명체로 살면 될 것이다. 같은 것이 아무리 결합되어도 양적으로는 커질 수 있어도 새로운 질을 가진 존재로 발전할 수는 없다. 만일 인간이 차이성만 가지고 공통성이 없다면 서로 결합될 수 없을 것이며, 결합을 통한 발전에 대해서는 생각할 수 없을 것이다.

따라서 **개인의 생명과 사회적 집단의 생명은 상호관계**로 보아야 할 것이다. 개인의 생명은 집단의 생명의 한 구성 부분이다. 그러므로 집단의 생명은 개인의 생명보다 귀중하다. 이런 점에서 개인의 생명보다는 가족의 생명이 더 귀중하며, 가족의 생명보다는 민족의 생명이 더 귀중하고, 민족의 생명보다는 인류의 생명이 더 귀중하다고 말할 수 있다. 그러나 아직 인류는 하나의 운명공동체로 결합되지 못하였다. 지금 역사는 민족이나 국가를 기본 단위로 하는 생활공동체로부터 단일한 인류공동체로 넘어가는 과도기에 처해 있다. 그러므로 현실적으로 개인에게 가장 귀중한 생명은 민족의 생명이다. 개인은 자기 민족의 생명을 구원하고 발전시키는데 1차적인 관심을 돌려야 한다. 그러나 민족 발전의 방향은 인류 발전의 요구에 부합되어야 할 것이다.

IV. 생활관

1. 자주적 생활

자주적 생활은 경제물질생활, 사상문화생활, 정치사회생활로 나누어 볼 수 있다.

먼저 **경제물질생활**에 있어 사회적 욕망의 중요한 특징의 하나는 사회적 집단과 함께 기쁨과 고통을 나눈다는데 있는 만큼, 육체적 욕망을 중심으로 하는 생활로부터 사회적 욕망을 중심으로 하는 생활로 발전하기 위해서는 육체적 욕망을 충족시키는 물질생활 자체를 같이 즐기는 방향에서 조직하는 것이 좋다.

다음으로 **사상문화생활**은 사상은 인간의 이해관계를 반영한 의식이기 때문에 사람들 사이의 이해관계의 대립이 사상의 대립으로 나타나게 된다. 특

16

히 정치적 특권계급과 경제적 특권계급은 자기들의 특권을 정당화하는 사상으로부터 출발하여 특권이 없는 일반 인민대중이 스스로의 이해관계를 적절히 반영한 사상을 가지는 것을 방해하여 왔다. 특권계층들은 오늘날에 이르기까지 자기들의 특권을 옹호하는 사상만을 고집하며, 이에 배치될 때에는 엄연한 자연과학적 진리까지 부정하고 있는 것이다. 이런 데로부터 인류 공동의 요구와 이해관계를 밝혀주는 사상이 과학적으로 성립되고 체계화되지 못하였다.

마르크스주의는 사상의 과학성에 대하여 강조하였다. 마르크스주의는 사상이 실천과 떨어진 공리공담(空理空談)으로 되어서는 안되며, 그것은 반드시 혁명적 실천의 지침이 되어야 한다는 것을 강조하였다. 이는 마르크스주의의 커다란 공적이라고 높이 평가할 수 있다. **사상문제와 관련하여 마르크스주의의 최대의 공적은 사상의 과학화를 선포하고 사상을 계급해방을 위한 혁명적 실천의 지침으로 삼으려고 하였다는 것이다.**

사상문화생활에서도 사상학습과 문학 예술 작품 체득사업을 배합하여야 하며, 먼저 사상과학적으로 선을 세운 다음, 이에 비추어 흥미 있고 유익한 문학 예술 작품들을 선택하여 감상하고 체득하는 것이 사상문화생활을 건전하게 발전시키는 옳은 방법론으로 될 것이다.[3)]

종교는 사상문화생활에서 특수한 자리를 차지한다. 지금까지 종교보다 더 큰 영향력을 가진 사상은 없다. 그것은 주로 종교의 교리가 **인간에 대한 사랑과 영생을 기원하는 것**과 같은 인간의 본성에 깊이 뿌리박고 있으며 장구한 기간에 걸친 종교생활을 통하여 그 내용이 세련되고 잘 체계화되어 생활화되었다는 사정과 관련되어 있다. 여기에서 한 가지 지적해야 할 것은 종교를 앞으로 사회발전의 요구에 맞게 인간의 자주성, 창조성, 사회적 협조성을 강화하는 방향에서 어떻게 더욱 발전시킬 것인가 하는 것이 당면한 역사적 과제로 제기되고 있다는 사실이다.

마지막으로 **정치생활**은 정치생활의 지위, 민주화, 개선방안으로 나누어 고찰해볼 수 있다.

첫째로 **정치생활의 지위**를 두고 사회가 협조적으로 관리되어 정상적으로 생존하고 발전하기 위해서는 대립과 통일이 다같이 보장되어야 한다. 사회

---

3) 상게서, p. 158.

에서 대립과 통일을 다같이 보장하는 것이 저절로 이루어질 수 없는 것은 더 말할 것도 없으며, 그것은 인간이 목적의식적으로 노력하여도 어려운 일이다. 그러나 인간이 사회적 존재로서 살며 발전하기 위해서는 이러한 대립과 통일을 올바르게 결합시켜 나가는 문제를 반드시 해결하지 않으면 안 된다. 사회에서 개인들이 서로 대립되어 있으면서도 사회적 집단의 성원으로서 서로 통일되어 있다는 인간의 사회적 관계의 기본 특징으로부터, 인간사회의 발생과 함께 대립되는 관계에 있는 각이한 사람들을 하나의 사회적 집단으로 통일시키기 위한 사회관리 사업이 필수적인 사업으로 발생하게 되었다. 바로 여기에 사회관리 사업으로서의 **정치의 시원(始原)**이 있는 것이다. 이것은 다 정치가 개인의 생명을 사회적 집단의 생명과 옳게 결합시켜 사회적 집단의 생명을 자기 자신의 생명으로 받아 안게 됨으로써만 가능한 것이다.

정치는 계급적 대립과 계급투쟁의 산물이 아니라 대립물의 통일을 이루고 있는 사회 자체의 본질에서부터 필연적으로 발생한 자기 관리기능으로서 사회의 발생과 그 시원을 같이 하며 사회가 존재하고 발전하는 한 계속 남아 있고 발전하게 된다.

인민의 정치생활에서 가장 중요한 것은 **정치사상 생활**이라고 볼 수 있다. 인민들의 정치사상 수준이 곧 그 인민의 정치적 자질의 수준이며, 그것이 해당 나라의 정치수준을 결정한다고 말할 수 있다.

정치사상을 국가관리사업에 구체화한 것이 **정책**이다. 집권자의 정책의 본질과 그 변화과정을 올바르게 이해하려면 무엇보다도 그의 정치사상이 무엇인가를 알아야 한다.

둘째로 **정치생활의 민주화**로 자유민주주의 사상은 독재정치를 반대한다는 점에서는 긍정적인 정치사상이라고 볼 수 있지만 정치를 인민 자신의 정치로 만들어 생활화하는 데서는 부족한 면을 가진 정치사상이라고 평가할 수 있을 것이다. 민주주의 정치를 인민 자신의 정치로 민주화하고 생활화하자면 개인주의 정치사상만 가지고서는 부족하다. 개인주의적 정치사상과 집단주의적 정치사상이 결합됨으로써만 개인과 집단을 잘 결합시켜 개인의 자주성과 사회적 집단의 자주성을 다 같이 보장하는 정치를 할 수 있다. 이러한 정치생활을 통하여서만 개인의 자주성을 실현하는 기쁨과 함께 집단의 자주성을 실현하는 보다 더 큰 기쁨을 모든 사회성원들이 공동으로 체험할 수 있을 것이다.

셋째로 **정치생활의 개선방안**은 개인주의자들에게는 집단이 개인의 생명의 모체이며 집단의 생명은 개인의 생명보다 양적으로 뿐 아니라 질적으로 비할 바 없이 더 귀중하다는 인식이 없다는 데 있는 것이다.

2. 창조적 생활

창조적 생활의 가치를 보면 창조적 힘은 정신적 힘과 물질적 힘, 사회적 협조의 힘을 다 포괄하고 있으며 인간의 **창조성**은 **자주성, 사회적 협조성**과 밀접히 결합되어 있다. 그러므로 창조적 힘을 강화 발전시키기 위해서는 **물질적 힘과 정신적 힘, 사회적 협조의 힘**을 다같이 종합적으로 발전시켜야 하며, 창조성과 함께 자주성과 사회적 협조성을 다같이 발전시켜야 한다. 사회적으로는 **자연개조사업과 인간개조사업, 사회관계개조사업** 그리고 경제와 문화, 정치를 종합적이고 균형적으로 발전시키는 것이 필요하며, 개인적으로는 자주적인 사상의식, 특히는 의지와 욕망을 발전시키는 사업과, 정치도덕적 자질을 높이는 사업을 밀접히 결부시켜 창조적 능력을 발전시키는 것이 중요하다.

첫째로 **자연개조사업**은 물질세계에서 차지하는 인간의 자주적 지위와 창조적 역할이 끝없이 높아진다는 것으로 끝없는 미래에 가서는 물질세계의 운동이 인간의 자주적인 요구를 실현하기 위한 인간의 창조적 역할로 전환되게 된다는 것, 즉 세계가 인간중심 세계로 전환된다는 것을 의미한다. 인간은 자연에 대한 과학적 인식에 기초하여 드디어 **인간중심의 과학적 세계관**을 확립할 수 있게 되었던 것이다. 이는 사회적 재부와 사회적 관계로 이루어져 인간의 인식능력을 향상시킨다.

둘째로 **인간개조사업**을 들 수 있다. 사회 공동의 이익을 귀중히 여기는 정신을 키우기 위한 **사상교육**과, 과학 기술적 자질을 키우기 위한 **창조적 능력 교육**, 사회적 협조성을 키우기 위한 **정치도덕적 교육**을 해주어야 한다.

셋째로 **사회관계개조사업**에 있어서 경제가 물질적 재부를 창조한다면 정치는 사회적 협조의 힘을 창조한다. 정치는 사회적 관계를 통일적으로(총괄적으로) 관리하는 사업이다. **정치학**은 사회에서 차지하는 사람들의 자주적인 지위와 창조적 역할을 높여 나갈 수 있도록 사회적 관계를 관리하는 길을 밝혀주는 과학이 되어야 할 것이다.

3. 사회적 협조생활 - 사랑과 도덕

사랑에는 남녀 간의 사랑, 가족에 대한 사랑, 동지적 사랑, 민족애와 인류애를 들 수 있다.

남녀 간의 사랑은 결혼한 다음에 사랑이 식어 가면 그 자체를 회복해 보려고 고심할 것이 아니라 자기의 **인간적 가치**를 더욱 높이기 위한 노력을 강화하는 것이 필요하다. 인간적 가치는 자주성과 창조성, 협조성의 발전수준에 의하여 규정된다.

가족에 대한 사랑은 어린 시절부터 사랑의 기초를 튼튼히 쌓아야 일생동안 사랑의 관계를 확대해가는 사업을 성과적으로 진행할 수 있다. 이리하여 가족을 대신하여 더 발전된 사회적 집단이 사랑을 베풀고 사랑의 교육을 담당하게 된다는 것을 의미한다.

사회적 협조생활로 **동지적 사랑**을 들 수 있다. 사회적 집단 내부에서도 이해관계를 달리하는 소집단들이 대립되어 있는 경우가 적지 않게 남아 있다. 사람들의 이와 같은 이해관계는 사상을 통하여 표현된다. 사상의 폭은 끝없이 넓으며 그 깊이 또한 끝없이 심오하다. 사상은 국경을 넘어 세계적 범위에서 사람들을 결합시킬 수 있으며 동지적 사랑으로 사상적으로 깊이 결합되면 생사운명을 같이 하는 것은 더 말할 것도 없고 백만 대군의 지원을 받는 것보다 더 큰 힘을 받을 수 있다.

민족애와 인류애로 모든 뒤떨어진 민족은 자기 민족을 사랑하는 정신으로 일치단결하고 분발하여 자기 노력으로 민족의 낙후성을 극복해야 한다. 자기 민족이 뒤떨어졌다고 하여 자기를 키워준 민족을 멸시하거나 자기 민족을 버리고 선진 민족을 찾아가는 것은 민족에 대한 배은망덕이라고 볼 수 있다. 설사 사정이 있어서 다른 나라에 갔다 하여도 자기 민족을 잊지 말아야 하며 자기 민족을 세계 선진 수준으로 끌어올리는 사업에 적극 기여하여야 할 것이다. 자기 민족의 운명에 대하여 외면하는 사람은 사실상 세계화를 주장할 자격이 없는 사람이라고 볼 수 있다.

도덕은 도덕의 기본문제, 도덕의 기준, 도덕의 기본원리-선(사랑)의 원리와 정의의 원리, 도덕의 발전과 도덕교육으로 나누어 고찰할 수 있다.

도덕의 기본문제는 어디까지나 개인과 사회적 집단의 관계에서 지켜야 할 의무에 관한 문제다. 집단의 생명이 개인의 생명의 모체이기 때문에 개인의 요구와 이익보다 집단의 생존과 발전이 더 중요하다는 도덕적 의무를 지키는 것이 인간의 응당한 도리가 된다. 인간의 응당한 도리라는 확고한 신념을 **양심**이라 한다. 도덕의 본질을 파악하려면 양심이 무엇인가를 이해하는 것이 필요하다. 양심은 집단의 이익이 중요하다는 것을 계속 반복 체험하는 과정에서 그것이 정당하다는 의식이 굳어져 움직일 수 없는 **신념**으로 된다. 이러한 양심은 사람의 행동을 규제하는 강한 통제력을 가진다.

도덕의 기준이란 결국 인간의 행동의 선악을 평가하는 기준인 것이다. 평가의 주체는 사회적 집단이다. 도덕을 요구하는 주체는 고립된 개인이 아니며 사회적 집단(사회)이다. 도덕의 기준은 사회적 집단의 이해관계, 사회적 이해관계라고 볼 수 있다. **도덕이 변화 발전하여 온 과정은** 그것이 더욱 더 사회발전의 요구에 맞는 방향으로 개선되어 왔다는 것을 보여주고 있다.

도덕의 기본원리-선(사랑)의 원리와 정의의 원리에 있어서 **선의 원리**는 사회적 집단의 운명의 공통성에 기초한 통일의 면과 관련되어 있으며, **정의의 원리**는 개인 운명의 독자성에 기초한 대립의 면과 관련되어 있다.

선의 원리와 정의의 원리는 인간이 개인적 존재인 동시에 집단적 존재라는 인간적 존재의 근본특징과 결부되어 있기 때문에 불변한 도덕적 원리로 된다. 정의의 원리가 관철되어야 개인들이 자기의 특성을 살리면서 생존하고 발전할 수 있으며, 선의 원리가 구현되어야 집단의 협조 협력이 보장되고 대를 이어 영원히 발전할 수 있다.

도덕의 발전과 도덕교육에 있어서 도덕의 발전은 사회의 발전과 상호작용 관계에 있다. 정치가는 정치적 전략전술을 도덕적 원리에 맞추려고 할 것이 아니라 도덕적 원리가 현실적인 정치에 구현되도록 배려하여야 할 것이다. 송양지인(宋襄之仁)의 비웃음을 받지 않도록 하여야 한다.[4] 도덕교육의 기본요구는 개인이기주의를 극복하고 사회공동의 요구와 이익을 수호하도록

---

4) 상게서, p. 328.　　　정치는 구체적 실정에 맞는 이해관계에 충실할 것을 요구한다. 사람과 사람의 관계에서 언제나 정직하고 진실해야　한다는 도덕적인 요구를 적과의 결사전을 벌이는 전쟁마당에서 적에 대해서도 적용할 것을 요구하게 되면 착하기만 하고 수단이 없는 송양지인(宋襄之仁)의 비웃음을 받게된다.

하는 데 있다. 인간의 일생을 규정하는 것은 지적인 재능보다도 행동의 동기다. 올바른 도덕적 품성교육을 통해 불굴의 정의감을 가진 아이로 자라나야 인민을 위하여 불멸의 업적을 쌓아올릴 수 있다.

V. 행복관

1. 행복의 본질적 내용

행복의 본질적 내용은 물질생활의 행복, 정신생활의 행복, 사회적 협조생활의 행복을 들 수 있다.

먼저 **물질생활의 행복**을 위해 자연은 끝없는 물질적 힘을 가지고 있으며 인간은 자연의 힘을 인간의 힘으로 전환시킬 수 있는 창조적 능력을 가지고 있다. 인간의 창조적 능력은 자연의 힘을 인간의 힘으로 전환시킬수록 더욱 강화된다.

정신문화생활의 행복은 인간에게는 정신적 힘이 있기 때문에 자연의 무진장한 힘을 인간의 힘으로 전환시킬 수 있다. 세계의 주인으로서의 인간의 운명을 개척해 나가기 위해서는 인간의 정신력을 강화하는 것이 필요하다. 인간 자체를 보다 힘있는 존재로 개조하는 사업은 본질상 인간의 정신적 힘을 강화하기 위한 사업이라고 볼 수 있다.

개인의 육체적 힘을 강화하는 일은 얼마 못가서 제한성에 부닥치지만 정신적 힘을 강화하는 일은 본인의 노력 여하에 따라 계속 발전시켜 나갈 수 있다. 이것은 인간이 자기의 생활력을 발전시켜 가기 위해서는 정신적 힘을 강화하는데 힘을 기울이는 것이 훨씬 더 효과적이라는 것을 말하여 준다.

마지막으로 **사회적 협조생활의 행복**은 인간이 타고난 삶의 요구(자주성)와 삶의 힘(창조성)이 없다면 사회적 협조가 있을 수 없지만, 사회적 협조가 없이는 사회적 인간만이 가질 수 있는 자주적인 삶의 요구와 창조적인 삶의 힘을 가질 수 없다. 사회적 협조성이 자주성, 창조성과 함께 인간의 기본 속성으로 되는 이유가 여기에 있다. **사회적 관계란 본질상 사회적 협조관계이다.**

사회적 협조에는 집단적 존재로서의 특성을 살리기 위한 **무조건적인 결합**과 개인적 존재로서의 특성을 살리기 위한 **조건적 결합**의 두 개의 협조형태가 있게 된다. 이 두 가지 협조형태가 다 같이 원만히 구현되어야 집단적 존재로서의 인간의 특성과 개인적 존재로서의 인간의 특성이 다 같이 실현되어 인간의 생명력이 더욱 강화되고 인간의 행복수준이 더욱 높아지게 된다.

무조건적인 집단의 결합에서는 **사랑의 원리, 선의 원리**가 기초로 되어 있으며, 조건적 결합에서는 **정의의 원리**가 기초로 되고 있다. 정의의 원리는 역할에 지위를 일치시키는 원칙으로 구현된다. 사회 공동의 이익, 집단의 이익에 기여한 수준에 상응하게 사회적인 지위를 보장해 주어야 한다는 원칙은 집단의 공동의 이익에 모순되지 않게 개인들의 특성을 살리는 사회적 협조의 형태라고 볼 수 있다. 집단적 존재로서의 인간의 지위는 평등하지만 개인적 존재로서의 인간의 지위는 평등하지 않다. 그것은 집단에 기여한 몫이 같은 조건에서만 평등하다. 여기에 집단주의적 평등과 개인주의적 평등의 차이가 있는 것이다.

정치는 개인들을 사회적 집단으로 결합시켜 줌으로써 고립된 개인으로서는 지닐 수 없는 사회적 인간으로서의 새로운 생명을 안겨 준다. 여기에 인간의 운명 개척에서 그 무엇과도 바꿀 수 없는 **정치의 귀중한 역할**이 있다.

개인의 무력하고 유한한 생명은 사회적 집단과 결합됨으로써 강력하고 무한한 생명력을 가진 사회적 집단의 생명을 자기의 생명으로 받아 안게 된다. 고립된 개인의 생명보다 집단의 생명이 더 귀중하다는 것은 집단의 생명이 자기 개인의 생명보다 더 귀중한 자기 자신의 생명이라는 것을 말하여 준다.

일반적으로 **정치가의 자질**에 대하여 말할 때 권모술수에 능하고 권력을 위하여 무자비한 의지를 가지고 있고 부하를 잘 통솔하는 능력 같은 것을 염두에 둔다. **통치자**로서의 자질이라면 이런 평가가 일리가 있을 수 있다. **정치가**는 무엇보다도 인간을 관리하는 사업, 즉 인간의 생명과 운명을 관리하도록 위임받은 사람이다. 그러므로 **정치가의 첫째가는 자질**은 인간의 생명을 귀중히 여기고 인민을 열렬히 사랑하는 품성을 가지는 것이라고 볼 수 있다.

인간이 민족과 세계의 주인, 자기 운명의 주인으로서 영원한 생명력을 지닌 사회적 집단의 한 성원으로서 집단과 기쁨과 고통을 같이 나누며(생명을 같이 하며) 사는 기쁨과 행복을 체험하기 위해서는 개인주의적 인생관에서 벗어나 정치적 생명을 귀중히 여기고 정치에 주인답게 참가하여야 할 것이다.

도덕생활의 강화 발전은 사회적 협조관계를 통일적으로 관리하는 정치에 의하여 보장되어야 한다. 사회적 협조성은 정치에서 가장 종합적으로 표현되는 만큼 어릴 때부터 정치적 훈련을 주도록 하는 것이 필요하다. 도덕교양과 사랑에 관한 교육, 인도주의 교육도 사회적 협조성을 키우는데 중요한 의의를 가진다.

2. 행복으로 가는 방향과 방도

첫째로 개인의 인간적 자질을 끊임없이 높여야 한다. 사회적 인간으로서의 생명의 기본 특징은 자주성과 창조성, 사회적 협조성이다. 행복한 생활의 훌륭한 주체가 되기 위해서는 자주성과 창조성, 사회적 협조성의 3대 생활의 수준을 끊임없이 높여야 한다.

둘째로 3대생활을 균형적으로 발전시켜 나가는 것이 필요하다. 자연개조사업과 인간개조사업, 사회관계개조사업에 종사하는 사람들의 역할에 대한 가치평가의 균형을 보장하는 것이 중요하다.

셋째로 민족과 인류역사 발전의 요구에 맞는 방향에서 살아야 한다.

넷째로 개인의 운명을 사회적 집단의 운명과 결부시키고 사회적 협조를 백방으로 강화하는 방향에서 생활을 발전시켜 나가야 한다. 예를들어 자연을 개조하는 생산력의 발전수준이 낮으면 사람들의 사상문화 수준과 사회를 관리하는 정치수준이 낮기 때문일 것이다.

다섯째로 끝없는 창조적 노력으로 생활의 자주성과 사회적 협조성을 높여 나감으로써 행복의 수준을 끊임없이 높여 나가야 한다. 세상에는 고정불변하고 절대적으로 행복한 생활이란 존재하지 않는다. 그러므로 행복의 새를 손으로 잡았다고 생각할 때에는 벌써 손에서 빠져나와 앞으로 날아가고 있는 것이다.[5]

---

5) 상게서, 385~6. 『욕심 많은 어부의 아내』라는 동화에서 어부의 아내는 처음에는 밥지을 쌀을 요구하였지만, 다음에는 마을에서 일등 가는 부자가 될 것을 요구하였으며, 그것이 실현되자 일등 가는 미인이 될 것을 요구하였고, 미인이 되자 왕비가 될 것을 희망하게 되었다. 즉 **물질적 욕망**이 충족되자 미인으로 되고 싶은 **문화적 욕망**이 자라났고, 문화적 욕망까지 충족되자 왕비가 되려는 **정치적 권력의 욕망**이 나오게 되었다는 것이다. 인간의 욕심에는 끝이 없다는 것은 비단 '욕심 많은 어부의 아내'에만 맞는 것이 아니라 인

세상에는 고정불변한 영원한 행복이란 존재하지 않으며 끊임없는 발전 속에서 보다 높은 수준의 새로운 행복을 쟁취하지 않으면 안 된다는 관점에서 가장 이상적인 행복한 생활에 대하여 생각해 볼 필요가 있을 것이다.[6]

VI. 가치관

1. 인간과 자연 그리고 사회

인간이 사회적 존재로서 생물학적 존재에 비하여 결정적인 우월성을 가지는 것은 무엇보다도 정신적 생명력을 가지고 있기 때문이다. 물질적 힘으로 말하자면 사람보다 강한 동물이 얼마든지 존재한다. 그러나 동물은 정신을

간의 본성으로서 모든 사람들에게 공통적인 특징이라고 볼 수 있다.

6) 상게서, pp. 387~8. ①육체적 욕망에는 끝이 있다. 그것은 끝없이 발전하는 욕망이 될 수 없다. **아나톨 프랑스는 『적삼』이라는 작품**에서 모든 육체적 욕망을 마음대로 충족시킬 수 있는 충분한 조건을 가지고 있는 어떤 왕이 행복하지 못하여 고민하고 있는 모습을 생동하게 그려내고 있다. 그 왕은 맛있는 술과 요리에도 싫증이 났고, 많은 귀비들과 궁녀들과의 환락생활에서도 싫증이 났다. 사냥과 노래와 춤도 왕에게 쾌락을 주지 못하였다. 신하들은 행복한 사람이 입고 있는 적삼을 구하러 전국을 돌아다녔다. 겨우 그런 행복하다는 사람을 찾고 보니 그 사람은 하나밖에 없던 적삼을 다른 사람에게 벗어주었기 때문에 왕에게 줄 적삼이 없다는 이야기였다. 그러면 모든 것을 다 가지고 있는 왕이 행복하지 못한데 적삼도 없는 사람이 행복하다고 볼 수 있겠는가 하는 의문이 제기된다. 요컨대 욕망을 충족시켜도 발전이 없는 침체된 생활에는 싫증이 나게 된다는 것을 말해주고 있는 것이다. 왕의 생활이 싫증이 난다는 것을 생각한다면, 좋은 총과 좋은 말과 좋은 처를 최대의 행복의 조건으로 생각한 사람들의 생활이 이상적일 수 없다는 것은 더 말할 필요가 없을 것이다.
②**괴테는 『파우스트』**에서 한때 권력과 재물을 탐하여 악마에게 영혼을 판 적이 있는 파우스트가 훗날 사람들이 제방을 쌓고 그 밖으로 바다를 내몬 다음 일치단결하여 자유로운 땅을 개척하고 자유로운 생활을 창조해 나가는 생활을 가장 아름답고 가장 행복한 생활로 그리고 있다. **창조적 노동을 통하여 자체의 힘으로 자유로운 생활을 쟁취해 나가는 것을 가장 아름답고 행복한 생활로 높이 평가한 것은 탁월한 사상이라고 감탄하지 않을 수 없다.**
③**『독일 이데올로기』**에서 마르크스주의는 인간에 의한 인간의 착취와 압박이 근절되고 물건이 폭포처럼 쏟아져서 모든 사람들이 물질적 궁핍에서 완전히 벗어나 아침에는 사냥을 즐기고 오후에는 극장에서 예술을 즐기며 저녁에는 철학에 대하여 토론하는 등 모든 사람들이 완전한 자유와 평등을 누리게 되는 상태를 최고의 이상적인 생활로 간주하였다. 여기에서는 물질생활이 완전히 충족되면 **휴식과 정신문화생활이 행복한 생활의 주된 내용**이 될 수 있다는 사상을 찾아볼 수 있다.

가지고 있지 못하기 때문에 자기 힘을 창조적으로 쓰지 못한다. 이와는 달리 인간은 정신을 가지고 자기의 물질적 힘을 창조적으로 이용함으로써 객관대상과의 상호작용에서 주동을 장악하고 객관대상의 힘의 작용을 자기에게 유리하게 이끌어 나간다. 그리하여 인간은 작은 힘을 가지고 큰 힘을 가진 대상과 싸워 이길 수 있으며 자연과의 상호작용에서 자연의 힘을 인간의 힘으로 전환시키는 창조적 활동을 진행할 수 있는 것이다.

사람들은 사회생활 과정에서 정신적 힘이 더 발전된 사람이 육체적 힘이 더 강한 사람과의 대결에서 이기며, 육체적 힘은 정신적 힘의 지휘 밑에 작용할 때에만 생활력을 발휘할 수 있다는 것을 깨닫게 된다. 이렇게 되면서 사람들은 자기의 육체적 힘의 강화를 요구할 뿐 아니라 정신적 힘의 강화를 절실히 요구하게 되었던 것이다.

개인과 사회의 관계에 있어서는 개인주의적 가치관이 인간이 개인적 존재라는 관점에 기초하고 있다면, 집단주의적 가치관은 인간이 집단적 존재라는 관점에 기초하고 있다. **인간중심의 가치관은 과학적 세계관으로 인간이 개인적 존재인 동시에 집단적 존재라는 인식에 기초하고 있다.** 인간중심의 가치관은 그것은 개인의 이익에도 맞고 집단의 이익에도 맞는 것을 기준으로 하여 모든 사물의 가치를 평가한다.[7]

특권을 없애기 위해서는 생산력을 고도로 발전시키고 민주주의 발전을 완성하여야 하며 자주적인 사상을 발전시켜야 한다. 이렇게 하여 **인간이** 자연과 사회와 인간 자신의 주인으로서 생존과 발전을 실현해 나갈 수 있게 되어야 한다. 자기 존재를 보존하려는 욕망이 클수록 그것을 충족시키는 데서 오는 쾌감도 그만큼 더 커지게 된다.

인간은 사회적 존재로 발전하면서 사회적 존재로서의 자기를 보존하기 위한 새로운 욕망을 가지게 되었다. 재부에 대한 소유욕, 사회적 협조관계를 지배하려는 권력욕, 사회적 집단의 생명과의 연대성을 강화하려는 명예욕과 사랑, 자기의 창조적 생명력을 강화하는데 이바지할 수 있는 지식과 아름다운 것을 체득하려는 욕망 등 동물에게는 없는 욕망을 가지고 있다. 위대한 과학적 진리를 발견한 기쁨, 올림픽 대회에서 신기록을 창조한 기쁨, 사랑을 성취한 기쁨, 앞으로 예견되는 민족통일의 기쁨같은 것은 어느 것과도

---

7) 상게서, p. 398.

비교할 수 없는 기쁨으로 대비할 수 없을 것이다.

2. 인간(관)의 가치는 사회적 재부의 가치로 나타나고

생명은 물질의 기본 속성인 자기보존성과 자기보존을 위한 주동적이며 능동적인 운동능력 발전의 산물이며, **인식능력**은 물질운동의 주동성과 능동성의 발전의 산물이다. 물질의 구성요소와 결합구조의 수준이 질적으로 높아짐에 따라 사회적 존재로서의 인간이 발생하였다. **인간의 가치**는 자주성, 창조성, 협조성의 발전수준에 의하여 규정되며 사회적 재부의 가치로 나타난다.[8]

사회적 재부의 가치는 물질적 재부의 가치, 정신문화적 재부의 가치, 사회적 협조의 가치로 나누어 볼 수 있다.

첫째로 **물질적 재부의 가치**는 인간이 노동도구를 만들어 이용하게 된 때부터라고 볼 수 있다. 자연자원은 물질적 재원에 포함시킬 수 있지만, 여기서는 자연을 인간의 요구에 맞게 개조한 인간의 창조물을 염두에 두고 있다.

둘째로 **정신문화적 재부의 가치**는 물리적 힘을 아무리 많이 가지고 있어도 그것을 창조적 활동에 이용할 수 없다. 과학적 인식과 문학예술의 발전은 인간의 정신적 생명력을 강화하는데 이바지하여 풍부하고 건전한 문화생활은 생활의 가치, 행복의 수준을 높이는데 크게 기여한다.

셋째로 **사회적 협조의 가치**는 인간은 삶의 요구를 같이 하지 않고서는 고독하여 살 수 없으며 서로 기쁨과 고통을 같이 할 것을 요구한다. 이것은 인간은 삶의 요구와 삶의 힘을 결합시키지 않고서는 살 수 없는 집단적 존재라는 것을 말해 준다.

동물의 경우에는 개체를 보존하려는 요구와 종을 보존하려는 요구가 본능에 의하여 통일되고 있지만, 인간의 경우에는 개인적으로 살려는 요구와 집단적으로 살려는 요구를 목적의식적으로 통일시키지 않으면 안된다. 인간의 사회적 협조성과 개인의 독자성을 목적의식적으로 통일시켜 나가는 사회적 기능이 **정치**이다. 사회적 협조관계는 물질적 재부와 같이 눈에 보이지는 않지만 그 가치는 헤아릴 수 없이 크다.

---

8) 상게서, p. 272.

현 시기 자본주의 사회의 기본 약점은 경제발전 수준에 비하여 정치가 상대적으로 뒤떨어져있다. 자본주의 경제를 더욱 민주화하여 경제적 위기를 극복하는 문제를 해결하는 것은 사회에 대한 **정치의 올바른 지휘기능**을 떠나서는 생각할 수 없다. 이러한 정치적 개혁을 성과적으로 실현하자면 사회의 사상적 혼란을 극복하기 위한 **사상개혁사업**을 앞세워야 할 것이다.

3. 가치평가의 방법: 기준, 법칙, 균형성

먼저 **가치평가의 기준**에 관한 것이다. 인간은 무엇을 기준으로 하여 사물의 가치를 평가하는가. 인간이 사물의 가치를 평가하는 데 의거하는 기준은 인간 자신이다. 인간은 자기 자신을 가장 귀중한 존재로 보고 인간에게 귀중한가 귀중하지 않은가를 기준으로 하여 사물의 가치를 평가한다.

또한 **가치평가의 법칙**은 상품이 실현된다는 것은 상품의 가치가 사회적으로 인정되고 있다는 것을 의미한다. 이로부터 상품의 가치가 무엇에 의하여 규정되는가를 밝히는 것이 자본주의 경제의 변화발전의 합법칙성을 밝히는 중심문제로 제기되게 되었다.

인간에게 있어서 가장 귀중한 것은 삶의 요구를 충족시키는 데 있다. 인간이 가지고 있는 창조적 힘도 그것이 삶의 요구를 실현하는 수단으로써 이바지하기 때문이다. 인간의 창조적 힘은 어디가지나 인간의 삶의 요구에 따라 작용하며, 삶의 요구를 실현하는데 이바지함으로써 가치를 가진다. **상품에 대한 수요**는 곧 상품에 대한 사회적인 삶의 요구를 의미한다. **최종적인 기준**은 삶의 요구의 면이지만 가치의 크기를 재는 척도로서는 창조적 힘의 크기에 의거하는 것이 좋다.

자본주의 사회가 역사적으로 경제발전에서 미증유의 대성과를 거둔 중요한 비결의 하나가 바로 시장경제를 통하여 가치평가법칙의 작용을 비교적 원만히 보장한 데 있다. 또 소련식 사회주의 경제가 실패한 중요한 원인의 하나는 가치평가법칙을 소홀히 취급한 데 있다고 볼 수 있다. 즉 **마르크스의 가치학설**은 인간중심의 가치관에서 보면 인간의 창조성, 창조적 역할의 일면만 보았지 인간의 자주적인 요구, 자주성의 면을 홀시하고 있는 것이다.

다음으로 **가치평가의 균형성**을 두고 가치평가법칙은 바로 개인의 창조적 역할을 사회적 집단의 요구를 실현하는데 이바지한 크기에 상응하게 평가해 줄 것을 요구한다.

사상은 인간의 삶의 요구와 이해관계를 대표하는 정신이다. 자주적인 사상의 수준은 바로 인간의 자주성의 수준이며 그것은 인간 자체의 가치를 규정하는 기본 징표이다. 집단주의의 최대의 우월성은 사상적 통일에 있다. 옳은 사상으로 결합되면 생명과 생명의 결합이 이루어지게 되어 위대한 새로운 생명을 낳게 된다. 생명과 생명이 결합된 생명체는 개별적인 생명으로서는 상상할 수 없는 위대한 생명력을 가지게 된다.

사회주의 집단주의도 초기에는 절도나 강도를 비롯한 범죄가 자취를 감추고 인간애에 기초한 새로운 도덕기풍이 꽃피어났으며 사람들은 모두 활기에 넘쳐 창조적 노동에 투신하게 되었다. 온 사회가 화목하고 단합된 대가정을 이룬 것같이 느껴졌다.

그러면 가치평가의 사회적 균형을 맞추는 문제는 누가 해결하여야 하는가.

정치는 창조적 역할이 인간의 자주적 지위를 높이는데 이바지하도록 그 가치를 평가해 주어야 하며, 자주적 지위가 인간의 창조적 역할을 높이는데 이바지하도록 그 가치를 평가해주어야 한다. 이것은 **정치의 기본 임무**가 지위와 역할에 대한 가치평과를 옳게 하는데 있다는 것을 말해주고 있는 것이다.

여기서 지위는 목적이고 역할은 수단이다. 수단은 목적을 실현하는데 이바지하여야 수단으로서의 가치를 가질 수 있다. 목적은 수단이 목적에 맞게 쓰이도록 이끌어 줌으로써 목적으로서의 가치를 가질 수 있는 것이다. 인간의 자주적 지위를 높이는데 이바지하지 않는 창조적 역할이 가치를 가질 수 없는 것처럼 인간의 창조적 역할을 높이는데 이바지하지 않는 자주적 지위는 가치를 가질 수 없다. **정치에서 2대 기본 문제**이다. 이 두 문제는 밀접히 연관되어 있다.

VII. 결어: '의지단련'은 '사상수양'에 기초하여

일부 사람들은 인간의 창조적 능력의 발전에 한계가 있다고 주장한다. 인간의 창조적 힘의 발전의 원천은 자연이다. 인간은 자연의 힘을 자기 힘으로 전환시키는 방법으로 인간의 창조적 힘을 발전시킨다. 자연이 끝이 없다는 것은 인간의 창조적 힘을 발전시킬 수 있는 원천에도 끝이 없다는 것을 의미한다. 인간의 인식능력은 인간이 능동적으로 이용할 수 있는 힘이 증대됨에 따라 장성할 수 있다.

지금까지 인류발전의 역사는 생존과 발전을 위한 진지한 노력만이 불멸의 힘을 가진다는 진리를 실증해주고 있다. 세계에서 차지하는 인간의 자주적 지위와 창조적 역할을 높여 인간의 가치를 끝없이 높여나가려고 노력하는 인류는 영생불멸할 것이며, 자만을 모르고 계속 노력하는 인류의 미래는 끝없이 휘황찬란하다는 것이 **인간중심정치철학의 결론**이다.

그리고 영생하는 생명은 대집단의 생명밖에 없는 만큼 개인이 영생하는 생명을 지니고 사는 길은 집단의 생명을 자기 자신의 생명으로 여기고 집단의 생명의 요구에 충실하게, 집단의 사랑과 믿음 속에서 사는 길밖에 없다.9) 그리하여 인간의 인식능력의 증대와 더불어 사상수양과 의지단련을 강화하는 것이다. **사상수양**은 생명과 관련된 이해관계에 관한 지식의 정당성을 생활감정과 결부시켜 체득하여 자기의 신념으로 만드는 사상 습득과정이다: 이러한 사상수양은 일생 동안 실생활을 통하여 진행하여야 하지만 온갖 불건전한 사상과 생활조건의 영향으로부터 해방되어 깨끗한 정신상태에서 사상적 진리를 체득할 수 있도록 교육환경과 조건을 만들고 대상과 조건에 맞는 방법으로 진행하는 것이 효과적일 수 있다.

의지단련은 사상수양에 기초하여 실제로 고급한 욕망에 저급한 욕망을 복종시키도록 목적의식적으로 욕망을 조절하는 훈련을 하는 것이다.

의지를 단련하는 훈련도 일생 동안 끊임없이 진행하여야 하지만 교육과정에서는 교육자들의 지도 방조가 필요하다. 이 때 의지에 잘 복종하지 않는 현상이 나타나는 경우에는 인공적으로 제재를 가하여 의지에 복종하도록 자극을 주는 것도 하나의 교육방법이라고 볼 수 있다. 육체적 욕망이 사회적 욕망에 복종하지 않을 때에는 육체에 고통을 줄 수 있으며, 개인의 욕망이 집단적 욕망에 복종하지 않을 대에는 사회적 생명이 고통을 느끼도록 집단적인 비판을 주고 사회적 생명활동을 제한하는 것과 같은 자극을 주는 것도 효과를 거둘 수 있을 것이다.10)

---

9) 상게서, 종합보충, p.111. p. 115.

인생관은 사람들이 마땅히 자기 운명의 주인으로서 자기의 행복한 삶을 실현해나가는 길을 밝혀주는 사상이다. 이제 우리는 현강의 3대 생명력의 인생관을 통해, 인간은 한편으로는 객관적 존재이자 주관적(생명적, 정신적) 존재이며, 자연적 존재이자 (결합과 협력을 위한)사회적 존재인, 그리고 개인적이자 집단적(공동체적)인 것을 알게 되었다. 그리하여 유심론(唯心論)과 유물론(唯物論)의 남·북의 세계관을 모두 아우를 수 있는 통일의 세계관이 현강(玄江)의 '인간론(인생관)'인 것도 알 수 있었다.

이제 우리는 이러한 인간중심정치철학으로 남의 자유민주주의와 북의 사회민주주의의 한계를 극복할 수 있는 동학(東學)의 인내천(人乃天)) 민주주의, 즉 인간중심 민주주의로 정치 이념화하여 **인간의 인식능력의 장성과 사상수양과 의지의 단련으로** 민족의 평화통일에 진력해야겠다. 통일에 대한 관심도 두 세대를 넘어가면 망각하게 된다고 한다. 분단 3세대로 들어가면서 더 이상 미룰 때가 아닌 것 같다.[11]

---

10) 상게서, pp. 138-9. 여기에서 가장 효과적인 방법은 단식훈련을 하는 것이다. 어린아이 때의 단식은 발육에 지장을 줄 수 있고 또 힘든 육체 노동을 하는 사람들에게까지 일률적으로 적용하기에는 어려움이 있을 수 있으나 정신노동을 하는 성인들의 경우에는 단식 훈련이 건강에 영향을 주지 않을 것이다. 의지를 단련하기 위한 단식은 의사의 협조 밑에 할 것이 아니라 각자가 자기 실정에 맞게 하는 것이 필요하다. 의사의 지도 밑에 병원에 들어가 단식하는 것은 의지단련을 위해서는 의의가 없다. 스스로 정상적으로 일을 하면서 단식을 해야 한다. 그것은 처음에 한두 끼씩 굶는 훈련으로부터 시작하여 2~3일 정도씩 단식하는 것이 좋다. 단식하여 3일이 지나가면 먹으려는 욕망을 억제하는 것은 어렵지 않게 된다. 그러므로 그 이상 단식할 필요가 없다. 치료를 위해서는 1주일 이상, 길게는 한 달까지 할 수 있지만, 의지를 단련하기 위해서는 그럴 필요가 없다. 그 대신 자주 하는 것이 좋다. 1개월 가량 하루에 한 끼 또는 이틀에 한 끼 먹으면서 정상적으로 일을 하는 훈련도 나쁘지 않을 것이다. 이러한 훈련을 정기적으로 하면 2~3일 굶은 상태에서도 동무들이 권하는 맛있는 요리를 거절하는데 고통을 느끼지 않게 된다. 이런 훈련을 통하여 육체적 욕망을 마음대로 조절할 수 있게 되면 인간이 자기 자신의 주인이 되는데 기초적인 문제를 해결하였다고 볼 수 있을 것이다. 이것은 결코 육체적 욕망 자체를 반대하는 고행이 아니다. 이렇게 되면 맛없는 음식이 없어지게 되며 식사의 쾌감을 즐기는 면에서 어느 미식가보다 못지 않게 된다고 말할 수 있다.

11) 이런 글귀가 생각난다.
  일동천하 무난사(一動天下 無難事), 만인당중 유태화(萬忍堂中 有太和)
  : 한번 움직이면 천하가 평정되고, 오래 인내하는 가운데 태평성대가 있다.

제2장 인간중심철학의 3대 창조적 원리: 정치에 투자를

원래는 인간중심철학은 **세계관**을 포함하여 4가지 원리로 설명하여야 한다. 그러나 세계관은 별도로 다루기로 하고, 여기서는 **자연관, 인생관, 사회관의 3대 기준의 구조조정을 중심으로** 논급하고자 한다.

① 인간중심 정치철학의 세계관(정신<의식>에 대해)은 '존재론'으로 **유물론과 유신론을 인간론으로 통합**하는 것이다.
② 자연관으로 인간은 **개인적 존재이자 집단적 존재로** 개인주의(민주주의)와 집단주의(민주주의)를 통일한 것이다.
③ 인간관으로 **자유와 필연의 관계**를 밝혀 사회과학을 자연과학과 통일하는 것이다. 맑스는 자유를 '자각된 필연'이라고 보고 '전기의 법칙'을[12] 예로 들었다. 자유는, 인간의 인식, 자유의 발전에서, 창조적으로 인간의 발전에 중요하다.
④ 사회관(정치관)으로 **형식논리학과 변증법논리학**을 통일한 것이다. 정지상태의 논리, 운동상태의 논리를 **발전상태의 논리**로 통일한 것이다. 여기서 동양철학과 서양철학도 발전의 변증법으로 통일할 수 있다.
공자는 인간중심철학의 창시자이다.
위의 내용을 요약하면 ① 세계관(신관)[13](stability performance) ② 자연관(물질·자연개조, material performance ③ 인간관(정신·문화개조, citizenshi

---

12) 전류의 흐름을 잘 몰랐을 때는 뇌성벽력으로 감전하여 죽는 경우가 허다했다. 그러나 피뢰침을 발명하고서는 더 이상 감전사고가 없었다. 인간이 그만큼 자유로와 진 것이다.
13) 동학(천도교)의 이론가 야뢰(이돈화)는 일제시대, 인내천(人乃天)사상을 유물론적인 인내천으로 해석했는데, 오늘날에 와서는 영·신(靈·身)의 이원론(二元論)이 아니라 일원론(一元論)으로 설명하여야 한다고 중산은 말하고 있다. 북에서는 선군(先軍)사상을 강조하고 있는데, 단군능을 만든 것을 두고 차제에 단군(홍익)사상을 강조하면 남·북이 평화적으로 만날 수 있는 계기가 마련될 수 있지 않을까 사료된다. 오늘의 천도교는 수운(최제우)의 순교(殉道)정신으로 세워진 민족종교로서 우리의 자랑인데, 종교를 믿는다면 천도교를 믿고 (신앙하고) 싶은데 신격화하는 데서 잘못되고 있다고 황장엽선생은 평소 입버릇처럼 말씀하셨다. 제일 낙후한 종교가 제일 발전한 종교로 다시 개조가 되자면, 앞으로 전통적으로 일반종교도 그러하지만 어떻게 인간을 중심으로 수준높게 개조·개혁을 해나갈 것인가가 문제로 된다.

p performance) ④ 사회관(사회·정치개조, democracy performance)의[14] 인간의 생명력의 강화문제라고 말할 수 있다.

Ⅰ. 명백한 진리에 대해

이제 민족의 평화통일을 위해 정치분야에 관해서 인간중심철학으로 먼저 정리해보고 경제분야에 대해서도 설명해보기로 하자. 그런데 사람들이 이를 똑똑히 알지 못하고 힘들다고 한다. 아주 명백한 것으로 이것이라도 똑똑히 알아야 되겠는데 자꾸 딴 소리를 한다. 그러나 이보다 더 명백한 진리가 어디에 있겠는가?[15]

우리가 살기 위해서는 다음의 3가지가 필요하다. 의심할 수 없는 전제로부터 이론이 출발해야 한다. 즉 ①사람이 먹고 살아야 한다, ②사람은 자식을 낳아서 키워야 한다, ③사람의 관계를 개조해야 한다. 이보다 더한 명백한 것이 어디 있는가? 이 외에 딴 무엇이 있을 수 없다. 여기에 속하지 않는 것이 무엇이 있겠는가? 막연히 옛날 사람들이 말하는 것을 그대로 얘기하니까 알아듣지 못하는 것을 두고 어렵다고 한다. 어렵다는 사람은 공부시킬 필요가 없고 마음대로 내버려 두자. 그것 자꾸 얘기하게 되면 낡은 사상을 무슨 큰 보배나 가지고 있는 것처럼 여겨 이를 빼앗는 것으로 되어 오히려 더욱 싫어한다. 계속 낡은 사상 가지고 있으라고 하고 우리는 평화통일을 위해 미래로 나아가자.

어려울 것이 없다. 양심을 가지고서 진실성을 갖고 진리를 알자고 하는 사람이게 되면 차근차근 공부해나가면 된다. 우리가 가지고 있는 유학 등 낡은 지식은 개조를 해야 된다. 공자이후의 학자들은 다 공자보다 못하다. 왜 그렇게 힘들게 만들었는지? 주자가 최고의 학자인데 왜 그렇게 힘들게 만들었는가? 理, 性, 太極이 어떻고 하면서 이렇게 만들어 놓았다. 공자는 그런 것이 없다. 실천을 한 사람이다. 이런 의미에서 종교도 다시 한번 종교개혁을 하여야 한다.

실천과 떨어진 책임을 못지는 말만 하는 사람들이 그 무슨 가치가 있는 사람이겠는가? 실천적으로 하지도 못하고 뭘 시키면 책임도 못지는 사람이

---

14) Andrew Heywood, *Politics*(London: Macmillan Press LTD, 1997), 393.
15) 황장엽, 『인간중심철학원론』(서울: 시대정신, 2008. 11. 10) 강좌에서.

뭐 유식한 사람인가? 명백하게 진리라고 생각하는 것부터 기초로 해서 출발해야 한다. 기초가 다르니까 이해를 못하게 된다. 오히려 우리가 이것을 이해할 수가 없다. 왜 이것을 분간하지 못하는가? 오히려 이해하지 못하는 힘든 철학이 되었다. 왜 이런 것을 믿는지 모르겠다.

결론만으로 글을 쓰기 때문에 어려울 수 있지만 그러나 출발점을 똑똑히 인식하고 줄거리를 찾게 되면 힘들 것이 없다. 더 쉽게 쓰자고 하면 쉬울 것 같지만 더 힘들다. 쉽게 쓰기 힘들다. 물론 반복해서 설명해 나오게 되면 30배는 더 이상 되는 책이 될 것이다. 더 쉽게 그러나 더 간단하게 만들자면 더 힘든 것이다. 논어는 몇 줄 안 되고, 쉽지만 진리가 담겨 있다.

同學堂이나 學同會館 같이 배우기 위해 모이는 장소에서 같이 공부하는 사람은 긍지감을 높이고, 따라오지 않은 사람을 굳이 강요할 것이 없다. 낡은 물이 많이 들어가지 않고 진실하게 공부를 하자는 사람, 진리를 알자는 사람을 찾아야 한다. 유명한 사람을 고를 것이 아니라 진실한 사람 진리를 알자는 사람을 맞이하도록 해야 한다.

인터넷보다 사람이 직접 만나서 얘기를 해야 한다. 예수교가 발전을 한 것은 신문을 발간해서가 아니다. 전도하는 사람이 산골로 다니면서 사람과의 관계를 통해서 포교가 되었다. 쉽게 신문과 잡지를 내고 하지만 누가 읽는가? 사람이 노력하지 않으면 안 된다. 녹음을 한 것 가지고도 안 된다. 직접 얘기하고 듣는 것하고는 전혀 차이가 난다.

사람과의 관계를 통해서 노력한 것만큼 공부가 된다. 제일 가깝게 뜻을 같이 할만한 사람들과 친해지면서 하는 것이 좋다. 그래서 여기 이런 동학당이 중요하다.

Ⅱ. 정치와 3대 창조적 생활(활동)

인간이 살아나가기 위해서는 3가지 창조적 활동을 하여야 한다.

하나는 자연을 개조함으로 인간에게 필요한 생활수단과 조건을 만들어내는 것이다. 사람이 살아나가기 위해서는 먹고 살아야 하겠는데 따라서 자연을 개조할 수 밖에 없지 않은가? 이것은 명백한 진리이다. 의심할 수 없는 진리이다.

그 다음에는 사람을 낳아서 키워야 한다. 그냥 내버려두면 인종이 멸망한다.

마지막으로 사람을 낳아서 키우고, 그런데 사람이라고 하는 것이 개인만이 아니라 집단이다. 집단이라고 하는 것은 사람과의 관계가 필요하기 때문에 사람과의 관계를 개조하는 사업을 자꾸 개선해 나가기 않고서는 살 수 없다.

이 3가지 창조적 생활방식이 필요하다.

이것보다 더 명백한 것(진리)이 어디 있겠는가? 그런데 이런 식으로 출발하지 않고 자꾸 관념론적으로 하나님이 어떻고 하면서 나오니까 사람이 운이 좋아서 그렇게 되었다는 식으로 나오고, 심지어는 묘자리 운운하면서 나오게 된다. 이런 식으로는 인간중심정치철학을 제대로 알 수가 없다. 이제 출발부터 제대로 해야 한다.

출발을 위해서 ①자연개조를 하여야 되겠고 인간개조를 하여야 되겠는데 **인간개조에는 두 가지 측면이 있다.** ②하나는 인간을 낳아서 키우는 정신개조와 ③인간은 개인만이 아니라 관계를 갖는 집단이기 때문에 사회적 관계를 개조해야 된다. 이는 경제전, 사상전, 외교전으로 설명할 수도 있다. 동경대전의 3전론(三戰論)(도전(道戰), 재전(財戰), 언전(言戰))이 그런 것이다.16)

그러면 사회적 관계를 개조하는 사업이 무엇인가? 사회적 관계를 관리하고 개조하는 사업이 **정치**이다. 그런데 사회적 관계라는 것이 정치만의 관계인가? 경제관계도 사회적 관계이지고, 문화적 관계도 사회적 관계이다. 그렇기 때문에 사회적 관계는 정치가 다 관리해야 한다는 말이다.

이것을 지금까지는 혼동해왔다. 사회적 관계는 인간의 이해관계에 관한 것으로 정치가 관리해야 한다. 그런데 자연을 개조해서 물건을 만들고 그것을 팔고 사고 봉사활동을 하고 이것은 경제적 분야이다. 그것을 정치가 관여하여 통제하여서는 안 된다. 그것을 직접 해서는 안 된다. 그러나 남의 물건을 훔쳤다, 협잡을 해서 그 사람의 재산을 빼앗았다면 이것은 누가 책임을 지고 해결하여야 하는가? 자본가가 해결하는 것이 아니다. 정치가 해결해야 한다. 인간과 인간관계의 이해관계에 관한 것, 목적을 어떻게 설정

---

16) 『天道敎經典』 (천도교중앙총부) pp. 623~645.

하는가 하는 것은 이것은 다 사회관계에 관한 것이다. 자연을 개조하고 개조된 물질을 교환하는 것은 경제분야인 것이다.

대학 교수를 정치가가 가서 하라면 이것은 정치가 아니다. 대학교수가 할 사업이다. 그러나 대학교수가 강의를 잘못했다면 여론이 환기되어 이런 사람을 대학교수로 남겨두는가? 이럴 때는 정치가 개입해야 한다. 노동자가 자본가가 서로 싸운다면 이것을 노사관계에 맡기는 것은 잘못된 것이다.

이것은 일차적인 책임이 **정권**에 있다. 여기서 사람의 관계를 취급하는 것이 정치이다. 자연을 개조하여 나눠먹는 것은 경제가 해야 한다. 사람을 키우는 것은 문화분야가 하여야 한다. 교육, 과학, 도덕, 문학, 이것들이 사상 문화에서 나오는 것이다.

1. 자본가의 출현: 자유에 대해

3대 생활의 역사를 회고하건데 봉건말기에 상품화폐관계가 발전했다. 그러나 그 때 사람들의 생활에서 제일 요구되어지는 중요한 것은 무엇이었는가? 먹고 입고 사는 문제를 해결하는 것이었다. 그런데 신분제도에 의해서 자유로운 활동이 억압되어 있었다. 식·의·주 문제를 해결하는 데서 능력이 있는데도 신분제도로 통제되어 있었다. 아무리 재간이 있어도 농사꾼은 농사만 지어야 하고 노예는 노예신분에서 벗어날 수 없었다. 그래서 해방을 요구했는데 이것이 **자유**이다. 자유를 얻어서 무엇하겠는가? 자기가 노력해서 먹고 입고 사는 문제를 해결하는 것이다. 그리하여 의식주 문제가 경제문제의 첫 자리에 놓이게 되었다. 거기서 앞장선 사람이 자본가이다.

그러니까 자본주의가 대중이 요구하는 먹고 사는 문제를 해결한다. 그러니까 정권이 간섭하지 말라, 소유권은 절대적이다, 내 땅, 내 물건이다, 그러니까 간섭하지 말라, 자본가가 다 한다, 시장에 나가서 이래라 저래라 하지 말라, 너희들은 도둑이나 살인강도를 잡고 질서를 유지하는 말하자면 경찰역할만 하면 되는 것이다.

당시로서는 이 정치로선이 옳았다. 정치(정권)가 다른 할 것이 없었다. 정치가 개입할 필요가 없었다. 자산가가 일해 먹고 사는데 정치가 관계할 것이 없다는 것이다. 그러니까 질서만 세우면 된다는 것이다. 사회관계, 사회관리에 있어서 정부가 할 일은 정치적 질서를 세우는 것, 결투를 못하게 하고 법적 질서를 세우는 문제 외에는 할 일이 없었다.

그러기 때문에 거기서는 자본가들이 경제는 자본가에게 맡겨라, 정치가들은 상관하지 말라, 정치가들이 소설을 쓴다면 우리가 쓰겠다며 개입하지 말라는 것이다. 문화인들 데로 신문기자들은 신문·언론에 관한 것은 신문사에 맡기라고 하였다.

2. 케인즈주의(수정자본주의)와 신자유주의: 맑스주의

그런데 이제는 의·식·주 문제는 전반적으로 볼 때 다 해결된 셈이다. 이제는 그 때와는 시대가 달라졌다. **시장경제**라는 것만 가지고는 안 되게 되었다. 이렇게 자본주의의 발전과정에서도 자본가들이 자꾸 경쟁을 해서 식민지 쟁탈전을 하게 되니까 정권이 개입하게 되었다. 그래서 자본가들이 시장의 독점을 위하여 투쟁을 할 때 정권이 뒷받침해주었는데 이것이 **제국주의**이다.

그러나 제국주의적 자본주의가 큰 손실을 보았다. 이것이 1차대전, 2차대전이다. 그래서 1차대전이 끝났을 때 영국의 케인즈(Keynes)라는 사람이 나와서 이렇게 자유로운 경쟁만 하게 되면 자본주의가 망한다고 하여 정권이 관리를 해야 한다고 하였다. 그래서 세금도 누진세로 하여 수입이 많은 사람에게 더 많이 세금을 거두게 하고 모든 사람들이 실업자 없이 다 취업하도록 만들어야 한다고 한 것이 **케인즈주의**이다. 상품을 만드는데서도 유효수요라는 것이 있어서 지불능력이 있는 수요에 맞게 생산해야 한다. 그래서 케인즈주의를 **수정자본주의**라고 했다.

그런데 케인즈는 시장을 넓히는 문제는 생각하지 않고 이것만 주장하다보니까 정부의 채무가 자꾸 늘어났다. 정부가 책임지고 해결하다 보니까 그 뒤 정권을 가진 사람이 이렇게 하여서는 안 되겠다며 케인즈주의를 악마라고 하니 케인즈의 조국인 영국에서 케인즈를 반대하는 운동이 일어났다. 이것이 **신자유주의**의 발생으로 된다.

또 이러한 결함들을 극단으로 비판한 것이 **맑스주의**이다.[17] 개인주의를 집단주의로 바꾸자고 나온 것이 맑스주의이다. 개인주의를 집단주의로 바꾸면 다 해결될 수 있다고 본 것이다. 그런데 집단주의로 나가니까 딴 결함이

---

17) 황장엽, 『민주주의와 공산주의』 (서울: 시대정신, 2009. 9. 21).

나타난다. 개인의 자유와 평등, 개인의 창발성을 억압하는 과오를 범했다. 거기서 맑스주의자들이 인류발전에 큰 손실을 끼쳤다. 그러나 그들이 주장하는 것은 자본주의적 개인주의의 부족한 점으로 이들 나쁜 측면을 공격한 데는 일리가 있다.

III. 인간중심철학을 통일학(국학)으로

이런 문제를 다 극복하고나서 새로운 사상을 생각해야 하겠는데 이런 것을 알지도 못하면서 뭐 사상이라고 하면 공산주의사상 밖에는 생각하지 못한다. 그런 사람들을 더 이상 설복할 필요가 없다. 그런 이들은 정권만 달라지면 주관 없이 다 따라가는 사람들이다. 진리를 사랑하여 진리를 알자고 하여 공부하려는 사람들과 만나야 한다. 진리를 알자는 사람을 한 두명이라도 단결해서 학습을 같이 하여야 한다. 명백한 진리로부터 출발해야 되겠는데 한낫 알지도 못하면서 명백한 진리없이 다른 소리만 하고 있는 사람들과는 대상을 해서는 안 된다.

스탈린이 소련공산당 약사(略史)를 쓰면서 철학부분을 제4장에 넣었다. 그런데 변증법적 유물론과 역사적 유물론에 대해서 쓴 것인데 물론 스탈린이 직접 쓴 것은 아니지만 당대 학자들을 동원해서 쓴 것이다. 물론 스탈린은 공부를 한 사람이다. 자기가 다 보고서 옳고 그런 것을 판단하는 것이다. 그래서 학자들 사이에 책을 돌렸다. 그러자 학자들이 어떤 도깨비 만난 놈이 이것도 철학이라고 썼는가 하며 떠들어댔다. 그 때 스탈린이 썼다고 하자 '아 천재적 노작'이라고 했다. 정권만 바뀌면 다 따라가는 그런 것이 군중이다.

헤겔이 얘기한 것이 변증법이라고 했지만 그것은 사람도 없고 자연도 없는 조건에서 절대적인 힘(정신)밖에 없다고 한 것이다. 그래서 그것이 사람을 만들어내고 자연도 만들어낸다고 했는 데 이렇게 한 것이 맞는가? 그래도 칸트 자신은 물질세계 자체는 모른다고 했다. **칸트**는 그래도 성운설(星雲說)까지 낸 물리학에서도 상당한 견해를 가지고 있는 사람으로 정직하게 말했다. 그러나 헤겔은 사람이 낳기 전에, 자연도 있기 전에 절대정신이 있어서 이렇게 세상을 만들었다고 한다. 무슨 권한을 가지고 그렇게 말하는가? 그런 것을 가지고 무슨 큰 진리라도 되는 것처럼 떠들어대고 있다. 이것이 무슨 소용이 있는가?

인간중심철학을 일부 사람들이 마치 북한학의 과목으로 되어야 하는 것처럼 생각한다. 북한 정세를 연구하는데 이것이 필요한 것은 사실이지만 이것이 북한학의 문제인가? 여기 사람들이 사상을 개조하는데 이 철학이 첫째로 필요한 것이다. 세계의 개인주의자들의 사고를 바꾸는데 필요한 철학이다. 말하자면 이것은 진리이기 때문이다. 일부 사람은 국학으로 하여야 한다고 했는데 이것이 신념을 가진 사람의 말이다. 공산주의 사회에서 맑스주의라고 하는 것이 국학이 아니고 무엇인가? **국학**이라는 말은 **지도사상**이라는 말이다. 그것을 진리로 받아들이니까 그렇게 말할 수 있다.

이것을 앞으로 고쳐가야 되지 않겠는가? 누가 고치겠는가? 사회관계를 개조하는 것으로 사회관계를 관리하는 책임이 있는 인간중심철학의 3대 개조사업의 하나인 **정치가 고쳐야 한다.** 단순하게 보이지 않는가? 경제분야에서 싸움이 일어나면 누가 해결하겠는가? 재판소에 가서 해결해야 한다. 재판소는 국가이며 정권인데, 이 사회관계의 불합리한 점도 정권이 책임지고 고쳐야 한다. 노사간의 관계도 다 정권이 고쳐야 한다. 이를 무책임하게 자본가들과 서로 협상하라는 것은 자본가들은 원래가 상품을 팔아먹는 사람들이기 때문에(지금 자본가가 그렇다는 것이 아니라 출신이 그렇다는 것이다) 흥정하는 것밖에 모른다. 작금의 정상회담을 볼 때 자꾸 흥정만 하고 있지 않은가?

원칙이 없다. 흥정을 할 것이 아니라 3대 개조사업의 원칙에 따라서 무엇이 옳고 그른 것을 명백히 구분해주어야 한다.

1. 맑스주의와 노동운동: 자본론 3권

우리가 맑스주의를 경원하지만 맑스주의의 영향을 얼마나 많이 받았는가? 그 전에는 폭력시위라는 것이 없었다. 맑스주의가 나오기 전에는 폭력시위가 없었다. 제일 먼저 노동자들이 시위를 한 것은 챠티스트운동이다. 챠티스트운동이라는 것이 헌장을 바꾸는 운동이다. 챠터라는 것이 헌장이다. 그래서 폭력시위가 아니다.

그런데 맑스주의가 자꾸 자본가를 타도해야 된다, 폭력으로 타도해야 한다, 폭력을 자꾸 주장하니까 그 때부터는 노동조합에 들어간 사람도 물리적인 힘을 동원하여 폭력적으로 되었다. 자기 희생도 수반하게 된다. 그러므로 노동조합이요, 노동운동을 하는 사람들은 다 맑스주의의 영향을 받은 것이다. 그래서 이것이 인간의 권리를 옹호하는 것처럼 생각하게 되었다. 독재를 반대한다는 미명하에서 그렇게 한다. 사실 독재보다 더 무서운 것이 무질서이다. 폭력은 동물세계의 법칙이다.

맑스는 인간의 노동만이 가치를 창조한다고 생각했다. 가치란 귀중성이다. 가치를 창조한다는 뜻이다. 그래서 기업소에서 새로운 가치를 창조했는데 그것은 다 노동이 창조했다. 노동자에게 지불한 노동가치보다도 더 많이 창조한 가치가 잉여가치이다. 기계는 사람이 아니기 때문에 창조할 수 없다. 자신이 일했는데 감가상각 즉 마모된 것만 보상하는 것 말고는 없다. 자본주의이론이 전부 이런 것으로 일관되어 있다. 이런 설명이 맞다고 할 수 있는가?

현대적인 공장에서 노동자가 일한 노동력이라고 하는 것은 4%밖에 안 된다고 한다. 해방 전에 삼척의 세멘트 공장에서 1년에 8만톤 생산한다고 하지만 실지는 4만톤도 생산하지 못했다. 한주일 가다가 기계가 멈춘다. 내화벽돌이 떨어지기 때문이다. 60년이 지난 지금은 돌산 자체가 없어졌다. 큰 굴뚝도 없어지고, 산이 있는 자리에 굴뚝을 세웠는데 이것도 거기서 먼지가 나온다고 현재는 굴뚝이 없이 기계화되어 지금은 50년대에 4만톤도 생산하지 못하던 것이 1,100만톤을 생산하고 있다고 한다. 그런데 종업원수는 그때보다 적다. 사람은 보이지도 않는다. 화학공장들도 기계들이 작업을 대신함으로 사람이 보이질 않는다. 그저 보턴만 누르면 된다. 그래서 단추를 누르는 노동자들이 가치를 생산했다고 하는 것이 말이 되는가?

그런 식으로 해서 노동자가 일을 다 하였다하여 노동자가 가져야 한다면 이것이 말이 되는가? 그러니까 발전된 기술이 생산했다고 하는 것을 인정하지 않는 것이 이것이 무슨 진리인가하는 것이다. 기계자체가 인간과 떨어진 것이 아니고 인간의 창조력을 체화시킨 것이다. 그런데 감탄할 만한 것은 이렇게 잘못된 이론을 철저하게 끌어나간 것이다. 두툼한 책들이 다 그런 식으로 되어 있는 것이다.

자본론은 3권으로 되어 있는데 마지막에는 이익을 어떻게 자본가들에게 나눠 갖일 것인가를 두고 여러 가지 형태가 있는데 지대론 같은 것은 참 머리가 아플 정도로 복잡하다. 그런 논리를 철저하게 끌고 나갔다. 그 이론에 압도된 양, 이것은 대단한 이론이다 하면서 말이다.

2. 종교와 경제: 헤겔, 공자, 아쇼카, 예수

헤겔이론도 틀린것인데 그 이론을 철저하게 끌고 나간 것이다. 두꺼운 책들이 그런 논리이다. 그렇게 하다보니까 때때로 괜찮은 진리가 담긴 말들이 나온다. 그러나 전반적으로 볼 때 이것이 무슨 진리인가? 국민들한테 확실한 목표를 주는 것이 없지 않은가? 천도교에서처럼 5가지 구호인 사인여천(事人如天), 보국안민(輔國安民), 광제창생(廣濟蒼生), 포덕천하(布德天下), 지상천국(地上天國)을 건설해가는 것이 어느 종교보다도 명백하다.

공자는 자신의 견해를 피력하기 위해서 실천을 하고, 수운선생은 자기 목숨까지 바치지 않았는가? 그런 것을 강조하고 그런 방향으로 발전을 시켜야 하는데 딴 종교를 또 따라간다. 무엇 때문에 신격화하는가? 종교가 일정한 단계에서 긍적적인 역할을 한 것은 우리가 부인해서는 안 된다. 동물과 비슷한 상태에서 종교가 얼마나 큰 역할을 했는가?

인도에서 불교에서 통일을 한 사람이 아쇼카 대왕이다. 당시 불교의 경전을 다 모아서 통일시킨 사람이다. 뉴델리에 가면 아쇼카호텔이 제일 큰 호텔이다. 이 사람이 인도를 통일하다보니까 사람 죽이는 것을 파리목숨 죽이는 것과 같이 했다. 자기 이복동생이 100명이 있었는데 99명까지 죽였다. 그렇게 하고 자신의 궁녀들이 자기가 좋아하는 화초들을 조금 꺾었다고 해서 죽였다. 하루는 한 사람의 동생이 지방으로 도망가서 살아 남았는데 어느날 한 중이 궁궐 앞으로 지나가자 아쇼카왕이 호기심이 나서 불러 따져보니까 자신의 동생인 것을 알게 되었다. 자기 동생이 불교의 이치를 아쇼카왕에게 얘기해서 그래서 경전을 모으고 불교를 통일시키는데 기여하게 된다. 그래서 경쟁본위의 야수적 생활에서 살벌한 정신을 신성하게 만드는 데서 불교가 활동한 역할이 크다. 석가모니는 힘든 설교를 하지 않았다. 아주 쉽게 했다. 예수도 그 누구보다도 쉽게 설교를 했다.

그래서 이제는 경제에서 경제관계도 인간중심철학의 방향으로 나가야겠다, 지금 자본이 팔리지 않으니까 다른 뒤떨어진 나라로 나가기 때문에 여기서 실업자들이 나오게 된다. 전 인류로 볼 때는 그것이 옳다. 뒤떨어진 나라에 자본을 가지고서 경제를 발전시키는 것은 옳다. 그러나 한 나라로 볼 때는 그렇지 않다. 한 나라로 볼 때는 자국에서부터 실업자를 없애야 한다.

또 여기서 실업자라는 것이 꼭 육체를 가지는 사람만의 실업자가 아니다. 지금 물건을 만들어내는 것은 기계들이 만들어낸다. 기계는 우리의 창조력이 객관화된 것이다. 기계를 사람들이 만들어낸 것이다. 그렇기 때문에 기계가 자기 역할을 하지 못한다는 것은 기계가 실업당하는 것과 같다. 그렇게 놓고 보면 실업당한 것이 많다.

이것이 자본주의가 잘못되었다는 것을 나타내는 것이다. 그러기 때문에 이런 것을 어떻게 해야 되겠는가? 또 자본가는 기업활동을 하여 실업자를 내거나 기술수단들을 사장시키지 말아야한다. 땅가진 사람이 땅을 소유했다며 경작도 하지 않고 이용도 하지 않으면 안 된다. 만약에 이것을 계속하여 땅가진 사람들은 그대로 손놓고 있으면 어떻게 되겠는가? 원래 토지에 대한 소유권을 절대 신성불가침으로 생각하는 것이 잘못이다. 재산권으로서 이용권을 주는 것은 괜찮다.

3. 인간중심의 경제철학: 성선설(집단주의)과 성악설(개인주의)의 통합으로

그러면 이제 경제문제를 좀 인간중심철학의 논리로 얘기해 보기로 하자. 경제문제에 있어서도 큰 테두리에서 말하게 되면 개인주의와 집단주의의 장점을 이용해야 한다. 개인의 장점을 보호하고 발전시키지 않고서는 집단이 발전할 수 없고, 집단이 위력을 가지지 않고서는 개인이 발전할 수 없다. 그런데 자꾸 하나만 생각하고 다른 편을 소홀히 하는데 문제가 있다.

우리 동양 철학에서 성선설과 성악설이 대단히 중요하다. 개인의 입장에서는 무엇보다도 개인의 생명이 귀중하다. 개인이 개인의 이익을 위해 활동하는 것은 인간의 본성이라고 말할 수 있다. 그러나 인간의 본성은 두 가지다. 개인주의적인 본성과 집단주의적인 본성이다. 그래서 전자를 본 사람은 인간은 이기주의다. 자기 몸만 생각한다. 그래서 인간의 본성을 악하다고 생각했다. 그런데 딴 측면을 보게 되면 인간이 동정을 한다. 물에 빠진 사람을 보게 되면 동정을 한다. 길가에 넘어진 사람을 보면 동정을 한다. 이것을 볼 때는 인간의 본성은 선하다.

하나는 집단적 존재로서의 특징을 강조한 것이고 또 하나는 개인적 존재의 특징을 강조한 것이다. 자본주의 사회로 오면서 자본주의적 민주주의가 개인의 자유와 평등을 강조하게 된다. 이것이 역사발전에 거대한 역할을 하였다. 그러나 이것이 지나치다 보니까 집단의 통일과 협조를 약화시켰다. 이것을 고치는 방법이 무엇인가? 개인주의에 치중했다 해서 집단주의로 바꾸자고 한 것이 맑스주의이다. 바꾸는 것을 두고 독재의 방법으로 바꾸자고 하다보니 맑스주의가 후퇴하게 된다.

이제와서는 개인주의의 장점과 집단주의의 장점을 결합시켜야 된다. 개인의 자유와 평등을 옹호하면서 집단의 통일과 협조를 강화해야 한다. 그러니까 경제분야에서도 개인주의의 좋은 점을 살리고, 집단주의의 중요한 점을 살리기 위한 대책을 세워야 한다. 법칙적으로 말하면 가치법칙을 정확하게 관철시키도록 하고, 다른 하나는 계획적 균형적 발전을 보장하도록 해야 한다. 균형이라고 하는 것이 대단히 중요하다. 개인주의사상에는 균형이라고 하는 사상이 원래 없다. 균형이라고 하는 것이 대단히 중요하다.

IV. 제4 지도사상부를: 인간중심철학의 집체교육(가치법칙)을 위해

1. 인간중심민주주의 경제: (시장)개인주의와 (계획)집단주의의 창조력을 높혀야

그럼 집단의 통일을 강화하기 위해서는 무엇부터 해야 하는가? 이를 위해서는 **정치사상부** 부터 창설·강화해가야 한다. 우리 인간의 특성에서 정신적 생명력, 물질적 생명력, 협조적 생명력에서 주도적 역할을 하는 것이 정신이다. 정신을 통일시켜야 한다. 사상을 통일시켜야 한다.

사상이란 무엇인가? **이해관계에 관한 지식이다.** 공동의 이익이 무엇인가? 개인의 경우에는 생각할 필요가 없다 그러나 집단의 경우에는 공동의 이익이 무엇인가를 생각하지 않으면 안 된다. 초기의 개인주의 민주주의가 나올 때는 필요 없었다. 자기가 할 일은 자기가 안다며 자유만 주기만 하면 되었다. 이제는 그렇게 하면 안 되고 협조를 하여야 한다. 협조가 중요하다. 그러자니까 공동의 목표를 내세워야 하는데 공동의 목표라는 것이 공동의 이해관계다. **공동의 이해관계는 사상으로 통일시켜야 한다. 그것이 지도사상이며 지도이념이다.**

집단이 통일되자면 통일적인 지도이념이 있어야 한다. 공동의 목적을 제시하는 지도이념이 있어야 한다. 이것을 소홀히 한다. 공동의 목적, 공동의 이해관계를 사상을 통해서 우선 통일시켜야 한다. 그러나 우리 현실은 이를 부정하고 개인의 자유만 주장하고 개인적 사상의 자유, 특색만 주장한다. 이 문제부터 해결하지 않으며 안 된다.

사상이라고 하면 공산주의사상만 생각한다. 그렇다고 공산주의사상은 제대로 아는가? 공산주의 사상이 얼마나 사람을 끌어당겼는가? 모든 사람이 다 같이 잘 사는 사회를 건설한다는 공산주의는 이 얼마나 좋은 사상인가? 모든 사람이 다 같이 일하고 다같이 행복하게 사는 사회를 건설한다면 이 얼마나 좋은 사회인가? 우리가 감동이 되는 것은 공산주의사상이 세계적인 국제주의 사상이라는 것이다. 사심이 없음으로 인간에게 감동을 주게 된다. 그런데 이런 좋은 점은 지금도 없어지지 않았다.

인간에 있어서 집단주의의 사상은 필요하다. 그런데 이 집단주의는 개인주의를 없이 하자고 한 것이다. 앞으로는 상품화폐관계도 필요없게 된다. 다 공급제도라 시장도 필요없게 된다. 집단주의를 가지고 개인주의를 없이 하자고 한 것이 맑스주의이다. 이것이 잘못되었다고 하는 것이다. 그리하여 개인주의보다 못하고 개인주의와 경쟁에서 졌다.

그러기 때문에 우리가 나아갈 길은 명백한 것이다. 지금은 무엇으로 어떻게 나아가야 하겠는가? 어떻게 민주주의를 개선할 것인가? 개인주의 장점과 집단주의 장점을 결합시키는 방향으로 나아가야 한다. 그것은 누가 반대하더라도 얘기할 수 있어야 한다. 그 길밖에는 없다. 경제에서 개인주의가 큰 성과를 거둔 것은 어디에 있는가? 그것은 사람들이 일한 것만큼 자유를 주고 일한 것만큼 평가를 해주는 것이다. 물건을 통해서 물건을 잘 만들었는가, 잘못 만들었는가, 꾸물거리면서 남이 10개 만들 때 하나밖에 못 만들었다면 하나만 만든 창조력밖에 없기 때문에 그 만큼 밖에는 평가를 못해주는 것이다. 그것이 시장의 논리이다.

맑스는 한 시간 동안 만든 것을 두고 한 사람은 1개를 다른 사람은 10개를 만들었다 하게 되면 같이 1시간이라면 노동의 가치는 같다는 것이다. 그런데 평균해서 봐야 되겠기 때문에 사회 평균노동시간을 봐서 평가를 해줘야 한다는 식이다. 그런데 이것도 또 논점을 자꾸 바꾸게 된다. 그러니까 맞지 않으니까 계속 바꾸며 나아간 것이다. 처음에 배울 때는 그것까지 다 따질 겨를이 없고 하니까 이상하게 여기면서도 그냥 넘어갔다. '자본의 유기적 구성'을[18] 두고도 기계의 상품생산을 간과하고 노동자의 노동시간(노동량)만으로 가치(이윤)를 평가하고자 한 것이다.

노동시간을 가지고 철저하게 해야 한다는 것이다. 가치가 있는가 없는가를 논하는 것이 아니라 노동시간을 가지고 재는 것이다. 창조력이 얼마나 있는가에 따라서 가치를 평가해야 한다는 것이 인간중심민주주의인데 맑스주의자들은 시간개념을 가지고 해야 한다는 것이다.

---

18) 여기서 참고로 경제문제 개선을 위해 **'자본의 유기적 구성도'**에 관해 알아보도록 하자. 우선 자본의 유기적 구성은 자본을 고정자본과 가변자본으로 구분하여 설명한다. 고정자본이란 생산설비인데 생산설비인 기계설비, 기계기술수단이다. 가변자본이란 노동력에 대한 노임지불로 창출된 것이다. 자본의 유기적 구성도가 높다는 것은 고정자본(C)이 9천만원인데 노임이 천만원이 나갔다고 하면 이것은 자본의 유기적 구성이 대단히 높은 것으로 된다. 1억을 두고 반대로 노임이 9천만원이 나가고 고정재산은 천만원이 나간다면 유기적 구성이 제일 낮은 것으로 된다. 그래서 가치를 창조하는 산노동(노동자가 가치를 창조한다고 보기 때문에)을 두고 제일 이윤율이 높은 것은 노동자를 많이 쓰는 것이다. 그래서 고정자본이 얼마 안 되는 데서 유기적 구성이 낮을수록 이윤이 더 남는 것으로 된다. 그러므로 자본가들이 유기적 구성이 높은데서 유기적 구성이 낮은 데로 간다. 이렇게 되면 물이 높은 데서 낮은 데로 가게 되면 평균이 되는 식으로 해서 유기적 구성이 낮은 데서 3배를 벌고 평균된 데서는 2배를 벌게된다. 유기적 구성이 높은 데서는 하나밖에 벌지 못한다. 이렇게 되면 셋과 둘, 하나, 이렇게 되면 수익이 여섯이 된다. 그런데 자꾸 높은 데서 낮은 데로 나아가는 것이 경향성이기 때문에 실정에 맞게 이윤을 나눈다. 그래서 유기적 구성이 높은 데나 낮은 데나 중간 측이나 다같이 2배를 나누게 된다. 이것이 평균이윤이 된다. 이것은 잘못된 것인데 그러나 이런 식으로 생각을 한다. 유기적 구성이 높은 데로부터 낮은 데로 내려간다. 제일 유기적 구성이 낮은 것이 피혁자산이다. 그 다음 낮은 것이 방직공업으로 중간이다. 유기적 구성이 제일 높은 것이 기계공업이다. 그러나 기계공업 자본가나 방직공업 자본가나 수공업자본가나 피혁공업자본가나 이윤은 같이 나누게 된다. 이것이 평균이윤이다. 그러므로 어느 자본가이든지 손해를 안 보게 한다. 자본을 가진 것만큼 이윤이 돌아오게 된다. 그러니까 특히 이윤을 많이 내는 자본가를 허용하지 않는다. 자꾸 그러기 때문에 이윤이 평균이 돼서 어느 자본가나 다 같게되어 가죽을 이기는 피혁자본이나 방직자본이나 기계공업자본이나 다 같게된다. 오늘날 중국같은 데서 큰 테두리에서는 계획(울타리)을 세워놓고 내부에서는 개인주의적인 시장경제를 한다. 그런데 비슷하게 이런 이론을 따라가고 있다.

그래서 시장경제가 왜 좋은가? 창조력이 들어가 있는 것만큼 한 개밖에 못 만든 사람에 비해 창조력이 높은 사람은 10개를 만들었는데 이것을 평가해주는 것이다. 그것을 한 공수했는가 안 했는가? 오늘 출근했는가 안 했는가? 자꾸 이렇게 시간개념만 가지고 따질 수 없다는 것이다.

사회주의 나라에서도 노동의 양과 질에 따라서 분배하라고 하는데 노동의 양과 질을 어떻게 재는가? 그런 컴퓨터는 아직 발명이 되지 못했다. 그러니까 협동농장을 가서 노동을 관리하는 사람이 가방을 메고 노트를 들고 다니면서 당신 몇 공수해서 이것만 따졌다. 협동농장에선 풀을 뽑지 않고 슬슬 풀을 덮어버리고 자신의 텃밭에서는 풀을 다 빼고서 넓혀주니 이것을 어떻게 할 것인가? 그러니까 그렇게 세뇌교육을 하는데도 안 된다. 자기 텃밭의 농사는 잘 되는데 협동농장에서는 안 된다. 그래도 공업은 기계가 하니까 큰 차이가 없는데 손노동을 하는데서는 진실하게 일하였는가 안 하였는가에 따라 차이가 난다.

그러나 시장은 속일 수 없다. 시장에서는 창조력이 들어간 만큼 평가를 해준다. 시장경제의 위력, 그것은 개인이 하는 창조적 노동에 대한 평가를 대중적으로 실현해나가는 방법이기 때문에 사람들에게 큰 자극을 주었다.

2. 경쟁과 행복을 위해: 집단적 존재의 통일과 협조를 계획적 균형적으로

인간의 창조력이 들어간 것만큼 평가해준다는 법칙이 **가치법칙**이다. 이것을 맑스는 **노동**이 들어간 만큼 평가해주는 것이 가치의 법칙이라고 한다. **창조력**이 얼마나 들어가 있는가에 따라서 가치를 평가해주어야 한다는 것이 가치법칙이다.

맑스의 가치의 법칙은 노동이 얼마나 들어가 있는가, 노동시간이 얼마나 들어가 있는가에 따라서 가치가 결정된다. 그러면 어째서 가격과 가치가 차이가 있는가 하면 수요와 공급에 따라서 차이가 있다. 수요가 많게 되면 가격이 가치보다 비싸지고 수요가 적게 되면 가격이 가치보다 내려간다. 그러나 맑스의 가치법칙은 노동이 얼마만큼 체화되어 있는가에 따라서 그것을 중심으로 해서 수요와 공급이 따라서 조금씩 올라갔다 내려갔다 한다. 이것은 현상이고 본질은 노동이 얼마나 체화되었는가에 따라서 설명이 된다.

이런 가치법칙이 사람들의 창조력을 얼마나 옳게 평가해 주겠는가? 그러나 시장에서는 에누리가 없다. 창조력이 강해서 잘 만들은 상품은 그만큼 평가해준다. 그래서 자본주의적 경제에 가장 중요한 것, 장점이 되는 것은 가치법칙을 옳게 관철시키는 것이다. 즉 창조력이 이바지한 만큼 평가를 해주는 것 이것을 가치법칙이라고 한다. 앞으로 영원히 이 법칙은 필요하다. 개인과 개인들의 차이가 있는 것만큼 일을 더 잘 해서 일을 더 창조적으로 하여 살아가는 사람은 더 많은 대우를 해야 한다.

지금 현재는 창조력이 있는 것만큼 평가해 주어야 한다. 이것이 역시 사람들에게 행복을 주게 되어 있다. 자기 창조력을 통해서 창조력을 높이기 위해서 경쟁하게 되어 있다. 그런데 여기에 무엇이 필요한가? 사람들이 집단적 존재이기 때문에 역시 통일해서 협조하는 것이 필요하다. 그것을 협조하게끔 하기 위해서는 어떻게 해야 되는가? 이것이 경제를 균형적으로, 계획적으로 발전시키는 것이다.

이 다음에는 물질(물건)이 얼마든지 생산되어 물건을 마음대로 쓸 수 있기 때문에 더 이상 갖일 필요가 없고, 권력도 민주화되어 권력에 마구잡이로 복종할 사람이 없으므로 필요없게되고, 그때가서는 딴 방법으로 평가를 해주어야 한다. 이때의 행복의 기준은 무엇이겠는가?

3. 행복의 기준: 생명력의 강화와 안정성의 균형으로

어느 때 사람이 행복을 느끼고 기쁨을 느끼는가? 인간의 생명력이 강화되었을 때는 기쁨과 행복을 느끼고 인간의 생명력이 약화될 때에는 불행과 고통을 느낀다. 사람과 사람이 서로 사랑하게 되면 생명력이 그 만큼 강화된 것이다. 생명력이 결합되면 비상한 힘을 가지게 된다. 그것을 생활과 결부시켜 보면 밤에 공동묘지에 갔다 오라면 귀신이 없는 것을 잘 알면서도 기분이 나쁘고 싫어하고 겁이 나는데 그런데 어린아이라도 손을 잡고 같이 가면 그렇지 않다. 생명력이 결합되어 무섭지 않게 되는 것이다.

암탉이 병아리를 한 달에 걸쳐 20마리씩 까는데 닭이라는 것은 개나 고양이를 아주 무서워하는데 그런데 병아리를 데리고 다닐 때는 무서워하지 않는다. 얼마나 강해지는지 모른다. 생명과 생명력이 결합될 때는 아주 약한 것도 강화된다.

그러니까 정신적인 생명력도 강화되고 물질적인 생명력도 강화되고 이제 사회협조적 생명력이 강화될 때 행복과 기쁨을 느낀다. 그때 가서는 자꾸 공부도 하게 된다.

육체도 그렇게 만들어진 것이다. 원래는 감탄고토(甘呑苦吐)가 이렇게 되어 나온 것이다. 육체적 욕망을 위해 단 것은 원래 에너지의 원천이라고 해서 먹기 좋게 달게 만든 것이다. 몸에 해로운 것은 쓰게 되어 쓴 것은 먹지 말라는 것이다. 그 다음에 자꾸 발전하게 되니까 쓴 것도 약이 될 수 있고 단 것도 독이 될 수 있게 되었다. 정신적으로 파산하게 되었다.

앞으로는 본능적으로 구분하게 된 것을 이제 우리 육체를 개조하게 되면 아편을 만일 먹어야 할 경우 앞으로는 먹지 않아도 아편같은 것으로 사람들에게 행복감을 준다. 지금은 마비시키는 방법으로 하는데 이것을 육체를 개조하게 되면 자기에게 해로운 것은 거절하게 만들 수있다. 아편은 에너지가 없지만 사람들에게 만족감을 주고 아주 편안하게 만들고 행복감도 준다. 앞으로는 육체 자체가 쓴 것과 단 것을 나누듯이, 학습하는 것을 두고도 이를 거부하고 싫어하는 것이 아니라 좋아하는 것으로 개조하여야 한다. 그렇게 되려면 아마 500년쯤 되게 되면 시작할 것이고 천년정도 되게 되면 육체를 개조하게 될 것이다.

균형이 맞아야 안정이 있다. 사람의 행복에서는 안정성이 중요하다. 안정적으로 월급(수입)을 100원 받는 사람하고 한 사람은 80원을 받는 사람이 있다고 하자. 그런데 수입이 100원 되는 사람은 자꾸 파동이 심해서 자꾸 달라지고 80원 받는 사람이 생활이 안정이 되어 있다고 하면 어느 쪽이 행복한가? 80원 받는 사람이 행복하다. 오늘은 잘 먹지만 내일은 못먹겠구나 이렇게 되면 재미가 없다.

안정된 생활이 불안정한 생활보다 더 낫다. 조금 수입이 낮아도 안전하게 된다면 안정된 수입이 낫다. 지금 철밥통이라고 하여 공격을 하지만 안전한 수입이 나은 편이다. 경쟁이 개인의 발전을 촉진시키는 것만큼은 사실이다.

노예사회에서 사람의 발전수준이 대단히 높았다. 봉건사회와는 대비도 안 되게 높았다. 빨리 발전하였다. AD 4세기에 이태리의 케티스버스화산의 폭발로 폼페이라는 도시가 하루 밤사이에 매몰되었다. 그러니까 오랫동안 몰랐다가 근대에 와서 발굴이 시작되었는 데 완전히 화석이 된 상태에서 보아도 자본주의 사회와 다를 것이 없다. 노예사회이지만 봉건사회와 대비도 안될 정도로 발달 되었다. 개, 사람이 자다가 죽은 모습에서 완전한 노예사회는 아니더라도(노예는 다 있었는데) 사람들의 발전수준은 빨랐다.

춘추시대라고 하는 것이 여러 가지 사상이 많이 나오게 되는데, 상당한 자유가 허용되어, 실력이 있으면 상관을 죽이고 심지어 아버지도 죽게되니 안정성이 없어졌다.

우리나라가 안 되는 이유로 나라는 생각하지않고 이기적으로 서로 싸우기나 하니까 사람들이 독재를 요구하게 된다. 이것을 무시할 수 없다. 그래서 나온 것이 봉건사회이다. 군군, 신신, 부부, 자자 등이 공자사상의 기본으로 질서를 지키는 사상이 나오게 된 것이다.

그래서 경기변동을 두고 장성하는 것도 필요하지만 동시에 안정성이 있어야 한다는 것이다. 안정성이 균형이다. 균형이 파괴되게 되면 불안정하게 된다.

V. 결어: 소유형태의 개선을 위해 정치에 투자를 해야

개인주의(가치법칙)와 집단주의(계획적 균형법칙)의 결합을 통한 소유형태의 개선을 위해 **3대개조의 구조조정을 위해** 정치에 투자를 하여야 한다.

우리는 구조조정이라고 할 때는 자꾸 경쟁력을 강화하기 위한 구조조정을 생각하게 된다. 경쟁 때문에 이런 자본주의 위기가 왔는데 구조조정을 그렇게 하게 되면 미국과 같이 잘 안되어 경제위기가 온다. 근본적인 구조조정을 하려면 3대 개조사업에 관한 구조조정을 해야지 도시만 발전하고 농촌이 발전하지 못한다든지, 공업만 발전하고 농업이 발전하지 못한다든지, 경제만 발전하고 정신문화가 발전하지 못하고, 경제에 비해서 정치가 뒤떨어졌다든지 하면 이런 것들을 조정해야 한다. 그것이 진정 구조조정이다.

그러면 실업이 왜 나오게 되었는가? 기술이 자꾸 발전하게 되면 사람이 필요없게 되는데 그런데 상품은 더 많이 생산하고 그러니까 사람을 채용하지 않게 된다. 그러므로 시장을 넓히지 않게 되면 실업을 어떻게 할 재간이 없게 된다. 그러니까 자꾸 해외로 나가게 된다.

실업을 완전히 막는 방법은 경제분야의 인력을 사람개조사업에다 돌려야 된다. 교육과 과학을 발전시키는데 돌려야 된다. 또 정치를 발전시키는데 돌려야 된다. 정치발전은 공짜로 되는 줄 안다. 작은 정부를 만들어야 된다 하면서 정치를 어떻게 개선할 것인가에 대한 대책은 세우지 않고있다. 교육에 대해 얼마나 투자를 할 것인가에 대해서는 생각도 안 한다.

정치사상을 발전시키기 위해서 노력하고 있는가. 이것도 얘기만 했지 이를 위한 학교가 있는가? 무엇이 있는가? 법관이 되기 위한 법학부는 있어도 정치판 돌아다니면서 정당에서 표나오는 것만 밝히는 정치만 했지 실제로 우리의 정치사상을 어떻게 발전시키고 정치제도를 어떻게 개선할 것인지를 진정 공부시키는 데가 있는가? 나가서 그저 연설이나 하라고 시킨다.

과학연구사업은 실험실에서 실험을 한다. 여기 역사적인 과업에서는 실험을 못한다. 이것을 해야, 하는데 그래서 어느 군에다가 이런 이론을 적용시켜 해보고 그래서 일반화하고, 이를 위해서 **정치적 투자를 하여야 한다.** 이것을 현재는 하나도 하지 않고 있다.

그러니까 3대 개조사업이라고 하는 것도 균형적으로 발전시키기 위한 투자를 하게되면 실업자는 안 나오게 되고 경제도 자꾸 발전하고 문화수준도 발전하게 된다. 그래서 경제에서는 가치법칙을 발전시키는 사업하고 계획적 균형적 법칙을 관철하면서 결합시켜야 한다. 거기에 맞게 소유형태도 계획을 세워야 한다. 실업자가 나오지 않기 위해서는 개인주의적인 소유형태와 집단주의적인 소유형태를 결합시켜야 한다.

그러나 소유형태를 바꾸는 것은 정치가 규정하지만 관리하는 것은 정치가 나서면 안 된다. 그것은 경제집단이 하여야 한다. 여기까지 알려면 정말 많은 다리를 건너가야 한다.

개인주의적인 장점과 집단주의적인 장점을 결합시키는데 구체적인 방법으로서는 생산수단에 대한 소유문제에서 집단주의적 소유를 없애지 않으면서 개인적 소유의 비중을 어떻게 높이고 하는 것을 가지고 조절을 하여야 한다. 그런 문제들은 좀 더 토론하기로 하자. 그러나 의문을 가지고서는 자의적으로 해석하지 말자. 더 많은 연구와 토론이 필요한 것을 두고 자꾸 질문을 해서 해결해가도록 해야 한다.

제3장 통일민주주의 시대의 도래: 정의와 사랑으로

Ⅰ. 민주주의 시대: 반봉건 민주주의 혁명으로

1. 오늘은 민주주의 시대이다

봉건사회와 자본주의사회의 차이는 자기생명의 주인으로서, 자기의 힘으로 살아가는가 하는 차이이다. 오늘 우리는 남·북이 자본주의와 사회주의의 경제생활을 해오면서 평화통일의 행복한 삶을 도모하지 못하고 여전히 불안정한 정치생활을 하고 있는 것이 현실이다. 그래서 평화통일을 위해서는 민주주의의 정치체제(사상)에 문제가 있다고 보고, 여기서는 민주주의의 전개과정을 통해 진정한 민주주의가 어떤 것인지를 살펴보는 데에 의미가 있다고 하겠다. 궁극적으로 인간중심 정치철학으로 보다 완성된 통일의 민주주의 정치사상(정치학)을 추구해보고자 하는데 그 뜻이 있는 것이다.

오늘은 민주주의 시대이다. ①민주주의 시대가 언제부터 시작되었으며 ②현재 시대를 어떤 시대로 봐야 되겠는가? ③앞으로 시대가 어떻게 변할 것인가? 그런 문제를 이야기 하려고 한다.

2. 봉건사회와 자본주의사회의 차이

첫째로 민주주의 시대가 반봉건민주주의 혁명으로부터 시작되었다는 것이다. 그것을 왜 민주주의 시대라고 하고, 새로운 역사적 시대라고 봐야 되는가? 그것은 반봉건 민주주의 혁명이 일어나기 이전까지의 생활하고 그 후의 인간생활이 본질적으로 달라졌기 때문이다. 지금 이 문제와 관련해서 막스주의자들은 이것을 계급주의적 각도에서 계급 해방이 되었는가 안되었는가를 생각하면서 이것을 민주주의 혁명이 아니라고 한다. 그런데 우리는 이것을 좀 더 전 인류의 역사적 과정에서 보고자 한다. 이것이 왜 중요한가? 사람이 동물세계에서 벗어나서 점차 사회적으로 생활하게 되었는데, 물론 봉건사회만 보더라도 동물세계에 비하면 그것이 질적인 변화를 하고 있다.

그러면 봉건 사회하고 자본주의 사회가 근본적으로 다른 점이 어디에 있는가? 신분제도가 제거된 것으로 나타났지만, 그것은 하나의 현상이고 그 밑바닥에 무엇이 있는가를 보아야 한다. 봉건 사회만 하더라도 인간은 자기

운명의 주인으로서 산다. 인간에게 정상적인 생활방식이 무엇인가? 이런 각도에서 보게 되면 봉건사회하고 자본주의 사회는 큰 차이가 있다. 동물은 자연에 예속된 존재다. 자연에 순응하고 자연의 혜택에 의해서 살아가는 존재다. 여기서 벗어나는 것이 인간이 사회적인 존재로 발전해 나가는 과정이다. 그런데 그때도 사람들이 동물들 하고는 차이가 있었지만 그 원시사회가 오랫동안 계속 되어 동물적인 것이 많았다. 자연에 예속되고 자연에 순응하는 생활이 많았다. 봉건 사회에 와서 상당히 인간의 자체의 힘으로서 살아나가는 것 같지만 그래도 결국은 농업이 기본이었고 자연 기후 조건에 지배를 받았고, 그러니까 풍년과 흉년이 되는 조건이 사람의 노력보다 기본은 기후가 어떤가에 달려있었다. 그러다 보니까 사람들이 자기의 힘으로 살아 나간다 하는 생각을 가지지 못했다. 사람이 동물과 다른 점은 자기가 자기생명의 주인으로서 누구에게 예속당하지 않고 자기의 힘으로 살아 나간다고 하는 것, 여기에 동물과 인간생활을 구분하는 기본징표가 있다.

지금 우리가 이야기 하는 인권도 그렇다. 자기 생명의 주인은 자신이다. 그런데 그 봉건사회의 수준을 가지고서는 그런 생각이 나올 수 없다. 사람이 외부의 혜택에 의존하지 아니하고 예속 되지 않고서 자기 힘으로 살아나가는 것이 인간의 고유한 생존방식이다. 그런데 그전까지는 이것이 확립 안 되었다. 인간의 고유한 생존방식인 자신의 힘으로 살아 나갈 수 있다는 것은 봉건사회만 하더라도 세워지지 않았다. 자본주의 사회도 사실 완전하게 되려면 공업이 위주로 되지 않으면 안 된다. 이것이 개선인데 우선 사람이 창조적인 노동에 의해서 생활 수단들을 생산해 나가는 공업이 위주로 된다. 농업이 계속 위주로 되어선 자연의 혜택으로서 살아나간다는 사상에서 벗어 날 수 가 없다.

3. 주권재민의 사상: 신분제도의 타파로 자유와 평등 사상이 나오고

주권재민의 사상에서 자유와 평등의 사상이 나오게 되어 신분제도의 타파로 되었다.

인간이 자기 자체의 힘으로서 자기의 운명을 개척해 나아가게 하는 생활 수준이 향상되었을 때, 어쨌든 자본주의와 같은 사상이 먼저 나오게 되었다. 그런 사상들이 나오게 되면서 사회를 변혁시키는 운동으로 되어서 타고

난 신분제도부터 없애야 되겠다, 사람은 다 같다, 사람은 다 같이 자기운명의 주인이다, 자기 생명의 주인이다, 이런 생각을 가지게 되었다. 그래서 **주권**이 즉, 특권계급이 아니라 일반 백성, 일반인민들에게 있다는 것으로 주권재민의 사상이 나오게 되었다. 자유와 평등에 관한 사상이 나오게 된 것이다.

자유의 사상이란 남의 간섭이 없이 자신의 살려는 욕망(힘)을 실현 할 수 있다는 것이다. **자유란**, 사람에게서 제일 중요 조건이 살려는 욕망인데, 살자는 욕망을 자유롭게 누구의 간섭을 받거나 예속되지 않고 이것을 실현 할 수 있는 것이 자유이다.

평등은 무엇인가. 평등이란 같은(공정한) 대우(평가)를 받는다는 것을 말한다. 이것은 수단과 관련 되어 있다. 평등한 대우를, 평등한 **평가**를 받는다는 것이다. 양반들이 한 노동에 대해서는 높은 평가를 주고, 상놈들이 한 노동, 즉 신분이 낮은 사람들이 한 노동에 대해서는 평가를 안 해주고, 이것은 평등이 아니라는 것이다. 평등하고 공정하게 평가를 받는가 하는 데서 기준을 찾아야 한다.

사람들은 생활을 실현해나가는 노동, 이것을 떠나서는 살 수가 없다. 살자는 것이 인간의 생명인데 이는 인간의 활동을 통해서만 된다. 힘의 작용에 의해서만 이루어지는데 그것에 대해서 공정하고 동등하게 평가해주어야 된다. 이것이 평등의 본질이라는 것이다.

이 자유와 평등이 서로 같기도 하지만 구분해서 하게 되면, **하나는** 욕망을 자유롭게 실현하라는 것, 즉 욕망에 대해서 남의 간섭, 남의 예속 이것을 허용하지 말자는 것이고, **다른 하나는** 살아나가는 방법, 수단에서 공평해야 된다는 것이다, 어떤 사람은 놀고도 먹을 수 있고 이것은 안 되겠다는 것이다.

물론 이런 사상이 옛날엔 전혀 없었던 것은 아니다. 중국에도 묵자라는 색다른 사람이 있었다. 그것은 유교사상하고도 다를 것이 없다. 그는 **상현(尙賢)**과 **상동(相同)** 두 가지를 강조했다. **상현**이란 출신에 관계없이 능력 있는 것을 그대로 평가해주라고 하는 것이다. 인간이 생활해나가는데 있어서 삶의 욕망을 누구한테 제약을 받고, 누구의 지시에 의해서가 아니라 자기가 마음대로 살 수 있다, 스스로 자기의 주인이 되어서 자기 욕망을 실현한다. 이것이 상현, 자유이다.

그 다음에 그것을 실현하기 위해서 노력한데 대해서는 다 공평하게 평가해 주어야 된다, 이것이 **상동**이다. 자유를 욕망하고 결부시키고, 평등은 우리의 활동, 노력, 힘하고 결부시켜야 한다. 그렇게 해야 이때부터 인간으로서의 생존방식이 달라졌다고 하는 인식에 도달하게 된다. 막스주의자들은 그것을 몰랐다. 상부구조요, 계급적인 차별이 있는가, 없는가, 이런 주장을 계속하다 보니까 그 구분을 못했다.

4. 인권사상과 주권(재민)사상

인간중심철학은 생존방식(사고방식)의 근본적인 변화로 욕망의 자유와 노력의 평등을 보장하는 것이다. 인권사상은 자기생명을 주인으로 하며, 주권재민은 집단자체를 주인으로 하는 사상이다.

인류 역사 발전에서 가장 큰 변혁이라고 하는, 생존방식에서 근본적인 변혁이 일어났다. 이것을 우리는 똑똑히 이해해야 한다. 인류의 생존방식에서의 근본적인 변화다. 여기서 **인권사상**과 **주권사상**이 나오게 된다.

자유의 측면으로 볼 때 우리가 생명을 가지고 있는데 그 생명이 누구의 것인가? 자기 자신의 것이다. 자기 자신이 살려는 욕망을 자체의 힘으로 실현해 나가는 자기의 생명인 것이다. 인권이라고 하면 복잡하게 정의를 하는데, 결국은 자기 생명의 주인이라고 하는 것이다.

인권은 노동의 산물이 아니다. 누가 준 것도 아니고 타고 난 것이다. 그런 생명을 타고 난 것이다. 노동의 산물이라면 주고받고 나누어 먹을 수 있고 하지만 그것이 아니다. 아예 인간으로서 타고 난 것이다. 그것의 주인은 나다. 개인이 다 자기 생명의 주인이다. 이것이 **인권사상**이다.

사람들이 합해서 사회를 만들고 국가를 만들었는데 그것을 관리 할 수 있는 권한을 누가 가지는가. 이것은 집단 자체가 가져야 된다. 거기에 속해있는 인간들 자신이 주인이 되어야 된다. 이것이 **주권사상**이다, **주권재민의 사상이다**. 주권은 그 사회를 관리하고 사회 운명을 결정 할 수 있는 권한으로 ,그 사회를 구성하고 있는 사람들의 집단에 속한다. 다른 특권 계급에 속하는 것이 아니라, 그 집단을 구성하고 있는 인권을 가진 모든 사람들에게 속한다. 인권과 주권은 뗄 수 없는 관계이다.

이렇게 사고하는 것이 **인간중심철학의 사고방식**이다. 다른 식으로 해서는 이러한 정의가 나오지 않는다. 이것을 주목해야 한다. 인권과 주권이 무엇인가 하는 문제들, 따라서 이는 민주주의에 관한 것으로 인간중심철학에 기초해서만 정확히 해결되고 정의될 수 있다.

그러면 이러한 주권재민의 사상이 민주주의 기본사상으로 그것이 당장 실현 될 수 있는가, 완전히 실현 될 수 있는가, 그것은 없다. 그렇게는 안 된다. 왜냐하면 우선 봉건사회, 즉 민주주의 이전 사회로부터 나온 것으로 낡은 사회의 영향을 받지 않고서 완전히 새로운 사회가 나올 수가 없다. 그러니까 먼저 인권 사상이 나오고, 자유와 평등의 사상이 나왔다. 실력 있는 자들이 봉건 계급과 마찬가지의 착취와 압박을 하고 권세를 쓰고 특권행세를 한 것이다. 자본주의 초기의 자본가들은 무자비 했다. 그래서 막스주의자들이 이런 부분을 지적하고 있는 것이다. 자본주의도 봉건사회와 같이 착취를 한다. 그래서 막스의 노동계급이 출현한다.

엥겔스가 영국의 개인주의사회를 두고 노동계급의 상태를 연구해서 발표한 책이 있다. 그것을 보면 봉건사회의 착취계급이 한 것과 비슷하다. 그러니까 봉건계급을 자본가 계급이 대신한 거라고 주장하게 되었다. 자본주의도 봉건적 낡은 잔재가 있었다고 하는 것이다.

개인주의사회의 정의의 원리의 한계는 상상할 수 없는 힘을 가진 사랑의 원리로 결합해가야 하는 것이다. 지금까지는 개인주의사회에서는 일정한 성과도 있었지만 집단을 잘 모른다. 일제시대에는 계급이라는 말을 못쓰게 하고, 이를 단체라고 하면서 신경질적인 반응을 보이드니 지금은 집단주의를 독재로 보고 있는 것이다.

그러므로 우리는 공명정대하게 생각해야 한다. 인간은 개인적 존재이면서 집단적 존재라는 것, 큰 정의로 보더라도 **정의의 원리**와 **사랑의 원리**를 배합해가야 하는 것이다. 능력이 있는 사람은 잘 사는 것을 인정해야지, 빈부의 차이 없이 다 같이 잘 살자고 하는 것은 잘못된 것이다. 물론 나쁜 빈부의 차이는 없어져야 한다. 정의의 원리로 개인주의(자본주의)를 실시하다가 그 다음에 조건이 성숙되면 사랑의 원리로 집단주의(사회주의)로 나아가야 하는 것이다.

남의 도움을 받는 것은 빼앗아 먹는 것과 다를 게 뭐가 있는가? 인간을 사랑하면서 집단적으로 결합할 때 상상할 수 없는 힘이 나온다. 정의의 원칙만 생각하는 사람은 사랑의 원칙을 잘 모른다.

자유로운 평등, 경쟁을 하다보면 이기고 지고 하는데, 그리하여 부화방탕한 사람도 있겠지만, 필요한 불평등은 인정하면서 제한해가야 한다. 참아야할 불평등이란 머리를 써서 기계를 구입하여 생산하는 자 등과, 상속문제로 계속해 자기 생명으로 자식을 사랑하는 것을 두고 이를 인정해야 한다. 공산주의체제하에서 농사를 하는데 많이 지으나 적게 지으나 수입은 같은데, 수확을 많이 올린 결과, 오히려 가마니를 짜야지 운반해야지, 더 많은 부담을 지게 되니 먹을 것만 짓고, 심지어 농사짓는 것보다 물고기 잡는 것이 생활에는 낫다고 하여 힘든 일을 회피하게 되는 것이다.

사회발전의 정도를 보아가면서 자유와 평등, 경쟁, 정의의 원리와 협력, 협동, 명예, 상호방조, 사랑의 원칙을 앞으로는 결합해가야 한다. **개인주의 사회가 절대로 좋은 것으로 그렇게는 생각하지 말아야 한다.**

II. 민주주의의 철학적 사고(생존방식)에 대해

1. 사람은 개인적 존재인 동시에 집단적 존재이다

민주주의의 둘째 문제는 무엇인가? 민주주의의 철학적 사고(생존방식)로 사람은 개인적인 동시에 집체적인 것으로 결합되는 것이라는 것이다. 사람이 생활해 나가는데 있어서 각각 특색 있는 자기 육체를 단위로 해서 자기의 생명을 가지고서 살아나가는 개인적인 존재로서의 생활이 있고, 또 집단으로서 대를 이어서 사회를 형성해서 생활해 나가는 집단생활, 이 두 측면이 있다. 이것도 사람들이 크게 생각을 못한다.

일반적으로 자본주의 사회에 와서 인간의 집단도 생명을 가진다고 하는 것을 이해시키는 것이 제일 힘들다. 어떻게 집단이 생명을 가지는가? 생명을 가지는 것은 개인 밖에 없는데 자꾸 이렇게 생각한다. 그러면 개인 밖에 생명을 안가진다면 개인의 생명은 한 대로 끝나는데 왜 인간은 계속 살아있는가. 또 생명이 개인의 생명만이라면 왜 자기의 아이를 낳으려고 하나? 또 비석이라도 세워서 자기의 이름을 남겨 놓으려 하는가? 개인만으로는 세상에 태어나는 것 자체가 없다. 이것을 우리가 똑똑히 알아야 된다. 부모가 없는 사람이 있는가? 그러니까 개인이 있다가 우리 협력하자, 사회를 만들자, 이렇게 해서 집단이 나온 것이 아니다. 그러니까 처음부터 사회적인 집단이 있었다.

처음부터 사람은 개인적인 존재인 동시에 또 집체적으로 결합되어 있었다. 인간의 선조들은 동물 상태에 있을 때부터도 벌써 그런 식으로 되어 있었다. 다만 사회적인 존재가 못되었다. 사회적인 의식이 없고, 그렇지만 유치한 상태로라도 집단적으로 있으면서 동시에 개인적으로 있었다. 그렇게 하지 않고서는 생명체가 존재 할 수가 없다. 뿐만 아니라 세상에 존재하고 있는 모든 것은 그렇게 되어 있다. 이것이 역시 철학적인 사고이다. 모든 것, 모든 물질까지 다 자체적인 것이 연결되어 통일되어 있다. 이 문제를 생각하는 데서 철학적인 견해를 가져야 한다. 이것을 몰라서 칸트도 사람의 지혜로는 불가능하다고하여 사람의 인식(능력)으로서는 다음의 4가지를 도저히 알 수 없다고 하였다.

4가지 불가지론(不可知論)도 대립물의 통일로 이해해야 한다.
① 세상이 유한한가, 무한한가, 무한한 것 같기도 하고 유한한 것 같기도 하고, 유한하다면 그 밖에는 또 무엇이 있겠는가, 그러나 끝이 없다는 것이 말이 되는가, 이건 도저히 알 수 없다는 것이다.

② 물질세계가 단순한 것으로 결합되어 있는가, 아니면 처음부터 복잡한 것인가?

③ 인간은 자유로운가 필연적 운명인가.

④ 신은 있는가(유신론) 없는가(유물론).

무한하면서도 동시에 유한하다, 또 단순하면서도 복잡하다, 이렇게 사고를 못했다. 그렇게 하지 않고서는 운동도 안 되고 발전도 안 된다는 것을 그때는 이해를 못했다. 하나만 가지고서는 운동도 안된다. 라이프찌히 같은 사람은 이렇게 말했다. "단자다. 가장 단순한 요소가 하나 있어서 그것이 결합되어 진다"고 했다. 그러나 그렇게 안된다. 가장 원시적인 존재인 이 빛도 광자(양자)가 있고 동시에 그것은 빛의 파장으로서 존재한다. 원자를 이렇게 설명을 하면 원자에는 원자핵이 있고 그것을 전자가 도는 걸로 그린다. 그렇게 해서 전자라고 하는 알맹이 하나가 도는 것으로 하는데 그렇게 되지 않는다. 전자자체는 알맹이인 동시에 파장으로 돈다. 그래서 그전에는 불확정성 원리로 하여 그것의 위치를 알기 위해서 광선을 투입하게 되면 그것이 충격을 주어서 더 빨라지고, 그래서 위치를 알자면 속도를 알 수 없고, 속도를 알자면 위치를 알 수 없고, 뭐 그런 식으로 말했는데, 그것이 다 근본적으로 물질이 두 가지가 대립된, 두 가지 모순된 것이 통일 되어 있다 하는 것을 몰랐기 때문이다. 그런데 지금은 이것이 명백해지고 있다. 이것이 소위 뉴턴의 광양자론(입자론)과 호이겐스의 파장론이다.

그래서 인간도 절대로 영원히 개인적인 존재인 동시에 집단적인 존재라는 것을 말하게 된다. 인류발전의 초기에는 개인의 생존을 보장하고 인간의 이익을 생각한 것으로 개인중심의 민주주의가 먼저 발전한다. 민주주의 혁명 초기에는 개인주의, 자본주의가 먼저 발달한다. 개인적인 욕망에는 무엇보다 육체적 욕망이 기본이고, 이는 물질적인 것으로 이 물질적 욕망을 충족시키는 문제가 개인주의 민주주의이고 그래서 자본주의적 민주주의가 된다. 개인민주주의가 경제분야에 치중한 민주주의가 되어 자본주의적 민주주의가 되었다. 자본주의라고 이렇게 안 불러도 되는데 경제발전이 특징이 되다보니 그렇게 불리우게 된 것이다.[19]

그런데 처음부터 인간이 개인적인 존재인 동시에 집단적인 존재라고 하는 것을 인식한 것이 아니다. 이제 민주주의 사회에 들어와서도 여전히 그런 상태로 왔는데, 이는 생활에서 가장 절실한 문제는 개인의 생존을 보장하는 것이었다. 먼 앞날의 집단의 생활에 대해서 걱정하는 것보다 당장 자기가 어떻게 하면 자유롭게 살 수 있는가, 내가 더 잘 살 수 있기 위해서 어떻게 경쟁 할 것인가, 이것이 기본이지 우리가 다 같이 잘 살고 앞으로 미래가 어떻게 되겠는가 하는 것을 생각 할 수 없다.

또 인간이 개인적 존재로 살면서도 무엇이 제일 중요하겠는가? 생활에서 먹고 입고 사는 경제적인 생활이고, 정신적 힘을 키우는 것도 있고, 사회적으로 연결을 가지는 3가지 부분이 있는데 그때 제일 중요한 것은 당장 먹고

---

19) 경제분야에 개인주의(민주주의)가 적용된 것이 자본주의(민주주의)로 된다. 자본주의적(개인적, 경제적) 민주주의로 자본주의 사회가 사회주의보다 먼저인 것이다.

사는 것이다. 그렇기 때문에 민주주의가 나온 것이 곧 경제생활에 적용되었다. 그래서 자본주의적 민주주의는 경제적인 민주주의로 되었다. 자본주의라는 말을 안해도 된다. 사실은 이것이 개인주의적인 민주주의인데 경제에 그것이 적용되어서 경제생활에서 큰 변혁을 일으키다보니까 자본주의 사회로 말하게 되었다.

2. 집단주의(사회주의) 민주주의의 출현: 민주주의의 완성으로

주권재민의 집단주의와 막스주의의 관계는 『신성가족』, 『독일 이데올로기』 그리고 『공산당선언』을 통해서 알 수 있다.

집단주의의 사회주의에서도 주권재민은 어느 의미에서는 더 강조한다. 민주주의를 더 완성하기 위해서 사회주의가 필요하다고 생각했다. 주권재민은 특권계급의 것이 아닌데 그런데 집단주의가 실현이 안 되므로 계급주의를 집단주의에 결합시킨 것이 막스주의다.

막스도 처음에는 진정한 민주주의사회로 집단주의 민주주의를 생각했다. 『신성가족』, 『독일 이데올로기』에서 그렇게 말한다. 진정한 완성된 인도주의적 민주주의로 집단주의를 생각했지만, 그 후에 가장 발달한 계급이 사심이 없는 무산계급으로 무산계급은 더 이상 잃어버릴 것이 없으므로, 따라서 무산자 프로레타리아 노동자계급의 혁명적 열정과 공산주의 철학을 결합시켜 계급주의를 강조하게되었다.

그 후에는 공산주의사상과 노동계급이 같은 것으로 된다. 이것을 뚜렷하게 한 것이 『공산당선언』이다. 역사의 발전과정을 계급투쟁의 발전과정으로 본 것이다.

이것을 막스주의자들은 인민이 다 평등하게 자유와 평등을 얻어야 한다며 노동계급이 주권자라고 설명을 했다. 그런데 노동계급이 전체 인민의 이익을 대변할 수가 있겠는가? 주권재민의 목적은 같다고 하지만 민주주의사상과 배치되는 것이다.

이는 첫째로 인간은 다 개인적 존재이자 동시에 집단적 존재라는 것을 몰랐다. 두 면이 다 필요한데, 그리하여 처음에는 개인의 생존을 보장하기 위해서 자유와 평등을 보장하고 발전시켜가야 한다. 자본주의가 사회주의를 앞서 발전하는 것인데 이를 바꾸려고 한다.

둘째로 막스주의의 계급주의는 민주주의 자체를 배반하는 결과를 초래한 것이다. 처음에는 주권재민을 주장했지만 나중에는 실제적으로 주권재민이 되지 않은 것으로 되었다. 노동계급이 주권재민을 이상적으로 대표하는 것으로 논리를 전개하다보니 노동계급의 이익을 잘 대변하는 것으로 되어 인민정권이 된 것이다.

주권이 인민에게 있고, 노동계급이 인민의 이익을 잘 대변하고, 노동계급의 이익을 **공산당**이 대변하고, 그러므로 '독재'도 가능하게 되고, 한 발짝 더 나아가 앞을 내다보는 철저한 공산주의자가 **수령**인 것을 두고 스탈린처럼 궁극적으로 주권은 영도자에게 귀속되게 된다.

막스주의는 ① 유물론에 입각해서 경제중심적으로 나아가는 원리와 ② 계급투쟁을 방법론으로 내걸다 보니까, 이것이 주된 것으로 되어 군국주의와 독재를 강화하여 집단주의를 왜곡시켰다. 왜곡된 집단주의가 된 것이다.

그런데 봉건말기에는 자본가가 제일 압박을 받고 착취를 받던 계급이었다. 그래서 처음에 민주주의는 개인주의적인 민주주의로 발전했는데 그것도 경제중심의 민주주의의로 되었고 자본주의적 민주주의가 민주주의 (혁명)시대에 들어서면서 초창기의 발전된 민주주의가 되었다. 이것을 요즘 **자유민주주의**라고 말한다.

그런데 자유민주주의는 결국은 자본주의적 민주주의로 두가지 한계를 가지고 있는 것이다. **하나는 봉건적인 잔재**를 많이 가지고 있어서 민주주의로서의 부족한 점이 있다는 것이고,

둘째는 개인주의적인 민주주의였기 때문에 **집단주의적인 요구**를 표현 할 수 없다는 이런 두 가지의 제한성을 가지고 있다.

이것을 비판해서 집단 중심으로 나아가야 한다. 빈부의 차이를 없애야 되겠다 하고 나온 것이 사회주의다. 그래서 그 다음시대는 사회주의시대이다. 자본주의는 낡았음으로 자본주의를 대신 해서 나온 것이 사회주의다, **사회주의란**, 사실은 집단주의인데 거기다 계급주의를 첨부한 것이다. 그러나 실제 해보니까 잘못되었다. 계급주의도 잘못되고 **계급투쟁**과 **무산계급 독재**도 잘못되고 집단주의를 주장했던 사회주의도 잘못되었다. 그리하여 자본주의

자를 그 때는 신이 나서 비판했다. 이것이 잘못되었다.

공상적 사회주의라고 하는 사람들은 모두 자본주의의 결합을 비판했다. 막스는 거기다 계급적인 것을 결부시켰는데, 과학적 사회주의자들도 그렇게 해서 다 잘 살아야 된다며 마지막 결론은 집단주의를 말하는 것이다.

여기서 무슨 결론을 지을 수 있는가? 민주주의 시대는 아직 발생으로부터 발전해서 완성되어야 되는데, 개인주의적 민주주의, 자본주의적 민주주의가 그래도 발생·발전으로 거의 완성되어 나가고 있지만, 그런데 민주주의 시대가 끝나지 않은 것이다.

민주주의 시대는 아직도 출발점에서 몇 백 년 밖에 안 되었다. 이것이 계속 발전해야 완전한 민주주의로 계속 발전해야 되겠는데, 이게 끝났다, 사회주의로 넘어가야 된다, 요즘은 또 제3의 길이 있다고 하는데, 이것은 다 잘 몰라서 그렇다. 무슨 3의 길이 있겠는가? 민주주의 길이 아직도 제대로 개척도 안 되었는데 무슨 **제3의 길**을 가겠는가? 자본주의길, 개인주의적 민주주의의 길이 없어지는 것도 아니고 더 완성 되어야 된다. 사회주의가 자본주의를 대신 할 일은 절대로 없을 테니까 그런 걱정할 필요도 없다. 그러나 그것을 시도하는 사람은 있다. 막스도 그것을 시도한 것 아닌가?

3. 8·15 해방의 노동자 농민의 민주주의: 집단적 민주주의로
인도 공산당도 개인중심의 민주주의로 시작을 하였따.

지금도 자꾸 좌경으로 나가자는 사람들은 그런 영향을 받은 사람이다. 그 사람들 그것 잘 모른다. 다 같이 잘 살자는 조건이 왜 나쁜가 하면서 처음에는 다 그랬다. 8.15 해방 후에 노동자 농민을 위한 민주주의가 진짜 민주주의다 자꾸 이야기 하고 우리가 다 잘사는 사회를 건설 한다고 하니 그럴 듯해보였다. 그것이 왜 잘 못되었는가 생각할 여유가 없었다. 그러나 지금와서 보게 되면 그것은 안 된다. 인간은 개인적 존재이면서 집단적 존재라는 것은 사실이다. 두 측면이 있다. 그렇다고 해서 개인적 민주주의가 좀 결함이 있다고 해서 집단적 민주주의로 하면 더 낮겠는가. 그것은 더 안 된다. 왜 더 안 되는가? 아직도 개인의 생존의 요구가 충족되지 못한 조건에서 교체해서 안 된다 하는 것이다.

지금 출발한 개인 중심의 민주주의를 더욱더 완성해 나가면서 집단의 요구도 받아들여 완성해서 다 같이 잘 살 수 있도록 해야 된다. 다 같이 잘 살자고 해서 잘 살게 되는가? 우리는 인도에 여러번 여행을 다녀왔다. 제3세계의 나라에서는 제일 큰 나라이고 공산당 계통하고 사업도 하고, 1996년 마지막으로 갔을 때 공산당에서 찾아왔다. 이거 경제가 고도성장이 되어서 1년에 13%씩 장성 하는데 빈부의 차이가 커져서 야단이다, 이 사람은 젊은 사람이었다. 거기에 공산당이 2개다. 막스주의 공산당과 막스레닌 공산당이다. 벵골주가 큰 주인데 그 벵골주와 2,3개 주가 합쳐서 인구 1억 이상이 되는데 그 정부를 공산당이 장악하고 있다.

　막스주의자라고, 거기 총비서를 하는 젊은 친구가 늘 우릴 찾아와서 그런 이야기를 했다. 우리가 12번 왔는데 그전에는 너무 거지가 많아서 보기가 참혹했다, 뉴델리를 저녁에 나가보면 거지들이 잠자리를 다투고 있었다. 어디를 갈래도 자꾸 구걸하는 사람이 많으니 힘이 들었다. 방글라데시는 더했다. 1년에 홍수로 100만이상은 매년 죽고, 대사관에서 차로 나갔다가 사람을 하나 치었다. 그래서 파출소에 가서 내가 차를 몰고 오다 실수해서 사람 하나 치어서 죽었다 하니, 아 됐다고 가라고 했다. 사람하나 치어 죽는 것쯤 아무것도 아닌 것으로 생각하는 것이다. 그렇게 거지가 많았었는데 1996년에 12번째 갔을 때 거지가 거의 없었다. 그래서 우리가 욕 했다. 보라 지금 없어지지 않았는가? 생산이 자꾸 발전되면 다 잘 살게 된다, 그것을 앞에 해야 된다. 무슨 쓸데없는 소릴 하는가? 공산당은 다른 당하고 협력해서 이 정책을 잘 지지해 주어야 한다고 했다. 그래서 우리는 참다못해서 욕을 한 것이다. [20)

　인간의 본성은 두 가지인데 하나는 자기가 잘 살자는 것이 있고, 다른 하나는 남을 동정하는 성질이다. 인간은 개인적 존재이면서 집단적 존재이기 때문에, 개인의 생존과 발전의 개인주의도 집단의 생존과 발전의 집단주의도 인간본성의 두 가지다. 옛날부터 내려오는 성선설과 성악설의 두 측면이 있다. 어느 것도 잘 되고 잘못 되고 하는 것이 아니다. 단지 어느 것을 중심으로 하는가에 따라 생각이 달라진다. 룻소의 사회계약설은 개인의 이익

20) 황장엽 수요강좌(2006. 1.18).

을 위해 계약을 체결하는 것인데, 그런데 개인의 생명이 유한하다 보니 다수결로 하는데[21] 이는 반드시 집단의 이익과 일치하는 것은 아니다. 집단주의자는 집단의 생명을 영원한 것으로 본다. 그러므로 개인은 집단의 생명을 위해 복무해야 한다.

요즈음 잘못하게 되면 그것이 선한 것 같이 보여서 자꾸 집단주의적인 방향으로 생각하게 된다. 그러나 사회주의가 오지 않기 때문에 걱정할 필요 없다. 그래서 막연히 제3의 길을 추구하고 있으나 제3의 길은 없다. 닝전종식으로 민주주의 길 밖에는 없다. 민주주의를 좀 더 완성해 나가는 것이다. 지금은 여전히 역시 민주주의 시대다. 또 사회주의가 망하니까, 그 다음에는 협동(주의) 뭐 자꾸 이야기 하는데, 민주주의를 똑똑히 모르는 사람들이 자꾸 그렇게 말한다.

공자보고서 죽음이란 무엇이냐고 물으니, 삶도 모르면서 죽음을 왜 물어보느냐고 했다. 민주주의 자체를 똑똑히 모르는 사람이 이것이 삶의 길이요, 뭐요, 자꾸 이야기 한다. 민주주의를 개선 완성할 생각은 안하고, 그러니까 지금 시대는 역시 민주주의 시대다. 민주주의를 개선 완성해 나가는 시대인데, 이제 세계를 민주주의화 해나가는 시대에 도달했다, 언제부터 이렇게 시작되었는가? 냉전을 통해서 자본주의적 민주주의가 제국주의로부터 벗어난, 제국주의가 없어진 때로부터 세계가 민주화해 나가는 방향으로 민주주의가 발전하고 있다. 아직도 거기서 벗어나지 못해서 계속 국가 권위주의적으로 나가는 것, 계급주의적으로 나가는 것이 있으니, 아직도 갈 길이 멀다. 그러나 큰 역사의 흐름으로 볼 때는 진보의 방향으로 나아가고 있는 것이다. **냉전 종식으로 자본주의 제국주의를 벗어나서 세계가 민주화시대로 들어섰다.**

자본주의가 망하지 않는다. 그러나 자본주의가 이대로 나가면 안 된다. 실업자를 자꾸 내서 되겠는가? 실업자 없애야 된다. 그러니까 이것을 어떻게 하면 개선할 것인가? 어떤 사람이 빈부의 차이를 없애지 못한 것이 문제라고 하는데 이것은 다 위선자다. 빈부의 차를 어떻게 없앨 것인가? 빈부의

---

21) 개인의 집합을 집단으로 보아, 의사결정을 다수결로 본다. 그러나 다수이익과 집단의 이익은 다르다. 집단의 이익은 멀리 내다보며 세계와의 관계에서 집단의 생명, 생존, 발전을 생각한다.

차이는 있을 수밖에 없다. 자본주의 발전에서 빈부의 차이를 부정하면 어떻게 되는가? 일하는 사람이나 일 안하는 사람이나 도둑놈이나 보통사람이나 같은 대우를 해주자는 것이 말이 되는가? 능력이 많고 일을 많이 하고 재능 있는 사람이 더 잘 살아야 된다. 부당하게 잘 사는 것, 또 일할 권리조차 없게 되어서 실업자를 내는 것, 이런 것을 없애야지, 뭐 추상적으로 빈부의 차이를 없애야한다고 말하는 그런 사람이 나쁘다. 자기는 남보다 더 잘 살면서, 그런 데에 속지 말아야 한다.

III. 정치의 과업: 인간중심 민주주의로 부단히 발전시켜가야

셋째, 마지막으로 민주주의의 완성인 통일민주주의 도래를 두고, 자본주의사회의 정당제에 관해 말해보도록 하자. 자본주의사회는 다당제인데, 정권은 사적인 노동의 산물이 아니다. 개인주의사회의 경제분야에서의 부익부 빈익빈을 조절하지 않고 정치에 그대로 적용한 것이 의회민주주의이다. 따라서 다당제는 인민의 정권이 아니다. 정당의 정권이 된다. 예를 들어 상상하기 어려울 정도로 경쟁대상을 날조해가지고 서로 공격하지 않는가?

서로 사양해야 사람일텐데 장사군들이 물건팔 듯이 계속 자기 선전을 하는데, 이것이 인간본성에 맞겠는가? 정권이 정당정치로 표만 얻으려고 하니, 정권은 공적이어야지 사적이어서는 안 된다.

정권은 자본주의적 개념으로 쟁탈적, 도박적 산물이 아니다. 이것부터 고쳐야 한다. 정권은 사적인 노동의 산물이 아니다. 인민의 이익에 충실하는 공적인 정치를 해야 하는 것이다. 인권과 주권은 노동의 산물이 아닌 공적인 것이다.

자기선전을 계속하여 시장원리로 하는 자본주의개념 자체가 잘못되었다. 자본주의정치가 타락하는 것이다. 자꾸 남을 비하하는 것은 야비하지 않은가? 북에는 천재가 일명이지만 남에는 남보다 잘낫다고 하는 천재가 너무 많아서 탈이다.

부인을 대동하는 등, 이런 것들이 봉건적인 산물이 아닌가? 이런 점에서 공산주의는 엄격하다. 지역감정, 권위주의, 이런 것을 토대로 하는 사람들을 인물로 생각하는데 이런 것 자체가 봉건적 사상의 잔재가 아니겠는가? 삼권분립의 자본주의적 권력구조를 비롯하여 봉건적 잔재를 극복할 것이 많다.

당의 독자성을 인정하면서 동맹관계로 나아가는 생산적 정치를 생각해야 하는데 이것이 안 되니 정경유착이 있게 되는 것이다.

지금은 역사의 발전단계임으로 개인중심 민주주의를 발전시키면서 집단주의적 접근을 해야 한다. 이렇게 이루어진 이데올로기를 통일민주주의로 부르고자한다.

막스주의자는 **생산력과 생산관계**를 실업자를 없애고, 교육·급식 등 후생을 생각하는 상생관계로 여기지 않고, 무산계급이 유산계급을 반대하는 것으로 생각했다.

그러나 사회주의는 도산했지만 우리는 거기서 **교훈**을 찾아야 한다. 허위와 기만으로 왜곡되었지만 70년 이상을 버틴 것을 생각하지 않으면 안 된다.

그러므로 우리는 **상기한 생산력과 생산관계의 두 측면을 보면서 나아가야 한다**. 발달의 방향은 인간사회의 발전의 길로 나아가야 하는데 이것이 **정치의 과업**이다. 그러나 그렇게 쉽게 이루어지는 것이 아니다. **정치발전을 위해서는 계속하여 사상, 정신문화를 연구해가야 한다.**

큰 원칙으로 자본주의가 정의의 원칙으로 점차로 조건이 성숙하게 되면 집단주의사상의 사랑의 원칙으로 나아가야 된다.

발전과 관련된 행복을 생각할 때 영구불변한 최종의 이상사회를 생각하는 것은 잘못이다. 이상사회가 실현되면 이미 행복이 아니다. 온갖 근심걱정에서 해방이 되어 더 이상 고된 고통도 없고 근심걱정이 없다면 이것은 죽음이다.

한때 모택동이 김일성을 만나 공산주의건설에 대해 200년 정도 걸리겠다고 이야기하니 김일성은 평양으로 돌아와서 그러면 종교를 믿지 공산주의를 믿겠는가 하고 반문했다. 막스는 『독일이데올로기』에서 아침에는 사냥을, 저녁에는 극장에 가고, 밤에는 철학을 한다고 하였다. 이것은 행복의 목표를 잘 모르고 하는 말이다.

계급해방에 관한 학설은 엥겔스가 제시했는데 ·이는 계급통일을 목표로 인류의 영원한 발전을 목표로 한 것이다.

현 단계에서 인류의 영원한 발전의 길은 정의의 원칙에 맞추어 자본주의의 길을 가는 것이다. 그러나 아직은 갈 길이 멀다. 개인주의의 일면성을 고치는 동시에 집단주의로 사상개조를 해가야 하기 때문이다. 작금의 상황은 개인주의가 천박한 수준에 이르렀다. 우리는 막스와 결별하고도 "개인은 개인적 존재이면서 집단적 존재라고 하는 것"을 아는데 30년이 걸렸다. 다 아는 것 같으면서도 쉽지 않다는 말이다. 단지 우리는 쉼없는 "학습은 행동을 낳고, 행동은 습관을 낳고, 습관은 운명을 바꾼다"고 하는 격언을 유의하면서 앞으로 나아갔으면 한다.

따라서 인간중심의 완성된 민주주의의 발전을 통해 민족과 세계의 평화와 번영, 통일을 기어코 이루어 내어야 하겠다.

제2편

정치경제학

제4장 통일의 민주화전략: 양체제 결합의 완성된 민주주의로

Ⅰ. 서언: 인간은 개인적 존재이며 집단적 존재

토론과 연구의 여지가 많은 주제로 그러나 정확하다고 여겨지는 문제를 중심으로 요약하여 특별히 강조해보고 하는 것이다.

그러면 여기서 중요한 문제가 무엇인가? 이 문제를 생각하는데 있어서 우리가 냉전의 경험을 오늘에 되새겨볼 필요가 있다. 냉전에서 민주주의 진영이 사회주의 진영을 이긴 것은 역사발전에서 큰 변화이다. 이런 의미에서 균형이 맞지 않을 수 있다.

여기서 우리가 원칙적인 중요한 경험을 찾아야 한다. 봉건사회 때가지만 해도 국가간의 관계를 해결하는 기본 방법은 무력이었다. 자본주의적 민주주의로 넘어오면서부터 경제력이 기본으로 되었지만, 제국주의 단계에서도 역시 과거의 그런 전통이 있고 잔재가 남아있기 때문에 역시 무력이 경제에 복무해서 경제적 이권을 옹호하기 위한 전쟁이 계속되었다.

그러다가 1차 2차 세계대전이 다 무력전쟁이었는데, 3차 대전이라고 할 수 있는 냉전은 무력을 안썼다. 무력을 안 쓰고서 평화적인 경쟁의 방법으로서 이겼다. 이것은 인류역사상 대단히 큰 변화이다.

여기서 **첫째로** 찾아보아야 할 것이 무엇이냐 하면 자본주의는 개인주의로, 개인주의와 집단주의간의 대결에서 자본주의적 민주주의, 즉 개인주의적 민주주의가 집단주의적인 측면을 많이 도입함으로써 승리하게 되었다는 것이다.

인간이 개인적인 존재인 동시에 집단적인 존재이기 때문에 절대적인 개인주의적 민주주의도 없고, 절대적인 집단주의적 민주주의도 있을 수 없다. 개인주의적 민주주의와 집단적 민주주의를 대립해보게 되면 개인주의적 민주주의 편을 역사발전의 단계로 볼 때 먼저 발전시키는 것이 유리하다.

Ⅱ. 사회주의는 계급적 집단주의

그러나 결국은 개인주의의 장점과 집단주의의 장점을 결합시키는 것, 이것이 민족통일과 **인류발전의 기본방향**이 되어야 한다. 그러면 개인주의의 유리한 점이 무엇인가? 개인들 사이의 대립·분쟁이 일어났다 하면 사회집단에 누구 충실했는가 하는 것을 기준으로 쉽게 판단할 수 있기 때문이다. 그리고 사회공동의 이익에 누가 더 맞게 행동하였는가 하는 식으로 해서 재판을 할 수밖에 없다. 그러니까 사회공동의 이익을 기초로 해서 긍정과 부정을 가르는 것이 어렵지 않다. 말하자면 사회공동의 이익을 주장하는 집단주의의 장점을 적용하는 것이다.

집단주의가 왜 힘든가 하면 집단주의는 집단의 이익이라고 하는 것이 개인의 이익보다도 더 중요하다는 것을 자꾸 내세운다. 개인주의에서는 개인의 자유와 평등이 중요하다는 것이 출발점인데, 집단주의의 이익이 개인주의보다 더 중요하다는 것이 출발점이다. 그런데 여기서는 개인들은 뿔뿔이 흩어져 있기 때문에 이것을 반대하기가 아주 힘들다. 만약에 개인들이 다 단결되면 반대할 수가 있는데 흩어져 있다가 보니 결국은 집단의 이익이 개인의 이익보다 대항하기가 아주 힘들다.

그래서 집단주의는 독재로 넘어가는 것이 쉽게 되었다. 그런데 사회주의라고 하는 것은 즉 순수한 집단주의가 아니고 계급주의적 집단주의이다. 그러니까 집단주의라고 하면서도 개인주의를 철저히 반대하는 더 폐쇄된 집단주의다.

개인주의와 집단주의가 완전히 떨어져서는 안 되는데, 개인주의와 집단주의의 장점을 어느 사회제도가 더 많이 결합시켰는가 하는데 따라서 오늘날의 정치체제가 결정되는데, 비록 자본주의적 민주주의가 일면성을 가지고 있지만 그래도 처음부터 법치제도를 하고(법치라는 것이 정의의 원칙인데) 어느 편이 사회의 이익에 맞게 행동하는가 하는 것을 정의의 원칙에서 갈라놓고 보았다. 그러나 사회주의적인 집단주의는 개인주의를 처음부터 반대했다. 사회주의적 집단주의는 개인주의를 없이 하자는 것이다. 개인주의의 좋은 점을 살려야 되겠다는 의견이 아니라 개인주의는 나쁜 것이다, 이기주의다 하면서 배척하는 방향이다. 소련에서 보게 되면 처음에는 농민시장을 인정한다, 개인 텃밭도 인정한다. 그러나 앞으로 나아갈수록 협동적 소유, 국가적 소유로 다 만들고 시장(경제)도 없이 하고 점차 상품화폐, 상인도 없앤다.

그러므로 사회주의 나라들에서 상업이 발전할 수 없고 상인을 중간 착취 계급으로 보았다. 상업에서는 가치가 창조되지 않는다. 상업하는 사람들이 큰 이익을 보는 것은 중간 착취다. 그래서 상업이 발전하지 못했다. 상업을 발전시키지 않겠다는 것이 방침이다. 이렇게 사회주의 진영은 개인주의를 없이 하고 부정하는 것이 자기의 힘을 강화하는 비결로 생각했다.

그러나 자본주의 측에서는 현실적으로 자기네 이익을 옹호하기 위해서는 개인주의적인 경쟁을 제한하는 것이 필요하다는 방향으로 나아갔다. 그렇기 때문에 1차 대전, 2차 대전에서 다 기본 원인으로 되었던 열강들 사이의 경쟁을 제한했다. 열강들끼리 서로 무력충돌을 단호하게 없이 하고 동맹을 강화해서 협조를 강화하였다. 이것은 큰 변화이며 큰 양보이다. 개인주의의 이익을 집단주의의 이익에 맞게 결합시킨 것이다.

III. 자본주의의 노사관계: 민주주의의 3가지 체질개선

노사간의 관계는 어떤가? 자본가가 노동자를 착취한다고 하였는데, 노사간의 관계에서 사회주의에서는 자본가들이 노동자를 착취하는 적대적 관계로 보고 있다. 그러니까 자본가, 기업가들을 인정하지 않았다. 정세가 어려우면 어려울수록 더 계급적인 단결, 통일 이것을 강조하였다.

자본주의 사회에서는 그렇지 않다. 집단주의와 싸우기 위해서는 노사간의 관계를 완화시켜야 했다. 그래서 국내적으로 볼 때는 노동자에 대해서도 구제대책을 세우고 노동운동이 폭력적인 운동으로 되지 않게끔 대책을 세우고 많이 양보를 했다. 노사간의 관계에서 갈등을 상당히 완화시켰다.

식민지와 종주국 사이의 문제에서 그 전에는 경쟁에서 이긴 것이 종주국이고 진 것이 식민지이기 때문에 착취할수록 좋다 이렇게 생각했다. 그것이 자본주의 국가의 도덕으로 되어 있었다. 영국의 유명한 말에 기독교의 성경책을 읽으면서 자꾸 짜내면 짜낼수록 황금이 떨어진다. 정신적으로 마비시키고 계속하여 폭력적으로 억압해서 착취할수록 이익이 된다는 말이다.[22]

---

22) 바이블을 읽어주며 지금 현재 우리가 고통스러운 것은 최후의 심판 때는 나쁜 사람들은 다 처벌받는다며 안심시키는 것이다. 그래서 **바이블을 자꾸 읽어주면서 짜면 금화가 자꾸 나온다는 것이다.** 종교가 아편이라는 말처럼 정신적으로 마비시키고서 자꾸 재화를 착취한다는 것이다.

그런데 자본주의 사회는 냉전시기에는 식민지에 다 자유를 주었다. 인민을 착취하는 것을 그만 두었다. 그렇기 때문에 이때부터 제국주의가 종말을 고한 것과 같게 되었다. 그리하여

첫째로 자본주의 열강들 사이에 결사적인 투쟁을 없이 하고 협조로 넘어간 것이다.

둘째는 노사간의 관계에서 노동자의 지위를 높여주고 갈등을 완화시킨 것,

셋째는 식민지를 없이 한 것, 이것은 자본주의적 민주주의가 자기의 체질을 고치는 데서 획기적인 이익으로 되었다.

소련은 인민정권에다 **전기화**만 되면 공산주의사회로 간다고 했고, 북한에서는 인민정권에 **3대혁명**만 이루어지면 공산화된다고 했다. 이는 다시 말하면 레닌은 착취가 없는 공산주의의 인민정권을 세우고 생산력을 고도로 발전시키기 위해 전기화 하는 것이다. 이는 **기계화**로, 기계화로 **자동화**가 되면 공산주의사회로 넘어가게 된다는 말이다. **북의 3대 혁명**은 **사상혁명, 문화혁명, 기술혁명**인데 이 3가지를 하게 되면 공산주의로 넘어가게 된다는 것과 같은 말이다.

그런데 이상과는 반대로 사회주의 진영은 계속하여 상태가 어려우면 어려울수록 더 독재를 강화하였다. 예를들어 일본의 권위주의 군국주의는 태평양전쟁 때는 일본에서 휘발유 쓰는 것을 상당히 제한했다. 아마 선박에 쓰는 것도 30%밖에 안 주고 그리하여 어려우면 어려울수록 계급적인 자기의 군권을 강화하는 것에 집중시켰는데, 소련에서도 그러하였다. 어려우면 어려울수록 독재를 더 강화했다. 물자가 부족하게 되면 완전히 시장경제가 아니더라도 자유를 주면 좋겠는데 그것을 안 했다. 오늘 북도 마찬가지다. 북의 경험으로 봐도 논두렁은 경지면적이 아니므로 마음대로 농사지어도 괜찮다 하니까 농민들이 콩을 심었는데 콩이 사람의 키를 넘게 잘 되었다. 마음대로 지어 먹으라고 하니까 개인의 텃밭과 같으니까, 그래서 어떤 농민들 가운데서는 일년 내내 비지를 해먹을 수 있게 되었다. 이런 상황은 부자생활로 된다. 그러므로 이것이 자본주의라 하여 없앴다고 한다. 중앙당 농업비서는 논두렁에서 콩도 잘 해먹었는데 이것도 자본주의라고 없앴다며 푸념

했다고 한다.

그 다음에 또 얼마 있다가 사회보장으로 놀고 먹는 사람이 많게 되자, 그 사람들이 강에 나가서 물고기를 잡고 해변가에 나가서 조개를 주워서 팔고 하는 것을 허용하였다. 그러니까 평양시내에서 없는 것이 없게 되었다. 중앙당 비서의 귀에 이런 소문이 자꾸 들어올 정도이니 서민대중들이 좋아 하는 것은 더 말할 것이 없다. 모두 생활이 달라졌다며 좋아하니까 이것도 자본주의라며 추궁을 받았다고 한다.

여담이지만 지금이라도 북이 그렇게 하면 생산력이 향상될 것이다. 그렇게 하면 장군님 덕택이라 하여 사람들이 존경심을 갖게 될 것이다. 그런데 이렇게 하게 되면 체제가 위험하다고 생각한다. 집단주의의 약점이다. 만일 소련이 당시 시장경제의 자유를 상인들과 수공업자들 또 농민들에게 텃밭도 더 주고 했더라면 상당히 달라졌을 것이다. 그러나 갈수록 오히려 졸라맸다. 이것이 결국은 자본주의 진영과 사회주의 격차를 더욱 확대하였다. **거기에다가 미국이 무력을 못쓰게 통제했다.** 그러므로 이것이 **두 번째 냉전승리의 특징**이다.

첫 번째의 자본주의적 민주주의, 즉 개인주의적 민주주의는 자기의 약점을 보충·극복하기 위해서 집단주의적인 측면인 협조하는 것을 늘렸다. 경쟁을 약화시키고 협조를 증대시킨 것이다. 그리하여 사회주의 진영도 단결을 강화하면서 개인의 창의성을 발양시키는 것을 더 없이 추구해야 했다. 그러므로 **개인주의적인 장점과 집단주의의 장점을 결합시키는 것이 사회발전의 기본요구인데** 사회주의진영은 약화시키거나 오히려 억압하였다.

IV. 사회주의의 두가지 특징: 계급적인 무조건 단결과 폭력투쟁

사회주의 진영은 계급적인 단결을 장점으로 생각하는 것이고, 폭력이 장점이라고 생각했다. 노동계급이라고 하는 것이 경쟁에서 다 잃어버렸기 때문에 무조건 단결해야 된다는 것하고, 아무 것도 가진 것이 없기 때문에 몸을 아끼지 말고 몸투쟁을 통해 폭력적으로 싸워야 한다는 것이다. 이것이 자기의 밑천이다. 무산대중은 자본가처럼 재산이 없기 때문에 몸을 아끼지 말고 몸을 가지고 싸워야 한다. 이것이 폭력주의이다. 폭력주의의 출발이다.

여기에 있는 사람들의 기본구호가 **계급적인 무조건 단결과 폭력투쟁이다.**

그렇기 때문에 미국과 소련을 기본 중요한 제품들을 대체로 강철, 석탄, 전력 등을 비교해보면 미국생산력의 1/4밖에 안되지만 무력에서는 대등하게 되었다. 그러니까 다른 것을 희생시키고서 무력강화에 집중시켰다. 그런데 이것이 냉전에서 무용지물이 되었다. 쏘련이 무력에서는 절대로 양보 안 한다며 무력으로 자랑하니까 미국은 무력을 못쓰게 만들었다. 앞으로 남북통일을 두고도 더 이상의 동족상잔의 통일은 없어야 하는 데서도 무력을 무용지물로 만들어야 한다. 무력가지고 싸울 필요가 없도록 만드는 것이다.

어떻게 무용지물로 만들 것인가 하는 것은 별도로 논하기로 하자. 냉전에서는 소련의 무력을 무용지물로 만들었다. 그러므로 평화산업을 희생으로 해서 무력을 발전시켰던 것이 무용지물로 되다보니 무력은 1:1이지만 평화산업의 1/4가지고서 미국과 경쟁을 하다보니 불리하게 되었다.

제3세계, 즉 식민지로 있던 나라들이 지금까지는 해방투쟁을 지지한다 하여 인기가 있었는데 미국처럼 원조도 못주게 되니 소련이 밀려나기 시작했다. 또 카리브해협의 위기에서 후루시초프가 굴복한 때부터는 우세하다고 믿었던 무력이 우세하지 않다는 것이 명백하게 되면서 국내에서도 공산당에 대한 신임이 아주 떨어졌다.

그래서 후루시초프를 반역자라 하면서 암살단이 결성되기도 하였다. 3기에 들어간 암환자를 골라서, 이들은 생명이 아깝지 않으니까, 이놈을 처단하여야 한다는 논의가 있기도 하였다.

1. 냉전의 교훈: 싸우지않고 이기는 전략

여기서 우리는 두 가지 교훈을 찾아야 한다. 미국의 냉전정책이, 새로운 기대를 열어놓은 대단히 훌륭하게 싸우지 않고 이기는, 역사적인 모범을 창조한 전략에서 교훈을 얻어야 한다. 무력을 가지고 싸울 필요가 없다. 시대가 이제는 달라졌다. 무력은 가지고 싸우지 않고도 이길 수 있다.

쏘련의 대등한 무력이 패망되었기 때문에 우리 민주주의 무력이 독재진영의 무력보다 압도적으로 우세하다. 대등한 입장에서도 저지시켰는데 압도적으로 우세한 상태에서 왜 굴복시키지 못하겠는가?

그리하여 냉전시대에 미국을 중심으로 해서 동맹을 해서 적들의 폭력을 억제한 것처럼 지금 현존상태에서 미국을 중심으로 해서 민주주의 동맹을 결성하여 폭력을 억제하게 되면 몇배나 쉽게 폭력을 억제할 수 있다. **그러므로 이제부터는 폭력을 쓰지 않고 세계를 민주화할 수 있는 새 시대가 열려졌다.** 그러나 미국 우선·제일주의를 표방해서는 안 된다.

그럼 우리가 세계를 민주화한다는 것은 무엇을 말하는가? 이는 민주주의를 한 국가내에서만 제한하지 말고 전 세계를 민주주의적인 원칙에서 통일시켜서 민주주의적인 생활단위를 전세계적으로 확대하자는 것이다. 그것이 지난 날에서와 같이 강한 나라가 약한 나라를 지배하는 방법이 아니고 민주주의적인 원칙에서 대등한 독자성을 인정하면서 통일하여 나가자는 것이다.

2. 평화의 전략인 동맹으로: 협력이 유리하면 국경을 없앨 수 있고

이것을 어떤 방법으로 하겠는가? 또 무엇부터 시작하겠는가? 이것이 중요하다. 제일 먼저 시작해야 할 것은 폭력을 없이 하자는 것이다. **폭력을 없애서 항구적인 민족과 세계평화를 보장**하는 것이다. 폭력을 억제하는 힘이 우리한테 있기 때문에 가능하다.

그래서 폭력을 억제하게 되면 세계적인 범위에서 정의의 원칙에 기초한 법적 질서를 세울 수 있다. 한 나라에서도 독립적인 나라가 수립되기 위해서는 우선 폭력부터 없이 해야 된다. 지금 현재 상태에서 아무리 낙후한 나라도 폭력을 마음대로 쓰는 나라는 하나도 없다.

폭력이라는 것이 동물세계의 잔재이다. 그러므로 우리가 통일과 민주화를 위해서는 첫째로도 둘째로도 폭력을 없애는 것이다. **폭력을 못쓰게 하는 것, 이것을 해결해야 한다. 해결할 수 있는가? 어떤 방법으로? 동맹을 강화해나가는 방법을 냉전이 우리에게 알려 준 것이다.** UN으로는 안 된다. UN은 실력이 없다. UN은 자본주의 민주주의 가운데 제일 하급의 민주주의인데, 모든 민족이 한표로 다 같다고 하면 일이 되겠는가? 이라크 문제와 같이 실력이 있는 나라가 미국을 중심으로 해서 동맹을 강화해서 철저하게 민주화하는 방향에서 민주주의 나라들이 함께 이를 고립시키고, 저항하면 철저하게 폭력적으로 진압한다.

이렇게 하게 되면 누가 핵무기를 가지려고 하겠는가? 전쟁을 못하게 한다. 이스라엘과 같이 싸워서 어느 것이 옳은지 분간할 수 없는 경우에도, 한계점을 만들어 먼저 공격하는 것은 때려야 한다는 원칙을 세워야 된다.

이것을 흐지부지하니까 자폭테러요 뭐요 하면서 영웅시하게 되고 어느 것이 나쁘다고 하는 기준이 없게 되었다.

폭력을 없이 하여 항구적인 세계평화질서를 세우고 정의의 원칙에서 모든 문제들을 풀어나갈 수 있는 기초를 닦지 않고서 어떻게 세계의 민주화가 되겠는가? 세계가 민주화되어 하나로 통일이 될 때면 국경을 없애야 되겠는데 지금은 국경을 무시할 수 없다. 토지개혁을 할 때 지주들이 얼마나 반항을 했는가? 러시아같은 나라들도 지금은 토지를 생명권으로 내놓으려고 하지 않는다. 그렇게 되려면 세계의 면적의 70%이상을 차지하고 있는 바다를 개발할 수있게 되어야한다. 바다는 누구의 소유도 아닌데 바다의 자원이 육지의 자원보다 대비도 안 될 정도로 많다.

남극대륙도 임자가 없고, 북극도 대체로 임자는 있지만 못쓰고 있다. **협력한다는 것이 유리할 때에 가서는 국경을 없이 할 수 있다.** 지금은 어떻게 할 수가 없다. 지금은 인간이 정의의 원칙에서 협조할 수 있는 가능성을 열어놓는 것으로 폭력을 없이 하는 것이다.

Ⅴ. 동맹의 미국(개인주의)과 동반자 중국(집단주의): 양 체제의 장점을 발전시켜야

우리나라는 미국(개인주의)과는 가치의 동맹으로 중국(집단주의)과는 협력적 동반자로 하여 남북문제를 해결하고, 미·중은 케인즈에 의해 국내의 빈부격차를 경쟁을 제한하여 줄였지만 대처와 레이건의 신자유주의 이후 빈부격차가 더 심화된 것을 두고 시장을 세계로 넓혀가야한다. 그런데 왜 이것을 먼저 하지 않고 핵무기 전파방지만 한다고 하는가? 그것도 또 냉전이 끝난 다음에는 영구히 자유민주주의가 승리했다고 하는 자만심 때문에 동맹관계도 완화되어서 이틈에 테러집단이 민주주의 진영을 위협하고 있다.

거기에다 시장을 확대하는 데서는 현재 상태에서는 중국을 끌어들이는 것이 중요하다. 남북통일과 세계의 민주화를 위해서는 중국이 왜 중요한가 하면 지금 전세계를 민주화하는데서 크게 나누게 되면 남·북문제이다. 남쪽 사람들은 경쟁력이 약하고 뒤떨어진 사람들이다. 발전된 나라들은 경쟁력이 강하고 경쟁력이 강하기 때문에 자기들끼리 잘 살자는 개인주의적인 민주주의가 발전했다.

그러나 경쟁력이 약한 남쪽 나라들은 잘못 살고, 그러니까 잘 사는 나라에 대해 질투심이 있고, 이들은 그래서 대체로 집단주의를 요구하는데, 집단주의를 요구하다보니 독재가 계속 실시되고 있다.

크게 나누게 되면 잘 못사는 나라들의 집단과 경쟁력이 강한 국가들과 대립되어 있다. 거기서 집단주의를 주장하다가 자본주의로 넘어가면서 집단주의적 요소도 가지고 있고 그런 나라가 중국이다. 그렇기 때문에 뒤떨어진 나라들은 역시 **중국**을 우러러 보고 있다. 잘 사는 나라들은 **미국**을 모범으로 보고 있다.

그러므로 상당한 수준에 도달한 중국을 민주주의진영에 끌어들여 같이 협조하면, 크게 말해 집단주의 국가하고 개인주의적인 선진국가와 관계를 통일시키는데 유리하다. 이라크전쟁만 해도 만일에 **중국**이 미국편을 든다고 하면 간단히 해결된다.

거기서 계속하여 하나는 **미국**이 이라크전쟁문제를 해결하는 데서 동맹국가와 같이 하지 않는 것이 결함이었다. 자기네들 독자적으로 하면서 **동맹국가들에게 파병을 해달라고만 했지 동맹자로 같이 참가하게끔 해야 한다.**

이 문제에서 미국의 입장이 철저하지 못하다. 먼저 세계민주화를 중시하고 미국을 중심으로 하는 동맹을 냉전시대보다 강화·확대해가야 하겠는데 여기에 관심을 돌리지 않는다. 자기네가 최대 강국으로서의 권위를 이용하는 것만 생각했다. 그러나 세계민주화를 목표로 내세워야하겠는데 미국본위주의로 나가고 있다. 바이든은 민주주의 가치동맹을 내세우고 있다. 중국은 다자주의·개방주의를 말하고 있다.

다시 반복하지만은 세계의 민주화를 위해서는 동맹을 강화하는 방법으로 가야 한다. 선차적으로 해야 할 문제가 세계의 공고한 평화이고 평화질서, 정의의 법질서를 세우는 것이다. UN은 협의기관이지 아무런 힘이 없다. **동맹을 강화하기 위해서 세계의 통일에 관한 이념에 대한 선전으로부터 시작해서 모든 문제에서 동맹에 대한 대책을 세워야 하겠는데 그것이 안 되고 있다. 무력을 쓰지 않고 얼마든지 해결해나갈 수 있다.**

두 번째는 뭘 해야 되겠는가? 자연발생적으로 세계에 시장이 마련되어 있는데 이것이 경쟁본위주의이다. 이것으로는 민주적인 세계질서를 세울 수 없다. 2차 대전직후 유럽의 덴마크를 비롯해서 노르웨이까지 둘러보면 고래 잡이에 포획량이 정해져 있듯이 생산을 제한하는 운동이 한창이었다. 한편 아프리카에는 생산수단(자본도 기계도)이 없어서 생산도 못하고 굶어죽었다. 이렇게 해가지고서 민주주의적으로 세계를 통일시킬 수가 있겠는가? 선진국이 더 많이 생산해서 무료로 주라고는 아니한다.

그러므로 역시 경제력이 있는 나라들이 민주화하기 위한 동맹을 해서 분담을 하여 잘 못사는 나라들을 어떻게 하면 도와주겠는가 하는 문제를 해결해야 한다.

케인즈가 국내에서 빈부차이의 격차를 좁이고 경쟁을 제한하는 문제를 제기했다. 그러나 시장을 확대하는 것에 대한 문제를 해결하지 못했다. 그러니까 잘 못사는 사람들을 도와주기위해 누진세에 따라서 수입이 많은 사람에게서는 많이 받고, 상속세를 자꾸 높이고 하는 데서 국가의 채무가 자꾸 늘어났다. 그러므로 케인즈의 조국인 영국에서 이를 반대했다. 대처수상이 반대에 앞장을 선 것이다. 그래서 나온 것이 **신자유주의**이다.

지금도 EU라고 하는 것이 그렇게 해서 통일이 되었는데, 통일이 잘 되면 생산력이 8배로 장성하게 되어 있다. 그런데 이를 소화시킬 수 있는 시장이 있어야 하는데 시장을 확대하지 않고, 시장이라는 것이 결국은 동구나 아프리카로 넘어가야 되겠는데 그저는 안 주자 하니 되겠는가? 그러니까 흐지부지하고 자신들끼리 싸우게 된다. ·

그리고 역시 동맹국가들이 큰 테두리 안에서는 전 세계의 빈부의 차이를 없애기 위해서 어떻게든 도와주어야 한다, 잘 사는 나라들을 희생시키지 말아야한다. 잘 사는 나라를 희생시키는 것은 **평균주의**이다. 그렇게 하지 말고 잘 사는 나라들은 상대적으로 계속적으로 잘 살게 놓아주면서, 협력하여 돈을 줘서 빈곤 국가들이 자립적으로 세계협력에 참가하도록 만들어야 한다.

잘 못사는 사람들의 세계적인 경제협력이 무역적으로 0,7%밖에 안 된다. 다 잘 사는 나라들이 이들을 이끌어 협력하게 되면 경제가 얼마나 빨리 발전하겠는가?

그러므로 여기서 민주적인 세계질서를 세우는 데서도 실력이 있는 나라들끼리 동맹을 우선 강화하고 지휘하는 중심이 있어야 한다. 그래서 요령

(knowhow)을 살려서 세계적인 기업을 만들어서 싼 가격으로 생활보장을 해 준다든지 하는 이런 대책을 세워야 한다.

제3세계가 자립할 수있도록 발전을 도와주면서, 상대적으로는 발전된 나라들은 계속 발전해나가야 한다. 발전된 나라들의 사장되어 있는 생산수단을 그냥 내버려두는 것보다는 낫지 않은가? 이것을 안 하면 안 된다. 그렇게 해서 이것이 결국은 자본주의의 개인주의적인 창의성을 발휘하는 것도 평가해주고 전 세계적으로 협력을 강화해가는 방법이다.

아마 지금 발전도상에 있는 나라들을 그 수준을 높여서 자립적으로 경제를 발전시킬 수 있게 되고 세계시장에서 서로 협력하게 되면 세계시장이 10배로 넓어질 것이고 경제발전 수준이 지금보다 몇배로 향상될 것이다. **그런데 사람들이 협력을 못한다. 발전하려면 협조를 해야 하겠는데 협조에 참가하지 못한다.**

경제적 협조를 강화하는 문제와 발전된 노동창조력을 평가해주는 것을 결합시켜야 한다. 그래서 경쟁력을 강화하고 동시에 실업자를 없이 하고, 실업자를 없이 해서 서로 협력하도록 하는 것이 경제발전에 유리하다. 그러므로 전 세계적으로 협력을 강화하는 문제와 발전된 나라의 인민들이 상대적으로 잘 살게 하는 문제, 그리고 후진국의 발전을 위한 자력갱생의 경쟁을 결합시켜야 한다.

그런 체제를 세우자면 첫째는 폭력을 없이 하고, 평화로운 질서를 세워야 하고 그 다음에는 경제적 질서를 세워야 한다. 그것도 동맹을 통해서 지휘하는 데가 있지 않으면 안 된다.

VI. 통일과 평화의 발전방향: 시장을 세계로 넓혀야

세 번째는 민주주의 이념을 갱신하고 세계적으로 민주주의적인 이념의 통일을 실현해야 한다. 제일 좋은 것은 **민주주의 이념당을 건설**하고 **국제적인 이념당**을 만들어서 사람들을 **민주주의사상으로 결합하는 문제**를 통일적으로 발전시켜나가면 제일 좋은데, 그래서 이것이 먼저 앞서야 한다.[23]

---

23) 왜 역사적으로 생각을 하는가? 역사는 자꾸 발전하는 것인데 제국주의 단계

78

세계의 사상적인 통일이 되어야지 세계의 민주화가 된다. 이것도 역시 일정한 국제주의적인 동맹을 통해서 세계의 민주주의 이념연구사업을 공동으로 하여야 한다. 지금 그저 통일이 되는가? 미국과 같은 위대한 나라를 건설해 놓고서도 절반은 **다윈의 진화론**을 가지고 반대하는 의식수준이다.

그렇기 때문에 이것을 세계의 민주주의 지도이념으로서 교양하는 중심을 만들어야 한다. 그것도 동맹에 기초해서 해야 한다.

그러면 민족통일과 세계평화를 두고 **다음에 어떤 방향으로 나가야 하는가 하는 것은** 경험이 부족한데 민주주의를 한 나라범위에서 모범적인 나라는 미국이다. 미국은 합중국인데 합중국을 통해서 민족주의를 극복할 수 있었고 민족주의도 연방주의를 통해서 극복할 수 있었다. **유럽을 연방제로 하여야 한다는 사상은 레닌이 착상했다.**[24] 결국은 먼저 **미국식으로 연방주의로 해서 세계를 민주화하는 방향**이 있다. 한 나라 안에서는 미국이 성공했다. 그 방법으로서도 민주화를 해나가야 하는데 난관이 있었다.

다른 하나는 그런 가능성은 미국이 한 개의 경제권을 만들어서 통일이 되고 아시아가 하나의 경제권으로 통일이 되고 유럽이 하나의 경제권으로 통일이 되고 거기에다가 아프리카를 갖다붙이고 해서 3~4개로 나누어져서 점차적으로 협력해나가는 방향이 있을 수 있다.

셋째로는 민주주의가 개인주의에 기초해서 집단주의를 받아들이는 방향에서 민주주의의 발전방향과 집단주의로 출발하면서 개인주의의 장점을 결합시키는 두 가지 방법이 있다. 그런데 집단주의라고 할 때 소련의 집단주의

에서 세계의 민주화가 가능하겠는가? 지금은 가능한데 왜 가능하지 않은가? 민주주의 지도이념에 대한 사상이 앞서 나가야 되겠는데, 그런데 현실은 경제보다 뒤떨어졌다는 말이다.

24) 레닌이 계산은 잘 했는데 유럽이 발전된 나라들인데 유럽합중국을 만들어서 공산주의로 나아가는 도중에 연방제가 필요하니까 처음으로 제기하였다. 계산에 의하게 되면 생명력이 8배로 올라가게 되어 있다. 무슨 조직이 구체적으로 나온 것은 아니다. EU가 조직하게 된 것은 미국과 일본과의 경쟁에서 유럽이 승리하기 위해서 만든 것이다. 그러나 그대로 되나? 시장을 개척하지 않고서는 안 된다. 시장을 개척하자면 세계의 민주화에 대한 이념을 가지고서 아프리카를 도와주는 것이 동시에 유럽을 도와주는 것으로 생각하지 않으면 안 된다. 먼저 도와주어서 협조를 하도록 끌어다니도록 하는 것이 유리하다. 실업자를 도와서 실업자가 같이 협력하는 것이 유리하다는 이런 생각이 없다. 계속 잘 사는 나라는 그대로 유지해나가자 이렇게 생각하는 것이다.

는 안 된다. 사실 집단주의의 가장 중요한 것은 개인과 집단의 관계인데 **소련의 집단주의는 개인주의를 반대하는 것이다.** 그렇기 때문에 그것은 **독재로** 될 수밖에 없고 **계급이기주의로밖에** 될 수 없었다. 그러나 집단주의란 운명을 같이 해나가기 위해서 서로 협력하는 것을 기초로 하면서 개인주의의 가치도 귀중히 여기는 것이다.

또 무조건 다 사랑해야 된다면서 집단주의 하나에 철저하게 기울어진 것이 기독교이다. 그런데 집단주의의 장점은 통일되어서 결합하여 협동하는 것이고, 개인주의의 장점은 다양한 사람들의 욕망과 창조성을 최대한으로 발양시킨다고 하는 데에 장점이 있다. 이 둘을 결합시켜야 한다.

그래서 지금 중국은 그런 이론을 가지고서 결합시킨 것은 아니지만 그런 방향으로 나아가고 있다. 이 사람들은 계급주의적 집단주의를 하다가 세상에 그렇게 혼난 민족이 없다. 1958년에 중국서 보고 느낀 것으로 정말 상상하기 어려운 난관을 겪었다. 그런데 이 사람들이 벌써 60년대에 들어와서부터 더 이상 이래가지고서는 안 되겠다면서 모택동은 비판을 받아 주석직에서 물러났다. 그런데 큰 나라라고 하는 것이 기성화된 어떤 사상을 뒤집기 힘들다. 유소기, 등소평 등의 일파가 실용노선을 표방했는데, 강청을 비롯하여 반대파가 나와 문화대혁명까지 일으켰다.

그래서 이 사람들이 시장경제를 도입해야 되겠다고 하는 것은 그 전에도 생각했는데 그러나 자기네들이 수천만명을 죽이면서 2만5천리 장정을 했는데 정권을 내주고 싶진 않았다. 정권을 계속 유지하면서 시장경제를 도입할 수 있는 방법이 무엇인가? 이렇게 자꾸 생각했다. 이것을 하는 과정에서 세계 도처에 다니면서 연구를 했다. 우리도 해외 나갈 때마다 그 사람들을 만나서 대화를 했다. 어떤 방법이 좋겠는기? 어떻게 하면 해결하겠는가? 결국은 시장경제를 도입했지만 처음에는 한심했다. 그런데 이를 현실에 맞게 당내 민주주의를 개선해 나가면서 극복하여 **지금은 상당히 시장경제를 사회주의의 통일성을 잘 보장하면서 해나갈 수 있게 되었다.** 25)

만약 이 사람들이 우리가 얘기한 것처럼 개인주의의 장점과 집단주의의 장점을 결합시키는 것이 **민주주의 발전의 기본방향**이라고 확고하게 인식하

---

25) 황장엽선생의 생존시, 그의 '인간중심철학'의 강좌를 통해서 알게 된 내용들이다.

면서 그런 방향으로 나간다면 50~100년 지나면 미국을 앞설 수 있다. 그렇게 되면 서로 영향을 준다.

따라서 참고로 통일정책을 두고 현재상태에서 중국과의 관계를 잘 가지는 것이 필요하다. **그리고 북을 중국식으로 개방 개혁하도록 독려해가야 한다. 이렇게 되면 남·북관계가 평화적으로 결합되어갈 수 있는 길도 열릴 수 있을 것이다.**

VII. 결어: 세계민주화의 3방법

고르비의 개방·개혁의 교훈은 세계민주화를 위해 시사하는 바가 크다.

이런 의미에서 아무런 고생도 못해본 고르바초프는 문제이다. 소련의 지난 70년 동안 정말 상상할 수 없이 고생해온 것을 두고 등소평처럼 타협하는 방식으로 나아갔으면 지금쯤 러시아와 중국하고 힘을 합치게 되면 미국에다 영향을 줄 수가 있다. 서로 영향을 주고받게 하게 되면 세계의 민주화가 빨리 된다.

그런데 고르비가 왜 등소평 식으로 안 했는가 하는 것이다. 어째서 자기네 선대가 해놓은 것을 다 부인하고서 공산주의와는 반대로 돌아갔는가 하는 것이다. 혁명에 조금이라도 가담한 사람이라면 그렇게 행동하지 않는다. 당시에 중국사람들은 고르비를 사람같이 보지 않았다. 중국의 시장경제는 처음에는 늦어보였다. 그래도 조금씩 시장을 확대해가면 확 달라지는 것인데 고르비는 이를 하나도 하지 않았다. 사회주의에 대한 실천적 경험이 전무하였기 때문이다. 결과적으로 오늘날 고르비를 추어주는 것은 사회주의가 망하는데 공로가 있었다고 하는 것인데, 여기 자본주의 사람들이 그렇게 하는 것으로, 이는 쏘련을 내용을 모르고 하는 말이다.

종교에서 가톨릭과 프로테스탄트가 처음에는 전혀 반대되는 것으로 되어 있었는데 점차 영향을 주면서 지금은 비슷비슷해졌다. 차이가 별로 없어지게 되었다. 이런 식으로 해서 세계의 민주화가 실현될 수 있는 방법은 여러 가지가 있다.

결론적으로 세계의 민주화를 위해 이상의 3가지 가능성이 있지 않나 사료된다. 다시말해 ①연방제를 확대하는 방식으로, ②지역별로 통일을 해서 통일을 해나가는 방법하고, ③체제가 집단주의에 기초한 개인주의, 개인주의에 기초한 집단주의 이 둘이 서로 장점을 가지고 서로 경쟁하면서 영향을 주어 통일하는 방법의 3가지가 있지 않나 하는 것이다. 이것들은 확정된 것이 없고 연구를 해가야 하지만, 그러나 세계는 아직도 이런 것까지 생각을 안 하고 있다.

작금의 공산주의체제하의 인권은 노예사회의 짐승(도구) 대하듯 다를 것이 없다. 그런데 일본이 인권문제와 관련하여 납치자 100명을 자꾸 거론하는데 오늘날 일본인들의 인권에 관한 사상이 높은 것은 칭찬해줄만 하지만 태평양 전쟁 때 310만이 희생되었는데 어느 것이 과연 더 중요한가?

그런데서 인권과 세계의 민주화 등 더 얘기할 것이 있지만 얘기하게 되면 공연히 문제만 야기하기 때문에 이 정도로 해서 끝내고자 한다.

제5장 인간중심철학의 종교관[26]

Ⅰ. 우주를 신비화 말아야

우주가 유한한가 무한한가? 우주가 어떻게 발생했는가? 이런 문제들을 물리학과 천문학에서 제기하고 있는데 상당히 합리적이긴 하지만 아직은 가설이다. 그러나 우주(물질)구조를 신비화하는 세계관을 받아들일 필요가 없다.

우주는 폭발이 있어서 팽창해나간다. 왜 폭발했는가? 폭발되기 전에는 아무 것도 없었는가? 아직 이것이 해명이 안 되고 있다. 보이지 않는 물질이란 무엇인가? 이것도 여러 견해가 있지만 해명이 안 되고 있다.

그러나 그런 식으로 해서 하는 것들이 과학적인 일정한 근거가 있기 때문에 무시하지 말아야 한다. **인간의 인식이 자꾸 발전하는 것이기 때문에**[27] 지금 미국의 NASA에서 발표한 것이 137억년 전에 폭발했다고 한다. 이는 그 이전의 사람들이 생각한 것보다 훨씬 더 과학적이다.

그 전에는 처음에 폭발할 때 초고온, 초고밀도로 온도가 10조도 이상의 고온상태였다. 이것이 폭발하여 팽창할 때는 1초 동안에 1광년이 팽창하였다. 이는 빛의 속도가 초속 30만km인데, 초속 30km로 1년 동안 나간 거리만큼 팽창했다.

지금은 빛의 속도보다 빠른 속도가 있을 수 없다고 하는 것이 아인슈타인의 논리다. 그런데 이것만은 인정한다. 1초 동안에 빛의 속도로 1년 동안 퍼져나간 것만큼 그 다음에는 자꾸 팽창해서 60억년 후부터는 인력 때문에 더 팽창하지 않아야 되는데, 계속 빛의 속도로 팽창하고 있다. 왜 그런가? 그것은 **에너지가 작용**하기 때문이다.

Ⅱ. 수소폭탄(핵융합)과 원자탄(핵분열): 2050년까지는 가능하고

물질의 존재에는 두 가지 형태가 잇다.

① **보통의 물질의 존재란** 고체, 액체, 기체, 프라즈마상태 4가지를 말한

---

26) 본고는 황장엽 玄江선생의 "인간중심철학과 종교관" 강좌를 듣고 정리해본 글이다.
27) 정신과 두뇌: 두뇌는 정신작용을 하는데서 생리적인 형식이다.

다. 액체(물)의 온도가 더 높아지면 기체로 된다. 온도가 더 높아지면 원자핵과 전자가 분리된다. 이를 **이온화**라고 한다. 분리된 상태를 **플라즈마상태**라고 한다.

지금 태양, 별등은 모두 플라즈마 상태이다. 이는 하나의 물질존재의 형태인데 그것은 원자를 기본으로 해서 볼 때 그렇게 되는 것이다. 이제 얼음으로 되나 물 상태의 액체로 되나 수증기로 되나 원자로서는 변함이 없다.

그것은 다만 열이 올라가면 그만큼 분자의 운동량이 왕성하게 되면 액체로 되고, 더 왕성하게 되면 기체로 된다. 그러므로 수증기, 물, 얼음 모두가 H_2O라는 원자로 구성된 것이다.

② 그런데 **다른 존재로는** 어떤 것이 있는가? 질량과 에너지다. 이는 좀 다른 것으로 에너지란 동력이라고 보는데 그렇게 말하는 것이 옳다.

모든 물질은 질량을 가지고 있는데 질량은 에너지의 덩어리다. 에너지가 뭉쳐있는 것이다. 그럼 이 덩어리는 운동을 안 하고 있는가? 운동을 하고 있다. 운동은 내부에서 일어나므로 보이지 않는다.

이제 원자가 있게 되면 원자핵이 있고 그 주위를 전자가 감싸고 있는데, 원자핵과 전자간의 면적(부피)의 비율은 1/100조이다. 원래 원자만을 가진다고 하는 것도 분자에 비교하면 엄청나게 축소된 것이지만, 그것을 다시 원자핵만으로서 다루게 되면 1/100조이다. 100조라고 하는 것은 굉장한 숫자이다. 100$짜리 지폐를 1조를 펼쳐놓게 되면 200km가 된다. 조라는 것은 $10,000 \times 10,000 \times 10,000$(만만만)이다.

원자핵이 원자핵 안에도 무거운 입자가 3개 들어있다. 이것이 자꾸 운동을 한다. 빛의 속도와 비슷하게 운동한다. 우리가 **체중이 60kg이라고 할 때**는 그것은 우리 몸의 세포 속의 원자핵의 쿼크들의 운동량이다. **운동이 그만큼 된다고 하는 것은 그만큼 질량이 있다는 말이다.**

그러므로 운동량과 질량은 같은 것이다. 질량을 운동량으로 바꾸게 되면 그것이 얼마인가? 질량의 빛의 속도의 자승($E=mc^2$) 이다. 질량을 에너지로 전환시킨 것이다.

아인슈타인의 다른 것은 별로 참고로 되지 않는데 이 질량과 에너지가 등

가라고 하는 공식은 대단히 중요하다. 1938년에 비로서 해명이 되었다.

태양의 열이 어디서 나왔는가? 내부에서 핵이 융합되는 데서 질량이 에너지로 변한 데서 나온 것이라고 한다. 태양의 심부에 있는 플루톤, 즉 수소핵이 결합돼서 헬륨으로 변할 때 질량이 0.7%가 준다. 1g에 질량이 0.7% 줄게 되면 7/1000g이다. 7/1000g의 질량이 얼마나 되는가?

이는 1kw 전열기를 20년 동안 단 한 번도 쉬지 않고 쓸 수 있는 에너지가 나온다. 그러므로 0.7%가 아니라 1g이 다 에너지로 되게 되면 2,500만kw, 칼로리로 하게 되면 215억 칼로리가 되어 대단한 열이 된다.

이를 우리가 실현하고자 한다. 오늘은 핵폭탄을 통해서 겨우 융합하는 것으로 해결하고 있는데, 이제 질량이 융합될 때는 0.7%가 감소된다. 그런데 제일 복잡하게 얽혀져있는 우라늄은 결합될 때는 0.7%가 줄지만 분열될 때는 0.1%가 준다. 이제 플루토늄이라든가 우라늄 235는 일정한 양을 두게 되면 **자연발생적으로 분열된다**. 분열되어서 만든 것이 **원자탄**이다. 0.1%가 줄어드는 양이 순간적이지만 1억도가 된다. 1억도가 되면 수소핵이 융합될 수 있다.

그러므로 우리가 원자탄에서 나오는 1억도의 열에서 탈 수 있도록 우라늄의 3중 수소와 2중 수소가 1억도의 열에 의해서 중수소가 합쳐진다. 융합이 된다. 그 때는 태양계에서는 0.7%가 감소되는데 인공적으로 할 때는 0.5% 감소된다. 여기서 열로 나간 것이 **수소폭탄**이다. 수소폭탄은 원자폭탄에 비해서 1000배 이상이다. 러시아과학자들이 북의 방공시설의 완비에 대해 칭찬하면서 원자탄으로는 바위 밑으로 80~100미터 밑으로 나있는 지하철도 등을 뚫을 수 없는데, 그러나 수소폭탄은 몇백미터 이하도 뚫고 들어가므로 땅굴을 팔 필요가 없다고 하였다고 한다.

그래서 **수소폭탄이란 핵융합에서 나오는 열이다**. **원자탄**은 핵분열에서 나오는 에너지다. 미국, 소련, 중국은 원자탄은 성냥으로 생각한다. 진짜 파괴력이 큰 것은 수소탄이다.

그러므로 이것이 2050년에 가면 성공할 수 있다고 한다. 미국, 유럽, 일본 등 학자들이 함께 연구를 하고 있기 때문이다. 인공적으로는 레이저광선을 통해서 1억5천만도까지 올라간다. 이를 시멘트로는 위협을 막을 수가 없다고 한다. 태양의 심부에서 태양의 외벽으로 융합되어 열이 나왔는데 태양 밖으로 나올 때는 100만년, 오래 될 때는 1000만년이 걸린다고 한다. 벽을 쌓아서 할 수가 없어서, 딴 방법으로 1억5000만까지 올라가는 레이저광선을 가지고서 이를 이용하는 것이 문제가 된다. 이것이 2050년에 가면 다 해결된다고 한다.

이렇게 되면 지금 자연발생적으로 존재하는 바다에는 중수소가(보통수소는 플루토늄이 1개 들어있는데) 양성자(플로톤)와 중성자(뉴트론)가 둘이 합해져 있는데, 또 중수소가 중성자가 2개 있고 양성자가 1개이면 3중수소인데, 이것은 인공적으로 만드는데 100g 만드는데 1억$이 든다고 한다. 이것은 휘발유처럼 빨리 붙는다고 한다. 원자탄이 **성냥**이고 3중수소와 이중수소를 합친 것이 **장작**이고(3중수소가 중간에 빨리 붙으니까) 중수소가 장작이 되는 것이다. 그렇게 되면 핵폭탄, 융합이 생기게 된다.

소련 사람들은 3중수소를 쓰지 않고 리튬을 쓴다고 한다. 이렇게 되면 바닷물에는 자연발생적으로 있는 중수소가 바닷물의 1/6000의 하나가 중수소인, 이를 다 원료를 쓰게 되면 모든 바닷물을 원유로 환산해서 400배의 에너지를 이용할 수 있다고 한다. 아무런 공해현상도 없고 공짜로 쓰는 것과 마찬가지다.

현재의 기술로서도 1/100비용밖에 안 든다고 한다. 1/100비용이라면 앞으로 더 많이 발전하게 되면 거저 쓰는 것이나 마찬가지다. 이렇게 되면 지구에서 사막을 다 개척할 수 있고, 남극대륙도 다 개발할 수 있고, 지구를 완전히 개조할 수 있는 기술을 인간이 가지게 된다.

질량을 에너지로 변화시킬 수 있다는 것, 동시에 에너지를 또 질량으로 전환시킬 수 있다는 것, **질량과 에너지가 등가하는 공식의 아인슈타인의 발견은 획기적인 것이다.**

III. 세계관에 대해: 4차원의 공간, 신비로울 것이 없다

그런데 요사이 공간이 휜다든가 4차원 공간이라든가 하는 것은 물리학적 가설인데, 크게 힘들게 생각할 것이 없다. 그들은 시간과 공간이 같다고 하지만, 운동과 시간이 같을 리가 있나? 시간이란 운동의 지속성의 하나의 단위인데, 공간은 존재의 넓이를 표시하는 것이다.

그런데 운동하는데 따라서 인력작용의 범위가 달라진다. 그러므로 인력작용을 하는 공간, 인력작용이 없는 공간, 이렇게 나누게 되면 인력작용은 운동할 때는 인력작용에 미치는 한계가 있으니까, 질량이 아주 크게 되면 다른 물질이 빛도 거기가서는 끌리어 휘게된다. 블랙홀에서는 빛도 나오지 못하고 잡아먹힌다.

그러므로 이런 것을 해서 **4차원 공간 등** 무슨 크게 신비로운 것처럼 하는데 신비로울 것이 있을 수가 없다. 그런데 현혹될 필요가 없다. 그것은 다 과학적인 연구사업을 위한 필요한 가설이지, 그것을 세계관적으로 받아들일 필요가 없다.

그러나 운동상태의 공간의 범위하고, 운동상태가 아닌 정지상태의 공간은 다르다는 것은 사실이다. 아직도 세계가 유한한가 무한한가를 해결할 정도로 우리의 지식이 발전하지 못했다. 지금 우리가 안다고 하는 것은 137억년 전에 폭발하였다는 것밖에 모른다.

그 전에는 무엇이 있었는가 하는 것을 모른다. 그 전에 빛만 있었는지, 보이지 않는 에너지만 있었는지 모른다. 에너지란 것도 존재인데 운동을 할 수 있다. 빛은 정지상태로 있을 수 없다. 광량자라는 최소한의 에너지 덩어리가 에너지로 변하면서 뛴다. 그 이상으로는 에너지가 될 수 있는 덩어리가 없기 때문에 이보다 더 빠른 속도는 없다. 우리 모두 다 에너지의 덩어리다.

그러므로 운동을 내부에서 다 하고 있고 또 운동할 수 있는 에너지를 가지고 있다. 어느 정도 운동할 수 있는 에너지를 가지고 있기 때문에, 돌멩이도 현재 작용할 수 있는 에너지는 대단히 적고 그것은 누르는 역할 밖에는 못한다.

자기를 보존하자는 성질과 에너지의 성질이 결합되어서 운동이 일어난다. 에너지만으로서는 태양광선같이 아무런 방향도 없이 마구 뛴다. 태양은 그래서 방향이 없다. 광선은 사방에 동시에 나간다. 불을 피우게 되면 광선은 어느 한 방향으로만 나가는 것이 아니다. 방향을 잡아주는 것은 이쪽으로 가라 저쪽으로 가라 하는 자기를 보존하자는 주관성이다.

그래서 지금의 우주는 137억년 전에 됐다는 것이다. 거기서 오는 '우주배경복사'라고 해서, 복사란 매개물을 거치지 않고 직접 들어오는 열을 말한다. 그것이 지구에 오는데 137억년 걸렸다는 것이다. 그 전에 38만년 전에 폭발이 되어서 그 다음에는 38만년 더 걸려서 온도가 3000도로 내려갔다. 이때 플라즈마상태의 전자들이 원자핵에 달라붙자 공기가 맑아졌다. 그 때부터 볼 수 있는 거리가 137억년이다.

제일 멀리 있는 천체를 발견한 것이 128억년 전의 것으로 그보다 더 올라가게 되면 관측이 안 되고 힘들다. 38만년 후에는 3000도로 내려가서 플라즈마상태에서 우주(은하계)가 생겨났는데 그때 또 흐려졌다. 그래서 7~8억년 동안은 관찰이 쉽지 않게 되었다. **제일 오랜 별로서 발견된 것이 128억년 전의 것이다.** 거기서 오는 모든 별빛이 128억년 걸려 지구에 온 것이다. 그런 정도로 발전하고 있는데 이것도 학자들한테 맡기면 된다.

우리한테 중요한 것이 무엇인가? **이론과 실천의 통일이다.** 그래서 핵융합을 해서 지구만을 마음대로 관리하게 되면 우리는 자유로운 존재가 된다. 그 다음에는 더 나아가서 **태양계**를 마음대로 지배하게 된다. 우리가 그만큼 자유가 늘어나게 되고, 그 다음에 더 창조력이 높아져서 **은하계**를 지배하게 된다. 그러면 자유가 불어나서 은하계의 주인이 되게 된다.

그런데 옛날 사람들이 하늘이 높아도 9만리 장천이라고 했는데 1리를 4km씩 하게 되면 36만 km인데 달까지의 거리가 36만km인데 빛의 속도로 하게 되면 1.2초 동안에 달에 갈 수 있다.

지금 無에서 有가 나온다고 하는데 그럼 有와 無가 같다는 말이 되지 않는가? 빈공간에서 무엇이 나왔다면 빈 공간에는 물질이 없다는 것이다. 딴 것이 아니다. 이렇게 근본원리와 모순되는 것을 설명하려니까 문제이다. 빛의 속도도, 뛰면서만 존재하니까, 그런 식으로 하니까 빛에는 질량이 없다고 본 것이다.

그러나 빛에도 질량이 없을 수가 없다. 질량이 없으면 왜 휘겠는가? 끌어당겨서 휘게 되는데 그러므로 이런 얘기를 하는 것은 상대할 필요가 없다. 물리학을 연구하기 위해서 우주론(물질의 성질)과 관련해서 가설을 세워나가는 것이니 나쁠 것은 없다.

여기서 **헤겔의 有와 無에 대해** 좀더 얘기해보자.

無는 없다는 말이다. 그러므로 물질이 객관적으로 존재하는데 그것은 공간적으로 존재하는 것이다. 빈 공간이 없겠는가? 있을 수도 있다. 그것은 무이다. 없다는 것은 있다는 것이 아니기 때문에 이것은 無다.

헤겔이 순유(純有)를 순무(純無)라고 했는데, 순유라는 것은 책이라든가 책상은 구체적인 有는 있어도, 순유라고 하는, 즉 아무런 규정성도 없는 순유라는 것은 있을 수가 없다. 그렇기 때문에 순무와 같다. 그러나 이것은 미친 짓이다. 순유라고 하는 것은 모든 유의, 모든 있는 존재가 공통적이라는 성질이고, 순무라고 하는 것은 모든 데서 없다는 것인데 왜 같겠는가? 자꾸 이렇게 해서 혼동하게 만들었다. 모든 것이 다 공통적인 데서 순유이고, 모든 데서 없다고 하는 것이 (순)무인데 왜 모든 데서 공통적인 성질하고 모든 데서 없는 것하고 같겠는가? 이렇게 실천은 안해보고서 사색만 하는 사람은 이런 식으로 생각한다.

옛날 사람이 무엇을 알겠는가? 공자는 참 존경할만한 사람이다. 그는 진솔하게 "내가 하루 종일 먹지도 않고 잠자지도 않고 생각만 했다. 아무런 이익되는 것이 없었다. 배우는 것만 못하다" 공자는 실질적으로 자꾸 배우라고 했다. 쓸데없이 공상만 하니까 그런 것을 자꾸 생각해냈다. 그런데 따져보면 논리적으로 틀렸다. **헤겔은 자꾸 보니까 구체적으로 소위 없는 '유'라는 것은 없다. 그래서 순유는 무와 같다.** 비슷해보이지만 잘못된 것이다. 헤겔의 논리는 다 그렇게 되어 있다. 正이 反을 낳아서 反과 正이 슴해진 것이 발전이 된다. 이것이 무슨 발전인가? 발전이 왜 일어나겠는가? 정과 반이 합해진 것을 正이 反을 낳고 합한 것을 가지고 있기 때문에 정도 아니고 반도 아니고 그래서 발전한 것으로 사고했다. **거기에는 결합되서 협력, 협조하고 발전한다는 사상이 없다.** 그런 식으로 사고해서, 正·反·슴에서 절대정신이 나오고 단순한 것에서 복잡한 것으로 발전한다고 했다. 그래서 헤겔 책을 읽을 필요가 없다는 것이다.

공자는 신비로운 것을 인정하지 않았다. 아주 훌륭하다. 그런데서 인간중

심이다. 제자가 죽는 것을 물어보자 사는 것도 모르는데 죽는 것을 물어본다며 나무랐다. 헤겔은 묻지도 않았는데 사람은 죽음으로서 정신이 탄생한다는 헛된 소리를 했다. 1938년에서야 태양에서 핵융합이 일어난 것을 알았는데 **맑스**는 이를 몰랐다. 태양이 50억년 가면 수명이 다 된다는 것은 알고 있었던 모양이다. **엥겔스**가 태양도 다 식어버릴 때가 온다고 했다. 그렇게 되면 모든 생명이 없어진다. 그러므로 역사의 종말이다. 처음이자 끝이 있는 법이다. 태양을 연장시킬 수도 있다. 태양에는 1초 동안에 6억7천만톤의 플루토늄을 융합한다. 그 열이라는 것은 대단하다. 거기서 몇억분의 1도 이용하지 못한다. 그런 이런 상태로 두명 50억년밖에 태양이 살지 못한다. 그러나 태양의 질량을 절반으로 줄이게 되면 천억년을 살수 있다. 1/10로 줄이게 되면 몇 조년을 산다. 그러므로 우리가 지구를 마음대로 관리하게 되면 태양에 가서 핵융합하는 것을 절반으로 줄인다든가 한 1/10로 줄이면 몇 조년을 이용할 수 있을 뿐만 아니라 그때가 되면 태양을 만들수도 있다.

IV. 우주(물질)의 구조에 관한 문제: 초신성으로

그런 의미에서 볼 때 아인슈타인이 에너지와 질량이 동격이라는 것, 질량을 풀어놓으면 에너지가 되고 질량을 가져다 결합시켜 놓으면 물체가 된다. 원소라는 것이 들어가 있는 플로톤 수가 다르다. 금은 79개, 쇠26개. 쇠가 가장 안전한 상태이다. 별내부에서 핵반응은 철 이상은 나가지 못한다. 우리 태양만한 크기에서는 수소에서 헬륨으로, 헬륨에서 산소, 탄소로밖에는 나가지 못한다. 그 이상은 질량이 많아서 열이 강해야 된다. 그러므로 철의 26개 이상이 결합되게 되면 지금의 질량의 별로서는 안 된다.

태양의 질량보다 8배가 더 커야 폭발된다. 8배로 크지 않은 조건에서는 핵융합이 끝나게 되면 조그만 깃으로 되어 줄이버리고 만디. 8배 이상으로 되게 되면 안에서 핵융합이 일어나는데 올려바치고 질량이 내려누르고 하는 압력으로 균형이 맞는데, 태양의 내려눌리는 압력이 2500억 기압인데 거기서 열이 나와서 8배 이상이며 내부에서 융합이 끝나게 되면 내려눌리는 것을 견디지 못한다. 견디지 못해서 받치지 못해서 한꺼번에 파괴된다. 이때 열이 태양의 100억배의 열이 나온다. 이것이 **초신성**이다. 그렇게 될 때 철보다 더 무거운 핵입자들이 핵융합이 일어나서 생겨난다.

우리 지구는 태양보다 훨씬 더 발전된 존재이다. 태양에는 없지만 여기는 우라늄까지 있다. 그런데 태양보다도 20배 정도 무거운 별로 될 때는 자꾸 내려눌리기 때문에 압축되고 압축되어서 남게 되는 것이 **블랙홀**이다. 그 전 단계가 중성자별인데 중성자별에는 1g의 용적을 가진 물질은 10~20억톤으로 압축된다. 그런데 중성자별이 아니라 숨어있는 전자 등이 반항하는데 완전히 없어질 정도로 압축되면 **블랙홀**이 된다. 그렇게 되면 **압축된 지구의 크기가 9mm밖에 안 된다.** 그리고 보이지 않은 물질은 무게(질량)에 따라서 인력이 작용하는데 그보다 더 무게가 있다. 신비롭게 생각하는데 신비로울 것이 없다.

일반 상대성원리로서 빛의 속도에 가까운 속도로서 로케트가 가게 되면 시간이 더디게 흐른다. 또 절대적인 시간이 있을 수 없다고 했는데 알고 보면 아무 것도 아니다. 질량이 많아지면 그 내부에서 운동이 더디게 흐른다. 즉 중력이 강화될수록 그 내부에서 운동이 더디게 흐른다. 그밖에는 아무 것도 아니다. 인간을 냉장고에 넣어서 완전히 냉동시킨다. 완전히 냉동시키면 심장이 멎어버리고 말지만 심장이 멈추지 않도록 1분간에 60~70번 띄는 것을 1번 정도 치게 하면 60배 더 살게 된다. 빈사상태처럼 빛의 속도에 가까운 로켓을 타고 가면 거기에 있는 물질의 운동이 더디게 흐른다. 냉동상태의 인간과 같이 그만큼 오래 살게 된다. 사람도 체중이 많은 사람일수록 오래 못산다. 특히 천체의 질량이 클수록 수명이 짧다. 태양보다 10배이상을 가진 큰 질량의 별은 100만년 밖에 못산다. 태양의 빛의 체중을 줄이면 그만큼 오래 산다. 태양의 질량을 절반으로 줄이게 되면 지금의 100억년이 1000억년을 살 수 있다.

이제 물질의 구조에 관한 문제, 우주의 구조에 관한 문제는 대체로 이 정도로 상식적으로 알아두면 된다.

V. 인간중심의 신관(우주관)으로 세계관을

인간중심사상은 **인본주의**와 같이 비교하는데, 인본주의가 인간을 귀중히 여기는 것은 같다. 인간을 중심으로 보아야 세계를 옳게 볼 수 있다는 것이다. 인간이 가장 발전된 존재이므로 세계발전을 대비하고 있고 세계발전을 이끌어가고 있기 때문에 인간의 발전에 맞는 것이라야 세계의 본질에도 맞다.

신비주의를 없이 하고 창조적으로 노력하는 길만이 사람이 발전하는 길이고 보다 높은 행복의 수준에 도달하는 것이라는 것을 말하는 것이 **인간중심철학**이다. 공자가 훌륭하지만 세계가 끝없이 발전하는 것을 몰랐다. 하늘이 모든 사물의 본성을 규정하는 것으로 보았다. 인간생활을 중히 여기고 인간의 행복을 추구한 데서 **유교**의 가치가 있다. **불교**는 인간이 죽고 나면 고통이 없어지듯이 **인간의 욕망을 조절하면 고통이 없어진다고 하는 것이다.** 잘못 생각한 것은 고통을 참는 것이 고통을 없게 하는 것이라고 하여 마음으로서 열반(미르바나)상태에 들어간다며 욕망을 갖이되 적당히 가지라는 마음공부를 시킨 것이다. **석가모니는** "나는 정신을 경작하는 농사를 한다. **마음을 심는 정신의 경작자다**" 그렇게 말했다. 그러나 **공자**는 그렇지 않다. 사람을 어떻게 평화롭게 행복하게 살 수 있겠는가 하여 돌아다니면서 설명을 했다. 정치에서도 무신이불립(無信而不立)이라고 했다. 요사이 지도이념, 지도사상을 무시하는 것에 비교하면 얼마나 훌륭한가. 개인이 제 정신을 가지는 것이 필요한 것처럼 **집단(민족, 인류)이 제 정신을 가지는 것이 민족과 인류를 옳은 길로 가는 첫째 조건이다.** 이념이 필요없다는 것은 정신이 필요없다는 것이다. 그래서 개인들이 각 분야에서 자기 의견만 내세우며 서로 싸움만 하고 있지 않은가?

마지막으로 종교관으로 인격신의 문제에 대해 얘기해보자. 즉 인간중심철학의 신관(우주관)에 대해서 고찰해보자.

인격적 신을 두고, 헤겔도 절대정신이 있다고 했지만 그 절대정신이 하늘에서 내려다보는 인격을 가진 신이 아니라는 것이다. 그것은 성부, 성신, 성령이 같다고 하는데, 말하자면 헤겔은 성령만 인정한 셈이다. 절대정신이 있다고 하지만 하나님같이 내려다보면서 어떻게 할 것인가를 인정하지 않았다. '하나님 아버지'로서 그런 인격적인 신을 인정하지 않았다.

대체로 철학자들이 말하는 **신**은 인격적인 사람을 모방한 사람과 같은 존재가 내려다보면서 잘했다 못했다 하는 그런 신, 즉 **인격신**을 말하지는 않는다.

신비로운 것이 있을 수 없다는 것이다. 인간이 현재상태에서 해결할 수 없는 문제가 부지기수지만 인간은 끝임없이 자꾸 발전하기 때문에 영원히 해결하지 못하는 것은 영원히 있을 수 없다. 절대적인 존재에는 도달하지 못하지만 또 도달할 필요가 없다. 절대적인 존재가 있다면 발전을 못한다. 사람들이 마음대로 다 하는데 왜 발전하자고 하겠는가? 그래서 **종교에는 발전이 없다. 완전무결한데 무엇 때문에 발전하겠는가?**

우리는 계속 발전하는 과정에서 절대적인 존재에 끝없이 접근해간다. 그러나 영원히 그런 존재가 될 수는 없다. 되게 되면 발전이 끝난다. 헤겔은 **절대적인 정신**을 두고 궁극적으로 **절대이념**에 도달한다. **절대자는 신**과 같은 것이다. 신비로움을 인정하지 않았다는 것, 중용에서 천명지위도(天命之謂道)라고 할 때 道라고 하는 것은 신비로운 것이 아니라 하나의 법칙과 같은 것이다.[28) 신비로운 것을 공자는 인정하지 않았다. 대단한 것이다. 그런 의미에서 볼 때 **공자사상은 인간중심사상의 (종교관)우주관을 세계관으로** 하고 있다고 하겠다.

---

28) 천명지위성(天命之謂性: 한울의 명이 인간의 본성이다)
   솔성지위도(率性之謂道: 인간의 본성에 따르는 것이 도이다)
   수도지위교(修道之謂敎: 도를 닦는 것이 종교이다)

제6장 경제학이란 무엇인가?: 개인주의와 집단주의의 균형적 발전을

I. 경제학의 현안

경제학에서는 이런 문제가 중요하다.

첫째로 자본주의 사회의 기본 모순이 무엇인가?[29]

둘째는 자본주의사회가 망하고 사회주의사회로 넘어간다고 하는 '잉여가치학설'이 왜 잘못 된 것인가?

셋째는 『자본론』을 어떻게 볼 것인가?

넷째는 계획경제의 잘못된 것이 어디에 있는가?

이렇게 네 가지는 설명이 되어야 할 것 같다.

II. 자본주의사회: 생산력과 생산관계

첫째로 자본주의 사회의 기본 모순이 무엇인가?

맑스의 생산력과 생산관계의 관계로 설명해보자.

맑스주의는 생산력의 발전이 생산관계에 조응한다. 생산력의 발전이 생산이 사회적으로 되면 소유관계도 사회적 소유로 되어야 한다. 추상적이다. 헤겔적 사고방식을 적용한다. 소유형태와 자연을 개조하는 생산력을 쓰는

---

29) 자본주의 발전을 두고 막스 웨버(Max Weber)에 대해 소개해보도록 하자. 막스 웨버는 칼 맑스보다 조금 뒤에 나온 사람인데 해박한 지식의 소유자이고 그의 근본결함은 의심할 수 없는 근본권리를 터득하지 못한다는 것이다. **자본주의철학**에서 발전한 것은 독일의 고전철학이다. 철학 발전의 도움에 크게 두 가지가 있다. 희랍의 플라톤, 아리스토텔레스를 통한 고전철학과 그리고 종교의 창시자들이다: 그리하여 양자를 비교해서 일정한 투쟁을 자꾸 주장했다. 그러다보니 근본적인 문제를 보지 못했다. 인간은 개인존재인 동시에 집단적 존재라고 하는 근본정신의 원리를 몰랐던 것이다. 인간중심철학의 원리를 개척해 놓고서 경제에 적용하면 비교적 쉬울 것 같다. 정치가 제일 뒤떨어져 있다. 그래서 정치학이라고 하지 않고 정치철학이라고 했는가? 정치를 근본적인 원리에서 보자는 것이다. 자본주의사회에서 개인적인 노력에 의해서 발전을 한다고 했지만, 근본적인 원리는 알지 못했다. 학자들이 지식을 과신하고 있는데, 그런데 근본적인 진리를 알아야 하는데 그렇지 못하다.

문제와는 별개다. 봉건시대에 생산력을 쓰는 형식은 분산된 개인농이다. 그러면 거기에 맞는 소유형태는 무엇인가? 개인소유로 되어야 하지 않겠는가? 개인적으로 생산을 하기 때문에 소유도 개인적이 되어야 한다는 것이다.

그런데 봉건사회에서 농노들은 소유를 못했다. 영주들은 대규모의 큰 땅을 혼자 소유했다. 자본주의사회에서 생산력이 발전해서 개인적으로는 공장을 움직이지 못한다. 사람들이 집단적으로만 움직이게 되어 있다. 그렇다고 집단적 소유로 하는가? 소유는 개인적으로도 할 수 있다.

실질적으로 자본주의사회에 방대한 공장의 생산설비를 한 사람이 다 소유할 수 있다. 소유에 관한 문제와 생산이 사회적으로 진행되는가 안 되는가 하고는 별도문제다. 맑스주의자들의 생각이 맞는 것인가? 그런데 이 사람들은 생산이 사회화되게 되면 사회적인 소유로 되어야 한다는 것이다. 집단적으로만 노동이 진행되면 집단적 소유로 된다는 것이다.

사실은 원시(공산)사회에서는 집단적으로 살지만 소유라는 것이 별로 없었다. 아직도 미분상태에 있었다. 그러므로 봉건사회에서는 생산이 개별적으로 분산되어 있었지만 사회적 생산으로 변했다. 그런 만큼 사회적 소유, 집단적 소유가 나와야 한다는 것인데 이의 잘못을 지적하면 맑스주의자들은 찬성하지 않는다.

요점은 이를 반박하려면 생산력과 생산관계를 다 설명하여야 한다. 그러나 기본적인 것은 생각할 수 있다. 생산력을 이용하는 생산이 사회화되었는가 사회화되지 않았는가 하는 문제와 소유가 사회적 소유인가 아닌가는 별개의 문제라는 것이다.

봉건사회에서 생산이 사회화되지 않고, 개별적으로 생산해도 소유는 한 사람이 방대한 것을 가지고 있다. 자본주의사회에서 방대하게 사회화되어 있는 생산력을 개인이 소유할 수 있다. 자본가 개인이 소유할 수 있다. 소유는 자본가에 속할 수 있다. 그것을 반드시 국가가 소유하고 집단이 소유하여야 된다는 법은 없다. 그것은 별개의 문제다. 그럼에도 불구하고 맑스주의자들은 그것을 가지고 자본주의사회는 반드시 멸망하고 사회주의사회로 넘어가야 한다는 것을 주장한다. 한 가지 문제는 얘기한 셈이다.

III. 잉여가치학설과 노동가치

둘째 문제는 잉여가치학설이다.

엥겔스는 이것이 맑스가 발견한 2대 발견 중의 하나라고 했다. 첫째는 유물사관이다. 황장엽 선생은 2대 발견이 아니라 가장 큰 실수로 생각된다고 하였다. 잉여가치학설이란 노동계급도 상품이다. 노력도 상품으로서 사람들이 사는데, 이 상품은 기계를 사게 되면 창조를 못한다. 사람만이 창조를 한다. 그렇기 때문에 기계를 사서 설비를 산 것은 **고정자본**이라고 했다. 변화가 없는 고정자본이다. 노동력은 **가변자본**이다. 노동력을 사게 되면 이것이 더 큰 이득을 볼 수 있게 된다. 가치를 창조한다.

노동력의 가격, 노동력의 가치는 어떻게 되는가?. 노동력을 재생산하기 위해서 필요한 물건, 노동력을 가지고서 댈 수가 없으니까 노동력을 재생산하기 위해서는 얼마를 먹어야 하고 무엇을 먹어야 하고 어떤 집에서 살아야 하고 이런 것에의 비용이 노동가치다. 따라서 노동력의 가치는 노동력을 재생산하는데 필요한 상품에 필요한 물건에 대한 가치가 노동력의 가치다.

이것부터 틀린 것이다. 노동력을 고용할 때 그 사람의 능력을 따지지 하루에 먹고 살 수 있는가 하는 이런 것을 따지게 되겠는가? 천재라는 사람이 왜 이렇게 생각하는지 모른다. 가치를 이런 식으로 설명하다보니 노동력을 재생산하는데 쓴 비용이 가치가 됐다. 그러므로 노동력을 재생산하는데 쓴 비용을 초과한 것, 같이 생산한 것을 지불하지 않은 부분을, 노동자에게 다 돌려주어야 하는데 돌려주지 않고 남아도는 몫을 잉여가치라고 한다.

노동자가 살기 위해서는 100원이 필요하다. 100원이 상품으로서 노동력의 가치다. 그런데 노동력을 써서 생산하는데 생산의 결과 10배의 가치를 생산했다. 1000원의 가치를 생산했다 할 때는 노동자에게는 100원만 지불하고 900원은 자본가가 몽땅 빼앗는다는 것이다. 이깃이 잉여가치다. 가치는 노동자가 다 창조했는데 노동자가 사들인 가치는 그가 먹고, 사는데 필요한 것밖에 안 주고 다른 것은 다 빼앗았다는 말이다.

그 결과 자본주의가 발전해갈수록 상대적으로 자본가의 수입이 많아질 뿐만 아니라 노동자는 절대적으로 자꾸 빈곤화된다. 물건은 비싸지고 사람의 욕망은 자꾸 커지고 그런데 노임은 올라가지 않고 빈궁해지는데 이것이 절대빈곤이다. 이것이 '절대적 빈곤화의 이론'이다.

처음에 배울 때도 잘못되었다고 생각했는데 왜 이렇게 하는가? 역사가 발전하면 사람들이 생활수준이 높아지는데 절대 빈곤화되는가? 그런데 여러 가지로 변명을 하는데 혼란스럽다.

근본적인 잘못은 어디에 있는가? 인간이 사회적 존재라는 것을 모르고 있다. 지금 발전된 기업들, 공장에서 노동자가 직접 참여하는 것은 4%밖에 되지 않는다. 나머지는 전부, 기계가 생산한다. 그런데 이들은 기계는 가치를 생산하지 못한다고 보고 있다. 그러므로 계산할 때 기계는 감가상각만 생각한다.

그러면 지금 공장에서 기술수단들이 창조해 나가는 것이 노동자가 창조했다고 보는가? 감시밖에 한 것이 없는데, 말도 안 되는 소리라는 것이다. 기계수단 자체가 인간이 창조한 것으로 인간의 노동력을 객관화한 것이다. 기계가 자기 마음대로 생산하나? 인간의 창조력이 객관화됐기 때문에 기계자체가 생산적이라는 것을 모른다. 기계가 인간의 노동을 대신하고 사람이 절대 하지 못하는 것을 한다.

그런데 자본가들은 어떻게 주장하는가? 100원의 노동력을 사가지고 1000원의 이익이 났다 하면 내가 기술수단을 자본으로 사왔기 때문에 이렇게 된 것이 아닌가? 나한테 다 돌려야 한다. 이것은 옳지 않다. 왜 그런가? 기술수단들은 누가 만들었는가? 과학자들이 만들었다.

정신노동을 한 사람들, 인간개조를 하는 사람들의 노력에 의해서 기술이 발전할 수 있지 않은가? 그러면 인간이 기술교육을 하고 과학기술을 발전시키는데 사회가 계속 싸움만 하고 있어야 되겠는가? 정치가들이 사람들이 자기 역할을 할 수 있도록 도둑도 잡고 질서를 유지하고 그렇기 때문에 자본가가 거기서 나온 이득을 자기 혼자서 다 가진다면, **이것은 인간이 사회적 존재라고 하는 인식이 없어서 그러하다.**

더구나 한심한 것은 노동자가 같이 다 생산했다고 하는 것도 말이 안 된다. 현실적으로 기술수단들이 다 만들어냈다.

그래서 잉여가치학설이라고 하는 것도 아주 잘못된 것이다. 산 노동을 가지고서는 가치를 그렇게 창조하지 못한다. 기계기술수단으로 인간이 창조하고 역사적으로 체현된 현 시대만이 아니라 대를 이어 창조된 인류공동의 재부가 창조한 가치다.

그렇기 때문에 사회적 요구의 이익에 맞게 분배를 해야 한다. 그것을 노동자가 다 창조했다는 것은 말도 안 되고 자본가가 다 먹겠다고 하는 것도 옳지 않다.

그래서 자본가에 대해 정치적인 관리가 반드시 필요하고 세금을 더 받아야 한다. 국가가 없이 자본이 생산되는가?

Ⅳ. 『자본론』 : 자본의 유기적 구성

세 번째로 『자본론』에 대해 얘기해 보자.

자본론은 3권으로 되어 있다. 책의 구상은, 상품을 거기에 체화된 노동의 양에 따라 상품의 가치가 결정된다. 상품은 교환을 한다. 교환을 통해서 사용가치와 (실물)가치 사이에 모순이 생긴다. 각각 다른 사용가치를 가지고서 교환하려니까 거기에 공통적인 것이 무엇인가? 공통적인 것으로 어느 상품에 더 많이 노동이 체화되어 있는가 하는 것에 따라서 가치가 결정되어야 한다. 교환에서는 가격으로 나타난다. 직접교환이 잘 안 되기 때문에 공통적으로 교환에 사용되는 특수한 상품이 필요하다. 이것이 화폐다. 공통적으로 교환에 이용되는 특수한 상품이 화폐다.

상품의 교환이 자꾸 진행되면 화폐의 가격이 자꾸 올라간다. 화폐는 아무 것이나 교환해서 가질 수 있기 때문에 화폐의 권위가 자꾸 올라간다. 화폐를 많이 가지고 있는 사람이 노동력을 샀다. 생산수단을 샀다. 이렇게 해서 제품을 만들기 시작했을 때부터 자본이 생긴다.

그전에 상인들은 여기저기에서 물건을 사다가 비싸게 팔았다. 그런데 화폐의 힘이 강화되면서 화폐를 많이 가진 상인이 노동력을 사고, 생산수단을 사고, 자체로서 생산을 조직했다. 이때부터 자본이 나온 것이다.

화폐자본이 생산자본으로 전환되었다. 자본주의 생산이 어떻게 되어 구성되는가 하는 것을 설명했다. 기본내용은 상품의 교환이 발전하면서 화폐가 가지고 있는 권위가 높아졌다. 화폐를 많이 가지고 있는 사람이 재산을 많이 가지고 있는 사람이 되었다. 화폐는 눈으로 볼 수 있는 한울님과 같다. 화폐로 인간의 노동력도 상품으로 되고 기계도 사고 그리하여 직접 상품을 생산함으로써 자본주의적 생산이 되었다.

앞의 자본이 생산자본으로 전환되었다. 생산자본은 노동력과 생산설비다. 생산설비와 노동력 사이의 비중을 **자본의 유기적 구성**이라고 했다. 가령 1억원의 생산수단을 사고 노동력은 천만원어치를 샀다고 한다면 이는 유기적 구성이 아주 높은 것으로 된다. 노동력을 천만원 주고 쓰고 고정자본인 기계설비를 천만원 하게 되면 유기적 구성이 아주 낮은 것이 된다.

유기적 구성이 높을수록 잉여가치는 더 나오는데 이윤은 적게 나온다. **왜냐하면 고정자본은 이윤을 생산 안 한다고 본다. 가변자본만이 이윤을 생산한다고 보았다.** 그런데 자본을 투자하는 것은 고정자본에 많이 투자하기 때문에 이윤율이 약하고 저하된다.

그래서 화폐자본이 생산자본으로 전환되고 생산자본이 생산과정을 통해서 상품으로 변화된다. 상품자본으로 된다. 상품자본이 다시 화폐자본으로 된다. 화폐자본이 다시 생산자본으로 전환되고 이렇게 자본이 어떻게 전환되는가 하는 과정을 설명한 것이 **자본론**이다.

여기까지는 그렇게 골치가 아프지 않다. 『자본론』 3권은 무엇인가? 화폐자본가, 금융자본가, 생산자본가, 산업자본가, 은행자본가, 지주 등 여러 가지 이윤을 먹는 자본가 집단의 종류가 있는데 그것이 어떻게 해서 그 사회가 생산한 이윤을 나누어 가지는가 하는 것을 3권에서 서술하고 있는데 읽기에 머리가 아프다. 한번은 싫증이 나서 집어치울까 하다가 겨우 읽었는데, '지대론'같은 것은 이치는 간단한 것인데도 정말 쓸데없는 것이 많다. 어느 자본이 이윤이 자꾸 나게 되면 한곳으로 기울게 된다. 그렇기 때문에 자본이 운영되다 보면 결국은 자본을 낸 것만큼 다 평균적으로 나누게 되는데 이것이 '평균이윤율'이라는 것이다.

산업자본가만이 이익이 난다면 다 그리로 쏠린다. 그러면 다른 것은 사업할 사람이 없다. 다른 것은 더 이상 생산하려고 하지 않을 것이다. 원료를 팔려고도 하지 않는다. 그러므로 모든 자본가들이 다 균형에 맞게, 평균이윤율에 자본을 제공한 것만큼 얻어 먹게 된다는 것을 주장하게 된다.

그래서 헤겔의 『논리학』책과 맑스의 『자본론』을 읽지 말라고 한다.

머리만 아프다. 그럼 『자본론』을 가지고서 경제를 발전시킬 수 있는가? 자본주의사회를 비판했다. 어떻게 자본주의를 발전시킬 것인가에 대해서는 언급이 없다.

철학을 전공하는 사람은 1권은 유익하다. 철학적인 맑스의 사상이 많이 나와 있기 때문이다. 2권은 작은 책이다. 내용은 단순하다. 제일 복잡한 것이 3권이다. 1권보다 더 두껍다. 맑스는 1권만을 출판하고 사망했다. 맑스의 글씨는 악필이 되어 누구도 모르는데 둘째 딸만이 알았다. 엥겔스가 둘째를 데리고서 2, 3권을 출판했다. 엥겔스가 편집을 했지만 기본사상은 맑스의 것이라고 할 수 있을 것이다.

봉건 말기 상품화폐가 자꾸 발전하면서 거기서 상인이 화폐를 많이 가지게 되었는데, 구차스럽게 자꾸 돌아다니면서 상품을 사지 않고, 직접 노동자도 사고 생산수단도 사게 되면서 생산을 하게 되었다. 이렇게 설명하면 되는 것인데 그 무슨 가치와 사용가치의 모순 때문에 화폐가 나오게 되고, 화폐가 자본으로 전환된다는 식으로 장황하게 설명하였다.

그래서 상품에 대해 물신숭배가 있다. 물신숭배를 하는 것은 맑스 밖에 없다.

V. 경제의 두가지 법칙: 가치법칙과 계획경제의 이론

넷째로 계획경제가 잘못된 것이 무엇인가?

계획적 균형적 발전에서 균형적 계획적 발전으로 나아가야 한다.

계획적 균형적 발전과 가치법칙이 무엇인지를 살펴보도록 하자.

이것도 자본주의 경제를 비판하는 것이 기초가 되어서, 후대가 만들어놓은 것이 사회주의경제이다. 거기서 우리가 상식적으로 생각할 때에는 **사회주의 계획경제와 자본주의 시장경제로** 이해하고 있는데 이것도 개인주의와 집단주의의 견지에서 보아야 한다.

자본주의경제는 경제생활에서 개인의 자유와 평등을 보장하는 것으로 시장경제이다. 집단주의경제의 계획과 지시경제와는 구분된다. 민주주의의 본질은 주권재민이다. 주권이 인민에게 있다는 것이다. 모든 사람들이 국가생활에서 다 같이 잘 살자하는데 왜 민주주의가 아니겠는가? 그런데 계급주의 집단주의(민주주의)는 그 방법이 계급투쟁과 독재를 실시해야 한다는 것이다. 이것 두 가지가 잘못된 것이다.

지시경제는 집단주의에 개인주의를 말살하는 방향의 집단주의다. 공산주의 자체는 특히 맑스이전에는 공상적 사회주의로서 맑스 개인은 이런 사상에서 출발하였다. 민주주의의 방법에서 출발하였으나 그러나 계급적으로 지배하고 타도하는 방법으로 나아간다. 이것이 잘못됐다는 것이다.

그 다음에는 집단주의가 독재로 나가는 데 반해, 집단주의를 반대하는 개인주의는 개인이기주의로 나간다. **인간은 개인적인 동시에 집단적인 존재이기 때문에** 개인주의가 집단주의를 배격해서도 안 되고 집단주의가 개인주의를 간과할 수도 없다. 이는 인간의 본성에 어긋나는 것이다.

그래서 유일하게 올바른 이해는 개인주의의 장점과 집단주의의 장점을 결합하여야 한다. 이 양자를 결합시켜나가는 것이 **정치의 임무**다. 동물은 이 양자를, 즉 종을 보호하기 위해서는 자기를 희생시키는 집단주의가 본능적으로 움직이지만, 인간은 목적의식적으로 움직인다. 그래서 정치가 발전해야 한다. 가장 발전된 정치는 개인주의의 다양성, 창조성과 집단주의의 통일성과 협력성으로 결합하는 것인데 지금은 매일 싸우기만 한다.

오늘날 전반적으로 개인주의 민주주의가 발달하였지만 집단적으로 협력하는 것이 부족하다.

경제분야에서는 두 가지 법칙을 말할 수 있는데 위의 계획경제에 이어 다른 하나는 **가치법칙**이다. 가치법칙은 상품의 가치는 상품에 체화된 노동의 크기에 의해서 구현된다는 것이다. 상품교환을 두고 사회의 평균노동시간에 의해서 가치가 교환된다. 그러면 수요와 공급의 차이에 따라서 가격과 가치가 변동되는 것은 어떻게 보겠는가? 이것은 일시적인 현상이다. 원래는 상품에 체현된 노동량에 의해서 가치가 결정된다.

자연이 아무리 귀중해도 노동이 투자되지 않으면 가치가 일어나지 않는다. 가치법칙에 따라 기술이 발전하게 되고 공산주의는 가치법칙이 작용하지 않으므로 상품을 생산하지 않는다. 가치는 없지만 가격은 있다.

방직공업에서의 이윤이 기계공업에서의 이윤보다 많으면 그쪽으로 흐른다. 시장경제의 보이지 않는 손이 가치방식의 손이다. 수요를 두고 생산자가 서로 경쟁하는데 사회적 수요가 얼마나 되는지 타산을 못한다. 그래서 수요와 공급이 균형을 이루지 못할 때는 공황이 온다. 여기서 맑스주의자들은 첫 번째 공황을 1825년으로 본다. 그로부터 10년을 주기로 계속되었다고 본다.

공황이 일어났다고 하는 것은 생산력과 생산관계의 모순을 나타낸 것으로 여기에 공산혁명이 일어나게 된다. 그래서 여기서 생산하는 것과 소비하는 것을 일치시키기 위해서는 생산을 여럿이 하는 것이 아니라 국가가 주도하여 국민들의 소비(수요)에 필요한 만큼 생산하는 것이다. 이것이 계획경제의 기본이론이다.

VI. 집단주의 경제의 두가지 모순: 3대 생명력의 통일로

집단주의경제를 옳게 실시하려면 두 가지 잘못을 지적할 수 있다.

하나는 경제전문가, 경제인들 대신에 국가관료가 경제를 운용한다는 것이다. 이것이 큰 잘못이다. 이해관계를 타산해야 하는데 계급투쟁을 하던 사람들이 하다보니 경제를 제대로 할 수 없었다.

다른 하나는 개인주의를 말살하는 방향에서 했다는 것이다. 그래서 우리는 계획적 균형적 발전법칙말고, 균형적인 계획적 발전법칙이라 말하고자 한다. 계획한다는 뜻은 생산적 수단과 생산적 소비의 균형으로 중공업과 경공업의 균형을 맞추자는 뜻이다. 균형은 제쳐놓고서, 이런 것을 독재의 방법으로 했으니 이것이 잘못되었다는 것이다. 개인의 요구를 실현하면서 즉 인간의 3가지 욕망인 ① 정신적 욕망 ② 물질적 욕망 ③ 사회협조적 혁명, 이 세가지 생명력을 균형적으로 발전시키는 발전의 정치를 도모해야 한다는 것이다.

다시 말해 이 문제를 잘 해결해 나가자면 개인주의적인 개인의 생존과 발전, 집단의 생존과 발전의 이익에 맞게 균형적으로 발전시키는 것과, 인간의 정신적 요구, 물질적 요구, 사회협조적 요구를 단결, 결합, 협력해서 경제를 발전시켜 나가는 것이다.

제7장 계급투쟁과 무산계급독재: 인간의 이해관계를 반영한 사상으로

I. 마르크스의 유물론과 계급주의적 역사관

마르크스의 **역사관**은 유물론적 역사관인 동시에 계급주의적 역사관이다. 계급주의적 역사관은 사회의 역사적인 발전과정이 이해관계를 달리하는 계급들의 투쟁과정이며, 계급적 이해관계가 역사발전 방향을 규정하는 기본요인으로 된다는 관점이다.

해당 사회의 계급구조와 계급과 계층들 사이의 대립되는 역량관계만 파악하면 해당 사회가 어떤 방향으로 변화발전하리라는 것을 짐작할 수 있다.

이런 점에서 사회에 대한 **계급적 이해관계의 분석**은 과학적인 역사관을 수립하는 데서 중요한 방법론으로 된다고 볼 수 있다.

II. 계급은 정치와 경제의 이해관계를 바탕으로

계급이란 무엇인가? 마르크스주의는 경제주의적 입장으로부터 출발하여 계급을 생산관계에만 결부시켜 규정하였다. 계급을 크게 생산수단을 소유한 자산계급과 생산수단을 소유하지 못한 무산계급으로 나누고, 생산수단을 소유하고 자체의 노동력으로 생산하는 사람들을 소자산 계급 또는 중간계급으로 보았던 것이다. **중간계급은 결국 극소수 자산계급과 무산계급으로 분화될 운명에 있는 것으로 보았다.**

그러면 정치분야와 문화분야에 종사하고 있는 사람들은 어떻게 볼 것인가.

마르크스주의는 정치나 문화분야에 종사하는 사람들은 자체적으로 생활수단을 생산하는 사람들이 아니라, 생산계급이 생산한 물질적 재부의 일부를 얻어먹는 사람이기 때문에 자립적인 계급으로 될 수 없으며, 결국 경제계급인 자산계급과 무산계급에 종속된 사회계층이라는 것이다. 즉 자산계급을 지지하며 자산계급을 위하여 복무하는 정치인이나 문화인은 결국 자산계급에 속하고, 무산계급을 지지하고 무산계급을 위하여 복무하는 정치인이나 문화인은 무산계급에 속한다는 것이다. 이리하여 마르크스주의자들은 공산주의 운동에 전력한 사람들은 노동경력이 전혀 없어도 노동계급 성분으로 규정한다.

우리가 계급문제를 논의하게 된 것은 이해관계를 달리하는 집단 사이의 대립을 어떻게 해결할 것인가 하는 문제를 풀기 위해서였다. 여기에서 특별히 중요한 문제로 나서는 것은 어떤 방법으로 특권계급을 없애고 모든 사람들에게 자유와 평등을 보장할 것인가 하는 길을 밝히는 것이다. 계급문제는 본질상 계급적 특권에 관한 문제라고 볼 수 있다. 특권을 가지지 않은 사람들은 이해관계의 공통성이 있어도 지배계급이라고 볼 수 없다. 특권을 가진 사람들의 집단이라야 지배계급이라고 말할 수 있다.

특권을 가져야 지배계급이 되는데 봉건사회는 정치적 특권이 경제적 특권보다 우선한다.

적어도 봉건사회까지는 정치적 특권이 경제적 특권보다 위에 서 있었다. 땅을 소유하기 때문에 봉건통치자로 된 것이 아니라, 무력으로 정치적 지배권을 쟁취함으로써 땅도 지배하게 되어 땅의 소유자로 될 수 있었다는 것이다. 봉건통치계급이 본신(本身)은 토지를 소유한 경제계급이 아니라 무력을 장악한 군사정치계급이다.[30]

그러나 역사적 사실이 보여주는 바와 같이 사회주의 나라들에서 생산수단의 소유관계를 사회화하여 경제적 특권을 없앴지만, 노동계급독재의 명목 아래 정치적 특권을 인정함으로써 물건에 대한 지배권뿐 아니라 인간에 대한 지배권까지 장악한 새로운 강력한 특권계급을 만들어내게 되었다.

생산수단의 소유관계를 사회화(민주화)하는 것이 경제적 특권계급을 없애는 방도로 된다면, 정권에 대한 소유관계를 사회화하는 것이 정치적 특권을 없애는 방도가 된다고 볼 수 있다.

특권은 물질적 욕망이 인간의 욕망에서 기본을 이루고 있는 사회에서만 형성될 수 있다. 따라서 특권에서의 기본은 권력에 의거하여 강제적으로 보장되는 정치적 특권과, 재력에 의거하여 매수의 방법으로 보장되는 경제적 특권이라고 볼 수 있다.

현 역사발전 단계에서는 정치적 이해관계와 경제적 이해관계를 기본으로

---

30) 마르크스주의자들은 정치적 특권을 경제적 특권으로부터 파생된 것으로 이해하였기 때문에 경제적 특권만 없애면 정치적 특권도 없어진다고 보았다.

하여 사람들의 이해관계의 대립을 고찰하는 것이 필요하다. 사상문화적 이해관계나 민족적 이해관계의 대립도 정치적 이해관계와 경제적 이해관계를 바탕으로 하여서만 그 진수를 이해할 수 있을 것이다.

부르주아 객관주의(개인주의)와 구분하여 계급적 이익과 계급의식에 대해 살펴보자.

마르크스주의는 계급적 이익을 지상의 이익으로, 계급적 이해관계의 대립을 타협할 수 없는 대립으로 보고 있다. 마르크스주의는 **계급적 대립**을 생산수단을 소유한 자와 소유하지 못한 자 사이의 대립으로 보는 만큼, 그것은 결국 **경제적 이해관계의 대립이라고** 할 수 있다. 그런데 여기서 유의해 둘 것은 계급적으로 대립되어 있는 사회가 아무리 나쁘다 하여도 사회적 협력 자체를 파괴하는 무정부 상태보다는 낫다는 것이다.

계급적 이익을 지상의 이익으로 간주하는 데로부터 사회 공동의 이익을 반영한 사회적 의식을 부정하고, 계급적 이익을 반영한 계급적 의식의 존재만을 인정하는 계급주의자들이 나오게 되었다. 이런 사람들은 모든 사상을 반드시 어느 계급의 사상으로 규정하려 한다. 이들은 마르크스주의를 노동계급의 사상으로 규정할 뿐 아니라, 그 이전에 인본주의에 기초하여 나온 민주주의적 사회주의사상(공상적 사회주의사상)도 모두 노동계급의 사상이라고 주장한다.

즉 **마르크스주의**는 성숙된 노동계급의 사상이고, **공상적 사회주의사상**은 아직 노동계급이 계급으로 성숙하지 못했기 때문에 자기의 계급적 이익을 정확하게 자각하지 못하고 막연하게 자기의 계급적 이익을 표현한 것이라고 주장한다.

또 모든 사물을 노동계급성(노동계급의 이익을 옹호하는 원칙)과 당성(공산당의 이익을 옹호하는 원칙)을 척도로 하여 보아야 하며, 모든 활동에서 계급성과 당성의 원칙을 철저히 관철시켜야 한다는 것이다. 마르크스주의자들은 당성과 계급성을 무시하고 초당적이며 초계급적인 입장을 주장하는 사람들을 부르주아 객관주의자라고 비판하고 있다. 그들은 객관주의에까지 계급성을 부여하여 부르주아 객관주의라고 하지만, 사실 이러한 객관주의는 개인주의에 기초하고 있다고 보아야 할 것이다.

객관주의자들은 혁명적 열정이 없다보니 실천을 경시한다. 따라서 진리에 대한 확고한 신념이 없이 실천과 동떨어진 지식 자체를 자랑하기 좋아한다.

III. 사상이란 인간의 요구와 이해관계를 반영한 사회적 의식

사상은 인간의 요구와 이해관계를 반영한 사회적 의식이다. 인간이 존재하는 한 인간의 요구와 이해관게도 존재하고 그것을 반영한 사상도 존재한다.

계급은 사회발전의 일정한 단계에서 발생하였으며 마르크스주의자들 자신이 인정하는 것처럼 역사발전의 일정한 단계에서 없어진다. 계급이 발생하기 이전이나 계급이 소멸된 이후에도 인간의 사상적 이해관계의 차이성과 공통성은 인간 생명의 본질적 특성의 발현으로서 없어지지 않는다.

새로 밝힌 중요한 진리로 정치사상과 관련하여 인간의 이해관계의 차이성(개인적 존재)과 공통성(집단적 존재)에 대해 살펴보자.

인간의 이해관계의 차이성과 공통성은 무엇과 관련되어 있는가? 그것은 인간이 불연속적인 개인적 존재(차이성)인 동시에 연속적인 집단적 존재(공통성)라는 인간 존재의 양면성의 기본특징과 관련되어 있다. 이것은 **인간중심철학이 처음으로 밝힌 중요한 진리의 하나이다.**

동양철학에서는 이 문제에 대하여 도덕적 견지에서 인간본성 문제로 논의하였다. 즉 인간을 개인적 존재라는 측면에서 본 사람들은 인간의 본성이 악하다고 주장하였으며, 인간을 집단적 존재로 본 사람들은 인간의 본성이 선하다고 주장하였다. 성악설과 성선설은 오랫동안 대립하여 논쟁하였으나 그것이 인간의 본성의 두 측면이라는 것을 밝히지 못하엿다.

인간이 개인적 존재인 동시에 집단직 존재라는 깃은 모든 사물이 불연속적 존재의 측면과 연속적 존재의 측면을 두 가지 모두 가지고 있다는 사물존재의 보편적 특징과 결부되어 있다. 개인은 한 세대로 끝나는 불연속적 존재이지만 집단은 세대에 세대를 이어 영원히 생존하는 연속적 존재이다. 인간이 개인적 존재인 동시에 집단적 존재라는 특징은 인간이 아무리 발전하여도 변할 수 없는 인간존재의 기본특징이다.

인간의 두 가지 본성으로 인간 존재의 2가지 사상조류로 개인주의와 사회주의의 기본형태가 있다.

개인적 존재와 집단적 존재는 인간 존재의 기본형태이며 인간 생명의 두 가지 형태인 만큼 인간의 본성에도 개인적 생명을 보존하려는 본성과 집단적 생명을 보존하려는 본성이라는 두 가지 본성이 있게 된다. 또 이에 기초하여 사회의 기본적인 사상조류로서 **개인주의 사상조류와 집단주의 사상조류의 2대 사상조류가 형성되게 된다.** 계급적 또는 계층적 이해관계를 반영한 여러 가지 사상조류는 예외없이 다 개인주의사상과 집단주의사상의 복합체가 되고 있는 것이다. 이것은 인간의 모든 이해관계와 그것을 반영한 사상의 기초가 **개인적 존재와 집단적 존재와 결부되어 있다는 것을 말하여 준다.**

직업적 분공이 특권화 될 때 계급적인 차별이 생긴다.

사회적 집단을 구성하고 있는 개인들과 소집단들은 사회의 생존과 발전을 보장하기 위하여 필요한 사업을 나눠받고 있다. 직업적인 분공도 이러한 나눔에 속한다. 직업이 다르다고 하여 계급적 차이가 있다고 말할 수 없다. **직업적 분공이 특권화될 때 계급적인 차별이 생겼다고 볼 수 있는 것이다.**

생산력과 낡은 생산관계의 사회내부의 모순으로 오직 계급투쟁만이 사회발전의 동력이 된다.

마르크스주의는 계급투쟁이 사회발전의 동력이라고 주장한다. 마르크스주의 변증법은 모든 사물발전의 원천을 내부 모순에서 찾고 있으며, **모순은 대립물의 투쟁을 통해서만 해결**될 수 있기 때문에 **투쟁이 발전의 동력**이라고 주장한다.

마르크스주의는 사회의 기본 **내부모순을** 생산력과 생산관계의 모순으로 보고 있다. 다시 말해 사회발전의 근본원인이 생산력과 생산관계의 모순에 있다고 주장한다. 새로운 생산력의 수준에 맞지 않는 낡은 생산관계를 생산력이 수준에 맞는 새로운 생산관계로 교체하지 않으면 사회가 발전할 수 없으며, 계급사회에서 낡은 생산관계를 새로운 생산관계로 교체하는 사업은 오직 계급투쟁을 통해서만 실현될 수 있기 때문에 계급투쟁이 발전의 동력이라는 것이다.

인간중심 정치철학의 사물발전의 동력은 결합과 협조가 창조의 기본내용으로 된다.

발전을 실현하기 위하여서는 발전을 저해하는 조건을 제거하기 위한 투쟁과 발전을 실현하기 위한 창조적 활동을 결합시켜야 한다. 발전은 새것을 창조함으로써만 실현된다. 새것의 창조를 떠난 발전이란 있을 수 없다. 새것을 창조하기 위하여서는 각이한 사물이 결합되어 협조하지 않으면 안 된다. 결합과 협조가 창조의 기본내용이며 사물발전의 동력이다. 모든 사물의 발전은 새로운 결합과 새로운 협조의 산물이다.

그러나 **결합과 협조**는 무조건적으로 심화되는 것이 아니다. 세계만물은 다 **불연속적 존재**의 측면과 **연속적 존재**의 측면의 양면을 가지고 있다. 불연속적 존재는 다 차이성을 가지고 있다. 차이성을 가진 불연속적 존재가 결합되어 협조함으로써만 새것이 창조되고 사물의 발전이 아루어진다.

불연속적 존재의 연속적 측면과 불연속적 측면을 두고 척력작용(억제)과 인력작용(강화)이 존재한다.

불연속적 존재도 연속적 측면과 불연속적 측면, 차이성과 동일성의 양면을 가지고 있다. 양면 가운데서 불연속적 측면이 우세할 때 결합을 배척하는 불연속적 존재가 보존되게 된다. 그러므로 불연속적 존재가 다른 사물과 결합하여 협조하도록 하기 위하여서는 결합을 배척하는 불연속적 존재의 특성을 억제하고 결합을 환영하는 연속적 존재의 특성을 강화시키는 것이 필요하다. 즉 불연속적 존재의 **척력작용을 억제**하고 **인력작용을 강화**시키기 위한 **투쟁**이 필요하다.

마르크스주의자들은 생산력 발전의 원인은 생산관계에서 찾고, 생산관계의 발전원인은 생산력 발전에서 찾고 있다. 즉 생산력과 생산관계의 상호작용에 의하여 생산력과 생산관계가 발전한다는 것이다.

노동계급의 역사적 사명은 사적 소유제를 철폐해야 계급이 해방되어진다고 본다.

마르크스는 노동계급을 계급적 불평등을 근절하고 무계급사회를 건설할 역사적 사명을 가지고 출현한 가장 선진적인 계급이라고 인정한다. 그는 노동계급은 아무 것도 소유한 것이 없는 무산계급이기 때문에 사적 소유를 철폐하고 사회주의적 소유제를 실시하여도 잃어버릴 것이 없는 유일한 계급이며, 또 사적 소유제를 철폐함으로써만 해방될 수 있는 계급이라는 것을 강조하였다.

마르크스가 노동계급을 자본주의 제도를 매장하고 사적 소유를 청산함으로써 모든 계급을 해방할 역사적 사명을 지닌 특수한 계급으로 인정한 데는, 역시 생산력과 생산관계의 모순을 사회발전의 원인으로 보고 **생산력을 대표하는 계급**과 **생산관계를 대표하는 계급** 사이의 투쟁이 사회발전의 동력으로 된다는 사상이 놓여 있다.

즉 생산력과 생산관계의 기본모순은 생산수단의 소유계급과 생산수단을 소유하지 못하고 생산수단 소유자에게 예속되어 있는 생산자 대중 사이의 모순으로 표현된다는 것이다.

IV. 진보적인 사람은 높은 수준의 사상문화를 가져야

여기서 **진보성**에 대해서 말한다면, 사회발전의 요구와 이익에 맞는 진보적인 사상을 가지고 그것을 실현하기 위하여 적극적으로 투쟁하는 사람이라야 진보적인 사람이라고 말할 수 있다.

사회발전의 요구와 이익을 옳게 파악하기 위해서는 높은 수준의 사상문화를 소유하고 있어야 한다. 원래 사회의 요구와 이익이 무엇인가를 옳게 판단하고 사회의 이익에 맞게 사회생활을 이끌어가는 것은 **정치가들의 임무**이다. 그러나 정치적 특권이 남아 있는 사회에서는 정치가들이 자기들의 정치적 특권을 유지하려는 이기적 편견 때문에 **진보적인 사상**을 가지지 못할 수 있다.

이 점에서 사상문화수준이 높으면서도 정치적 특권도 경제적 특권도 가지지 못하고 있는 문화인들이 사회의 요구와 이익이 무엇인가를 정확하게 인식하고 진보적인 사상을 내놓는데 적합하다고 볼 수 있다. 역사적으로 보아도 진보적인 새로운 사상을 내놓은 것은 **학자들이**었다는 사실을 볼 수 있다.

인간은 누구를 막론하고 자기 개인의 생명을 귀중히 여긴다. 이것이 **개인주의적 본성**이다. 인간은 고립적으로는 살 수 없다. 인간의 생명은 집단적으로 결합되어 있으며 사랑과 믿음 속에서 살 것을 요구한다. 고독한 것보다 더 고통스러운 것이 없으며 사랑받고 사랑하는 것보다 더 큰 기쁨이 없다. 이것이 **집단주의적 본성**이다.

인간은 영구불변의 두 가지 본성이 있다. 계급은 생존경쟁의 결과 발생한 일시적인 인간관계이다.

개인주의적 본성과 집단주의적 본성은 인간의 두 가지 본성으로서 영원히 없어지지 않는다. 이 두 가지 인간의 본성을 실현하기 위한 활동이 **인간생활의 기본내용**이 된다.

인간이 개인적 존재인 동시에 집단적 존재라는 것은 영구불변의 인간존재 방식이며, 인간이 지니고 있는 생명의 두 측면을 옹호하려는 특성은 영구불변의 인간 본성이다. 계급은 생존경쟁의 결과 발생한 일시적인 인간관계이다. 계급이 발생하기 이전이나 계급이 소멸된 사회에서는 계급도 없고 계급적 이해관계도 없다. 계급적 관계도 인간적 존재의 사회적 협조관계의 한 형태이다.

무산계급독재론은 ①역사발전의 단계와 연결, ②계급투쟁과 ③무계급사회로 설명되어진다.

마르크스는 계급이 존재하며 계급적 대립과 투쟁이 존재한다는 사실은 자기가 처음으로 발견한 것이 아니라 프랑스의 역사학자들이 이미 발견했었다고 지적하였다. 그는 이 문제와 관련하여 자기의 공로라고 말할 수 있는 것은, 첫째로 계급이 생산발전의 일정한 역사석 단계와만 연결되어 있나는 것, 둘째로 계급투쟁은 필연적으로 무산계급독재를 가져온다는 것, 셋째로 무산계급독재는 계급의 철폐와 무계급사회를 실현하는 데로 나가게 된다는 사실을 밝힌 것이라고 언명하였다.

마르크스가 노동계급독재의 필연성을 주장하게 된 기초에는 노동계급만이 자본주의 제도를 타도하고 사회주의사회를 건설할 수 있다는 사상이 놓여 있다.

봉건정권이 자기 계급에 대해서는 민주주의를 실시하였는가 하면 그렇지도 않다. 봉건계급이 지배계급의 이익을 옹호하고 피지배계급의 요구와 이익을 무시한 것은 사실이지만, 지배계급에 대해서도 자유와 평등은 보장해주지 않았으며 귀족 내부에서도 신분적 위계제도가 실시되었다.

민주주의란 계급을 초월하여 전 인민적 요구에 맞아야 한다.
원래 민주주의는 전 인민적인 것으로 되어야 한다. 만일 민주주의가 어느 특정 계급의 이익만을 대표하는 것으로 된다면 그것은 **민주주의로서의 의의**를 상실하게 된다. 그러므로 만일 자본주의사회의 민주주의가 자본가계급의 이익을 옹호하는 측면을 가지고 있다면, 그 계급적 측면을 제거하고 전 인민적 요구에 맞는 민주주의를 수립할 데 대한 과업을 내세우는 것이 마땅할 것이다.
레닌은 계급투쟁의 필요성과 공산주의사회 건설에 관한 이념은 가지고 있어도 노동계급 독재를 주장하지 않는 사람은 공산주의자가 아니라고 단정하였다. 노동계급독재를 긍정하는가, 긍정하지 않는가 하는 것이 **진정한 공산주의자와 소부르주아 인테리**를 가르는 시금석이라고 보았던 것이다.
그런데 마르크스주의자들도 독재라는 간판이 인기가 없고 불리하다는 것을 자각하고 있기 때문에, 국내에서 적대계급을 완전히 청산한 다음부터는 자기들의 독재정권을 계속 강화할 목적으로 국내적으로는 노동계급독재에 대하여 강조하지만, 대외적으로는 노동계급독재 간판을 떼고 **평화와 민주주의, 민족주의의 간판을** 내걸고 있다.

소련식 사회주의의 붕괴 원인은 독재적 반인민적 반사회주의로 되었기 때문이다.
소련식 사회주의의 붕괴 원인에 대하여 의견이 구구하지만 기본원인은 민주주의를 반대하고 독재를 실시한 것이라고 볼 수 있다. 독재를 통하여 사회주의의 우월성을 발휘할 수 있다고 생각하는 것은 사회주의를 반대하는 방법으로 사회주의 우월성을 발양시키겠다는 주장이나 마찬가지다. 사회공동의 이익을 어느 한 계급의 이익에 귀착시키는 것 자체가 사회공동의 이익에 충실해야 한다는 사회주의 이념에 배치된다는 것은 의심할 바 없다.
독재가 반인민적이며 반사회주의적이라는 것은 의심할 여지가 없다. 사회주의와 독재, 민주주의와 독재는 상용할 수 없는 반대물이다. 그렇다고 자본주의사회에서 실시하고 있는 다당제 의회민주주의가 반드시 민주주의의 전형이라고는 말할 수 없다. 어떤 민주주의가 진정한 민주주의인가 하는 것은 그것이 인민의 이익, 사회발전의 이익에 얼마나 충실히 이바지하는가에 따라 평가되어야 할 것이다.

V. 공산주의 혁명가의 길: 지식인들의 자유로운 창조적 활동을 믿어야

마르크스주의자들은 계급해방의 깃발을 추켜들고 문화수준이 상대적으로 낮고 순박한 노동자, 농민들을 복수주의 정신으로 선동하여 자산계급을 반대하는 무자비한 계급투쟁으로 내몰았다.

그런데 노동자, 농민들보다도 더 비참한 운명이 공산당을 따라간 인테리들을 기다리고 있었다. 선량한 마음을 가진 많은 인테리들은 무계급사회를 건설한다는 공산당의 선전을 믿고 공산주의자의 긍지를 가지고 혁명의 길에 나섰으나, 혁명이 승리한 후에는 그 절대다수가 믿을 수 없는 자산계급 출신의 우연(偶然)분자라는 꼬리표를 달고 혁명이라는 이름으로 숙청되고 말았다.

공산주의자는 오직 혁명밖에 모르는 특수한 사람들이며 영원히 생사운명을 같이 하는 혁명동지라고 선전하였지만, 끊임없는 권력투쟁을 통하여 승리자는 패배자를 반당 종파분자요, 지주, 자본가계급과 제국주의의 앞잡이요 하는 따위의 누명을 씌워 무자비하게 숙청해 버렸다. 이러한 공산당 집단이 지식인들의 자유로운 창조적 활동을 허용할 수 있다고 믿은 것 자체가 더없이 천진난만하고 어리석은 일이었던 것이다.

마르크스주의자들의 근본오류는 민주주의와 사회주의를 대치시킨 데 있으며 더구나 계급적으로 대치시킨 데 있다. 계급적 불평등을 없애는 것이 민주주의의 과업이라는 것은 명백하다.

마르크스주의자들은 인간이 개인적 존재인 동시에 집단적 존재라는 사실에 응당한 주목을 돌리지 못하였다. 따라서 개인중심의 민주주의와 집단중심의 민주주의 사이에 공통성과 함께 차이성이 있다는 것을 알지 못하였다. 그들이 사회주의라고 생각한 것은 사실상 집단중심의 민주주의였지만 그것을 노동계급적인 것으로 규정하고 개인중심의 민주주의인 자본주의적 민주주의와 대치시켰던 것이다. 그들은 **개인중심의 민주주의**인 자본주의적 민주주의의 제한성을 극복하기 위해서는 사회발전의 객관적 조건이 성숙됨에 따라 개인중심의 민주주의 원리를 **집단중심의 민주주의** 원리와 결부시켜 인간이 **개인적 존재인 동시에 집단적 존재라는 특성에 맞게 민주주의를 더욱 개선 완성해 나가야 한다는 것**을 알지 못하였던 것이다.

따라서 그들은 계급투쟁과 사회주의혁명의 기치를 들 것이 아니라 민주주의의 개선 완성을 주장하는 민주개혁의 기치를 들었어야 할 것이었다. 여기서 우리는 동학의 인내천(人乃天) 등 인간중심의 정치사상을 연구하며 기저로 하는 통일 민주주의의 이념당 건설이 당면한 과제인 것을 새삼 인식할 수 있다.

제3편

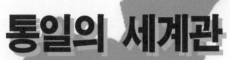
통일의 세계관

제8장 새로운 통일세계관: 생명활동의 동화작용으로[31)

I. 모든 것은 배워서 발전하는 것으로

유물론과 관념론의 세계관 문제를 두고 정신이 무엇인가 하는 것을 아는 것이 중요하다. 사물이 발전해오는데 그 발전된 존재하고 발전하기 이전의 존재와의 차이를 두고 신비주의가 일어난다. 그래서 **영혼**이 있다는 식으로 사고를 한다.

신비주의는 역사적으로 변화 발전을 설명할 수가 없다. 모든 것은 배워서 발전한 것인데 신이 어떻게 생겼는가 하는 것을 역사적으로 설명하려고 하지 않는다

지금 있는 사람과 동물을 비교해 보게 되면 천양지차(天壤之差)가 있게 되는데 이를 과학적으로 규명하려고 하지 않고 신비스럽게만 생각한다. 60억년에 걸쳐 점차적으로 발전해온 것이다. 이것을 알면 신비주의가 없어진다. 이것을 잊어버리면 안 된다.

발전한 것을 고정불변한 것으로 보고서 이런 상태가 처음부터 있었던 것처럼 생각해서는 안 된다. 이것은 아주 단순한 것인데도 이해를 못하고 있다.

II. 인간정신의 세계관: 계속하여 훈련하고 사용해야

정신이 어디서 나왔는가를 먼저 생각해보아야 한다. 지구가 탄생한 것은 45억년 정도가 되는데 처음 10억년 동안은 단순한 물질이 유기물이 되고 그것이 또 생명을 가진 복잡한 유기물질로 되고 나중에는 생명활동을 하게 되었다.

생명활동의 특징은 무엇인가? 동화작용을 해서 밖에 있는 것을 먹어서 자기 조직을 만드는 것이 **동화작용**이다. 누에가 뽕잎을 먹고서 누에고치가 되는 것과 같다. 그 조직을 파괴하게 되면 에너지가 나온다. 사람도 먹지 않

---

31) 본고는 황장엽선생의 생전에 1952년 핀란드 헬싱키 올림픽에 참관하고 나서 '새로운 세계관'에 대하여 피력한 것을 정리해본 글이다. 민족 그리고 세계의 인민이 힘을 합하면 태양계와 은하계 등 우주를 지배할 수 있다고 했다.

고 운동만 하면 에너지가 발산되어 자기 몸을 파괴할 수밖에 없다. 그래서 먹지 않고 운동을 하면 체중이 줄게 된다.

그리하여 동화작용을 쉬지 않고 하여 자신을 복제하여 후대를 만들 수 있을 때 정신이 나오게 된다. 유전 자체가 생명체이다. 냉장된 맘모스 코끼리의 살아있는 세포를 생물학자들이 복원하겠다고 하고 있다. 생명이 지구와 같은 조건에서 10억년이 걸려 출현하게 되는데, 100만조의 지구와 같은 위성에서 100만조의 연한에 걸쳐서 실험을 해도 한번 나올까 말까 한다. 이렇게 힘들게 나온 것이 인간(정신)이다.

이렇게 해서 단세포가 나와 가지고 이것이 결합되어 자꾸 발전되어 대단히 많은 생명체가 나오게 된다. 그런데 이것도 거의 다 멸종된다. 포유동물이 나온 것이 7천만년 정도 된다. 그 다음에 뱀종류와 같은 파충류가 나오고, 공룡은 이빨도 세고 날아다니고 그러나 몸집이 너무 커서 기후 변화에 적응하지 못했다. 아직도 남아 있는 것이 공룡같이는 못되어도 도마뱀이 있다. 도마뱀의 큰 것이 공룡이다. 열대지방에 가면 꼬리 큰 도마뱀이 지금도 있다. 그런데 포유동물이 나오게 되면서 경쟁을 하게 되는데, 그러면 이것은 무엇이 통제하는가 그것이 **뇌수**이다.

이렇게 진화되는 과정에 원숭이과가 나왔다. 그 후에 침팬지 등이 나왔는데 생물학자들은 천만년, 또는 500만년이 걸렸다고 한다. 이것이 진화해 나오면서 100만년 전에야 사람과 비슷한 침팬지와 원숭이에 가까운 사람인 유인원이 갈라지게 되는데, 사람의 모습으로 바뀐 것은 50만년 전이다. 3만 5천년 전에 현재의 인간의 모습으로 나타나게 된다.

인간의 유전자가 달라지게 되면 결합해도 아이를 낳지 못한다. 말과 당나귀는 100만년 전에 갈라졌다. 암말과 수(당)나귀의 교접으로 나온 것이 노새다. 크기는 말만 하나 생김새는 나귀를 닮아, 몸이 튼튼하고 힘이 세어 무거운 짐과 먼 길에 잘 견딘다. 그런데 수컷은 생식력이 없다. 그런데 현대의 사람들은 아무리 뒤떨어진 사람들이라도 결혼하면 아이를 낳는다.

그런데도 좀 발전된 나라 사람들은 그렇지 못한 사람들을 깔본다. 아프리카사람과 발전된 나라의 사람과는 큰 차이가 없다. 종이 한 장의 차이에 불과하다. 이것을 절실히 느끼는 것은 올림픽에서 보게 되는데 흑인들이 얼마나 빨리 뛰는지 손놀림이 보이지 않는다. 이렇게 장점이 있는 것이다. 그 사람들과 결합하여 협력하게 되면 얼마든지 좋은 세상을 만들 수 있는데 그렇지 못하니 이 얼마나 좁은 생각인가?

고대 문명의 발상지인 인도, 중국, 메소포타미아, 이락인이 산업화에 뒤떨어져 얼마나 수모를 당했는지? 100만년 전의 원숭이 비슷한 사람의 뇌의 용적이 지금 사람의 1/3밖에 안 되었다. 그런데 지금 침팬지는 사람의 뇌수의 1/3밖에 안 된다. 인간의 뇌수는 몸무게의 1/47이지만 침팬지는 1/130이다. 그럼 왜 뇌수가 커졌을까? 뇌수의 기능이 복잡해지면서 머리가 커지게 된다. 그리고 머리가 크다고 해서 머리가 좋은 것만은 아니다. 그것은 얼마나 훈련하고 쓰는가에 따라 머리가 좋아지는가가 달라진다. 프랑스의 작가인 **아나톨리 프랑스**는 천재작가로 불리우는데 1kg100밖에 안 된다. 노동자의 머리가 제일 큰 사람은 2kg200이다. 뇌큰 사람이 반드시 머리가 좋은 것이 아니라는 것을 말한다.

III. 사회적 의식(지식): 언어를 통해서 객관화로

그래서 정신이 어떻게 발전하였는가를 두고 그것이 사람의 행동을 지휘하는 기능으로서 정신의 맹아가 나오게 되었다. 그래서 동물 상태에서도 기억을 할 수 있게 된다. 기억하지만 동물상태에서는 기억을 연결시키지 못하므로 먹을 수 있는 것인지도 구분하지 못하고 먹어버린다. 개의 경우 기억으로 4개를 연결시키지만 인간은 대상의 관계를 25개의 기억을 연결시켜서 알게 된다. 훈련을 하면 거의 무진장으로 연결시킨다.

그러므로 연결시키는 능력이 발전하면서 인식, 기억한 것을 서로 결합시켜서 자기가 의도하는 것을 만들어도 보고 또 땅에도 그려보고 하여 **객관화** 시킨다. 생각하는 것을 밖으로 말로써 표현하는 것도 단번에 된 것이 아니다. 언어를 통해서 자기가 생각하는 것을 표현하게 된다. 표현하니까 다른 사람도 알게 된다. 다른 사람도 알게 되는 것을, 이것을 **사회적 의식**이라고 한다. 개인의 정신을 집단이 공동으로 알게 되는 것은 **사회적 지식**이 된다. 이때부터는 **정신의 발전**이라고 볼 수 있다. 정신이 큰 역할을 하는 것이다.

정신이 객관화된 것이다. 두뇌에서 나와 객관화되어 사회화된 것이 **정신이다. 역사적인 사실을 떼놓고 정신이 있다 없다 하고 있다.**

배울 바에야 똑똑히 배워야 한다. 일본에서 의학공부하고 무산계급작가인 노신은 그의 『축복』이라는 소설에서 그가 평소 가깝게 지내는 진사의 집에 왕래를 할 때다. 그 집에서 건강하고 일 잘하는 여인이 있었는데 남편이 죽고 새로운 남편이 생겼다. 그런데 진사집에서 제사를 지내기 위해 음식물을 만드는데 재혼을 했다고 부정하다 하여 통제를 하자 기가 막히게 되었다. 재혼하게 되면 전 남편이 지옥으로 함께 간다고 하자, 절에 기와 300개 시주를 하면 속죄된다고 하여 그렇게 하였다. 의기양양해 있는데 두 번째 남편도 죽었다. 3번째로 결혼을 하자 지옥에 가면 세 남편이 서로 차지하려고 싸운다고 하자 큰일났다. 이때 노신이 진사 집에 왔다. 노신에게 사정을 말해 처방을 구했다. 노신은 무신론자로 이것을 믿지 않지만 지옥과 천당이 있다고 해야 이 여인을 희망을 가지게 하여 구원할 수 있다고 여겨 천당과 지옥이 있다고 했다. 그러자 이제 지옥에 가면 사지가 찢어지는 고통을 감수해야 되니 하루밤 사이에 폭싹 늙게 되었다.

정신이란 의식이며 우리 마음 속에 있는 것이지 시계가 돌아가다가 멈추면 그것으로 끝나듯이 **사람의 정신도 육체가 없어지면 그대로 사라지는 것과 같은 이치다.** 별도로 정신이 기능하는 세계가 있는 것이 아니다. 그래서 꿈도 논리적으로 설명되어야 한다. **꿈도 뇌세포의 일부가 쉬지 않고 불연속적으로 작용하게 되면서 일어나는 현상이지 별도의 정신세계가 있는 것이 아니다.**

IV. 인간중심철학과 종교: 영생은 집단을 통해

인간은 개인적인 존재인 동시에 집단적인 존재이다. 개인의 생명은 100년을 살지 못한다. 그런데 사람은 두가지 생명을 가지고 있다. 개인의 생명과 집단의 일원으로서 생명이다. 그러므로 개인은 죽어도 집단의 생명과 더불어 계속 살아갈 것을 요구하게 된다. 그러나 개인의 영생을 요구한다. 이것은 종교밖에는 없다. 천당에 가야 영생한다. 영생하자는 욕망은 모든 사람이 가지고 있다. 나이먹으면 죽기를 싫어할지 모르지만 그러나 실제로 **영생**하는 것은 무엇인가? 대를 이어가면서 살아가는 집단적 존재이다.

인간은 두 가지 생명을 가지고 있어서 개인이 잘 살고 영생하기 위해 영혼의 문제가 나오는데 인간생활에 만족을 시키고 희망의 신념을 심어주는데 종교가 큰 역할을 하였다.

이것을 부인하자는 것이 아니다. 지금도 이런 의미에서 종교가 신념을 주고 진보적 역할을 하고 있다. 그래서 우리는 **인간중심철학과 종교를 결합**시키고자 한다.

그래서 우리가 정신을 발전시키는 길은 객관화해서 우리의 지식수준을 높이고 우리의 감정도 자꾸 높여가고 그리하여 인류의 발전을 위해 도모해가야 한다.

또 우리의 마음에 있는 것은 악한 것과 선한 것이 다 있는데 이것은 우리 인간이 개인적 존재인 동시에 집단적 존재라는 것을 말해 준다.

이러한 정신적 힘이 축적되었을 때 인간은 우리가 한울님(하나님)이라고 생각하는 절대적인 존재에 점점 닮아간다.

그래서 성경의 창세기에 하나님은 에덴동산의 지혜의 실과를 따먹지 말라고 했는데 악마는 따먹어야 하나님같이 전지전능하여 앞을 내다볼 수 있다고 유혹했다. 따먹고 보니까 자기 앞을 가리게 되고 그래서 하나님은 이제 에덴동산에서 나가서 이마에 땀을 흘리면서 지내라고 한다. 구약은 기원전 한 천년동안 썼고 **신약**은 AD497년에 완성되었다. 아주 대단히 옳은 진리를 말했다.

그렇게 사람들이 지혜가 생겨난 디음에 창조적 노동을 했다. 노동을 통해 지혜가 축적되어 드디어 오늘날과 같은 우주와 태양의 발전과정까지도 알게 되었다.

그래서 오늘날에 와서는 인간이 자연의 신세를 지고 발전하는 것이 아니라 인간이 자기자신을 발전시키는 동시에 우주를 발전시키는 데서 주인의 역할을 하게 되었다. 인간은 하나님처럼 결코 전지전능할 수는 없다. 전지전능하다고 생각할 때는 더 이상 발전할 수가 없다. 세계가 절대자(절대정신)라고 하는 것은 곧 하나님을 말하는데 즉 발전이 끝나는데 더 이상 발전할 것이 무엇이 있는가?

헤겔철학에서는 발전이 끝난 것이다. **완전한 발전이 될 수가 없기 때문에 발전하는 것인데** 완전히 발전하였는데 무슨 발전이 필요한가? 자연의 예속에서 벗어나니 자기의 운명을 자기의 힘으로 개척해나갈 수 있는 존재가 된다고 하는 것은 대단히 큰 변화다. **행복**이라고 하는 것은 자기의 욕망이 실현되었을 때 느끼는 것인데 그러나 욕망이 실현되면 더 큰 욕망이 맞서 나타나게 된다. 발전하려는 욕망이다. 그 욕망이 자꾸 앞서 나가기 때문에 우리의 능력을 아울러 발전시키면서 사회의 발전을 지속해가야 한다.

영원한 행복이 없다고 하는 것은 좀 섭섭해 보이지만 **영원한 행복**이 있다고 하면 그것은 행복이 아니다. 지금 우리가 먹는 과자맛은 해방 전에는 생각이라도 했겠는가? 조밥을 먹었고 이밥에 고깃국을 상상이라도 할 수 있었는가? 지금은 너무 맛있는 것이 많아서 골라먹기도 힘들다. 그래서 맛있는 것을 너무 많이 먹기 때문에 지금은 우리는 오히려 맛없는 것을 골라먹는다.

Ⅴ. 통일세계관: 인간정신의 발전으로

이렇게 해서 **인간의 정신발전으로** 자기 운명을 개척하여 민족과 세계를 발전시켜 나가게 된다. 세계의 발전은 인간의 발전을 따라서 발전하게 된다.

우리는 지금 기술사회에서 인간이 상당히 주인행세를 하고 있는데 그러나 아직도 더위, 추위, 태풍 이런 것들을 마음대로 하지 못한다. 이것도 아마 500년이 지나면 지구도 인간이 완전히 지배할 수가 있다.

이제 핵융합을 해서 마음대로 쓰게 되면 이것이 가능해지는데 2050년부터 가능해진다고 한다. 이렇게 되어 앞으로 한 100년이 지나면 바다의 물을 써서 무진장한 에너지를 얻을 수 있다. 따라서 지구는 우리가 완전히 지배할 수 있다.

그 다음에는 태양계를 지배할 수 있다. 지금은 태양이 쓸데없이 제 마음대로 핵융합을 하여 열을 발산하고 있는데, 필요한 것만을 1/100로 줄여서 이용할 수 있다. 태양보다도 10배로 질량을 늘리게 되면 태양이 100억년 사는데 1000만년 밖에 살지 못한다. 100배 더 큰 별은 100만년 밖에 못산다. 몸집이 큰 사람은 오래 못 산다. 태양의 질량을 절반으로 줄이면 100억년에서 1000억년 살 수 있게 된다. 1/10로 줄이게 되면 몇조억 년을 살 수 있다. 1초 동안에 6억7000만 톤이 핵융합을 한다. 핵융합되는데서 0.7%가 열로 나온다. 이를 1/10~1/100로 줄이게 되면 영원히 태양열을 이용할 수 있다. 지금 에너지문제가 제기되고 있지만 태양계를 지배하게 되면 다 해결된다.

그 다음에는 은하계를 지배하게 된다. 천문학자들 얘기는 200만년 정도 걸리면 가능하다고 한다.

우리가 산업화로 세계를 지배하게 된 것은 3~400년 밖에 안 된다. 이것이 3~4천년, 3~4만년, 3~4억년 이렇게 나가게 되면 인간이 세계를 차지하게 되는 지위가 자유로워진다.

여기서 인간이 발전한 데로부터 이제는 **세계에 대한 인식, 세계관**이 달라진다. 세계가 발전하는데 그 전에는 세계는 고정불변한 것으로 보았다. 이러한 불변의 사고가 세계를 규정했다. 세계와 우주가 무한히 발전하는데 이 발전을 주도하는 세계에 대한 인식의 소유자가 인간이다. 이것이 **새로운 인간정신의 세계관**이다.

따라서 우리는 인간정신의 새로운 세계관으로 남·북의 세계관인 유심론과 유물론을 대립물의 **통일**로 종합적으로 지양하여 민족의 평화통일을 위한 인내천(人乃天)의 통일세계관을 새롭게 수립할 수 있을 것으로 여겨진다.

제9장 인간론적 세계관: 유물론과 관념론의 지양

Ⅰ. 공부방법

맑스주의를 비판만 한다고 무슨 소용이 있겠는가? 우리가 알아야 될 문제를 똑똑히 아는 것이 중요하다. 그래서 먼저 유물론과 관념론에 관한 문제를 소개해보도록 하자.

아울러 이해를 위해 이를 듣기만 할 것이 아니라 토론을 하여야 한다. 토론을 하지 않고는 절대로 이해가 안 된다. 자연과학은 어디까지 알고 모르는 것이 명백한데, 철학은 다 아는 것 같지만 사실은 잘 모른다. 토론을 통해서 자기의 잘못된 생각이 깨닫게 된다. 그래서 토론하는 기회를 만드는 것이 중요하다. 같은 주제라도 정신문제 등은 계속 물어야 한다. 그리하여 발전수준이 대단히 높아진다. 하나도 알지도 못하면서 아는체 하는 것이 야단이다. 사심없이 공부를 해야 한다. 조금 아는 것을 가지고 아는 체 하면 철학공부를 할 필요가 없다. 도움이 되는 것이 아니라 실천적으로는 오히려 방해가 된다.

유물론과 관념론은 사실은 유물론과 유심론에서 출발하였다. 유심론은 또는 유신론(唯神論)이라 해도 된다.

사람이 자기 이외에 존재하는 것이 무엇인가? 이렇게 생각한다고 하는 것이 벌써 큰 진보이다. 농촌에서 아이들이 우리 바깥에 무엇이 있는지를 생각해본 일이 있는가? 그저 먹고 뛰놀고 인간 밖의 본질에 대해 생각하지 않았는데 이를 생각한다는 것은 큰 발전이다.

Ⅱ. 관념론(유심론)과 유물론

동양에는 중국인들이 이런 데는 대단히 발전했다. 2500년 전에 음양오행설을 생각한 것은 대단한 발전이다. 희랍에서 BC600년 전에 탈레스가 시작한 것이 세계의 물질이 무엇인가를 두고 물(水)이라고 하였다. 아마 물이란 것이 바다에 나가보면 무진장하게 있고, 파도가 치고 구름이 되어 비로 떨어지고 변화무쌍하다. 물이 수증기도 되고 비도 되고 또 얼음이 되고 그리하여 제일 많은 변화무쌍한 것을 두고 그리하여 물질의 기본으로 본 것 같다. 다음에는 불(火)이라고 했다. 인간생활에서 제일 귀중한 것이 불이다. 태양의 열이 없이는 살 수 없다. 불을 자체로 만들었다고 하는 것은 인간발전에서 획기적인 것이다. 맹수와 싸우는 데서나, 자기의 체온을 유지하는 데서나 불을 발견했다고 하는 것은 큰 진보이다.

물과 불은 상극이다. 그렇기 때문에 동·서를 막론하고 물과 불이 기본이라고 하는 것은 의견이 같다. 땅(土)도 같고, 그런데 동양에서는 나무(木)와 쇠(金)를 넣었다. 서양인들은 공기(氣)를 넣었다. 공기를 무진장하게 생각했던 것 같다.

이렇게 처음에 인간 외에 무엇인가를 생각했다고 하는 것 자체가 철학의 출발점이다. 그리하여 이런 것을 생각하게 되었다. 인간의 생활, 인간의 운명이 세계와 관련되어 있기 때문에, 즉 생과 사, 삶과 발전에 관심을 가진 것이다.

앞으로 어떻게 되겠는가? 살기 위해서는 어떻게 해야 하는가? 발전하기 위해서는 어떻게 해야 되겠는가? 내 운명을 지배하는 외부의 신비로운 존재가 있는가 없는가? 처음에는 이렇게 자신의 운명과 관련하여 생각했다. 절대적 존재의 유무를 두고 우리가 알 수 없는 무엇이 있다고 하는 사람은 결국에 가서는 **유신론자**가 된다. 그런 것이 없다며 단지 우리가 볼 수 있고 만질 수 있는 것 외는 없다고 하는 사람은 **유물론**을 지지한다.

다시 말하면 유물론이고 유신론이고 이것이 다 자기의 운명과 관련이 돼서, 즉 생과 사, 발전과 관련되어 갈라지게 된 것이다. 그러므로 먼저 이론적으로 물질이 있는가 없는가 하기 전에 신이 있는가 없는가 이런 문제가 먼저 제기되었다. 신비로운 신이 있어서 우리의 운명을 지배하는가, 그런 것이 있는가 없는가 하는 것이 문제로 되었다.

그래서 신이 있다면 신비로운 존재로 신이라고 해도 좋고, 부처님이건 신비로운 존재가 있다고 증명하는 사람이 주로 **유신론에 의지해서 관념론적으로 증명한다고 했다.**

제일 우리에게 신비로운 것이 사람이 육체가 있는데 정신이 있는 것이다. 정신이란 도대체 무엇인가? 금방 살아서 말도 하던 사람이 죽게 되면 육체는 그냥 있는데 정신은 어디 갔는지 알 재간이 없다. 정신은 어디 갔는가?

생각하다 못해 하늘로 갔다, 정신세계로 갔다고 생각할 수밖에 없다. 그런 식으로 해서 육체와 정신을 갈라놓으면서 하나는 관념론으로 되고, 하나는 유물론으로 되었다.

자기의 운명과 관련이 되어서 문제로 된다. 뱀에 물려 사람이 죽었다. 그놈이 비상한 힘을 가지고 있는 존재다. 그래서 처음에는 물신숭배를 하게 되어 산에 가면 산신령이 있고 바다에는 용왕이 있고 자꾸 이런 식으로 생각해왔다.

그런데 사람의 생활이 발전하면서 그런 것 같지 않으니 나중에는 한울님만 믿으면 다른 것은 믿지 않고 무시해도 되니 이스라엘의 **일신교**가 제일 먼저 발전한 것이다. 그런 데서는 이스라엘 사람들이 사상이 제일 먼저 발달했다. 그만큼 사람이 자유가 있게 되었다. 한울님 다음에는 인간이다. 한울님만 섬기면 다른 일은 해도 괜찮다며 이만큼 사람의 활동의 자유가 불어났다.

III. 형이상학과 변증법: 운명(신비로운 존재)과 관련하여

그 다음에 사람의 운명과 관련해서 또 하나의 문제가 있다. 내 팔자를 내가 타고 나는가? 아니면 내 마음대로 고칠 수 있는가? 사람의 팔자를 고치고 변개시킬 수 있는가? 아니면 숙명적으로 타고난 것인가? 숙명론으로 생각하는가 아니면 변화하는 방향에서 세계도 자신의 운명도 변화한다고 생각하는 데서 **형이상적인 사고방식**이 **변증법적인 사고방식**과 갈라지게 된다. 이것은 다 자기의 운명과 관련되어 있다.

다시 한 번 얘기해서 우리의 운명과 관련해서 우리 운명을 외부에서 지배하는 신비로운 존재가 있는가 없는가 하는 문제와 관련해서 유신론과 유물론이 갈라지게 되고, 우리의 운명을 고칠 수 있는가 없는가 이와 관련해서 **형이상학**과 **변증법**이 갈라지게 된다.

이는 철학적인 용어를 쓰게 되면 존재와 운동에 관한 문제이다. 신비로운 존재가 있는가 없는가? 운동이란 변화를 의미하는데 운동의 본질이 무엇인가? 변화의 본질이 무엇인가? 이것이 형이상학과 변증법의 차이이다. **형이**

상학은 전체적으로 볼 때는 우주를 당시에는 몰랐지만 세계는 변화하는 것이 아니다, **부분적인 변화는 있지만 세계전체가 변화하는 것은 없다고 본 것이다.**

그러니까 불교에서는 한번은 사람으로 태어났다, 다음에는 짐승으로 태어나고 인과응보로 바뀐다고 사고했다. 변화는 있지만 결국에는 바뀌는 것에 불과하다고 생각했다. 중국의 주역은 바뀐다는 말이다. 변화가 어떻게 되는가를 푼 것이다. 고조선의 홍역과 주나라의 역경이다. 역이 바뀐다는 뜻이다.

세계는 존재한다는 것이 있고, 세계는 운동한다고 하는 것이 있는데 이 두 가지는 움직일 수 없는 사실이다. 이 두 가지의 본질에 관한 문제는 존재하는 데서 인간을 두고 말할 때 인간 이외에 인간의 운명을 좌우하는 신비로운 존재가 있는가 없는가, 인간을 중심으로 해서 인간을 운명을 고칠 수 있는가 없는가, 이것과 관련해서 운동에서 변화발전을 인정하는가 안 하는가의 문제가 나온다. **운동은 곧 변화이다.** 운동하는 것만큼 변화된다,

그러면 발전은 무엇인가? 발전은 그저 변화하는 것이 아니라 변화되어 그 전에 존재하는 것보다 더 힘이 있는 존재로서 변화되는 것이다. 그러니까 사물의 상태가 정지 상태, 변화 상태, 발전 상태의 3가지로 나누어진다.

우리의 운명과 관련해서 운명이 달라질 수 있다. 좋은 방향에서 운명이 개척될 때 이것이 **발전**이다. 건강하던 사람이 앓을 수 있다. 이것이 변화이다. 앓았는데 고치니까 더 건강해졌다. 이것이 발전이다. 왜 그럴 수 있게 되는가 하는 문제가 나온다. 어떻게 돼서 발전이 이루어지는가 하는 문제가 나올 때, **형이상학과 변증법에서** 하나는 조금 단순히 변화를 인정하고 하나는 변화를 인정하지 않는다 하는 데서 치이가 있다. **변증법은** 한 단계 더 나아가서 변화도 하고 변화를 거쳐서 더 좋은 방향에서 변화된다. 이 때 발전이 된다.

그러니까 내가 타고난 운명, 몸도 집안도 사회도 처음에는 타고 나지만 그것을 변경시킬 수 없이 죽을 때까지 팔자를 타고 난다고 보는 사람이 있는데 그렇지 않다. 타고 나지만 노력하면서 변화될 수 있다, 한 걸음 더 나아가서 노력에 의해서 자기가 타고난 것보다 훨씬 더 큰존재로서 변화될 수 있다. 이것이 발전이다.

그러나 여기서 제일 중요한 문제가 무엇인가? 결국 정신인가 물질인가 하는 것이다. 정신이 물질과 독립적으로 존재하면서 모든 것을 지배하는가? 아니면 물질이 모든 것을 지배하고 정신이 거기에 따라오는 것인가 하는 것이다.

유물론자들은 정신이라고 하는 것은 물질의 반영이다, 두뇌의 반영이다, 그림자다, 이렇게 보았다. 관념론자들은 정신이 따로 있다. 정신이라는 것이 보이지 않지만 몸에 와서 머무를 때는 몸을 지배하게 되고 몸과 떨어져서 딴 정신세계에 가 있다고 하면 이것은 **유심론이고 관념론이** 된다.

이 육체가 있고 물질이 있는 것은 형식이고 정신을 본질로 보는 것이 관념론이고 유심론이다. 이와는 반대로 정신이란 물질의 하나의 성질 또는 반영에 지나지 않는다며 이런 식으로 생각하게 되면 물질이 기본이고, 여기에서 파생된 것이 정신이다 이렇게 보면 **유물론**이다.

이렇게 유물론인가 관념론인가 계속 싸워왔다. 여러 가지 형태가 있지만 근본적으로는 정신이 본질이고 물질이 발현형태인가, 아니면 물질이 기본이고 거기서 정신이 발현되는가의 차이이다.

IV. 인간중심철학: 발전의 변증법으로 생명과 정신을 밝히고

이를 둘 다 일면적이라고 주장한 것이 인간중심 정치철학이다. **모든 존재라는 물질(사물)은 객관적으로 존재한다. 그 점에서는 유물론이다.** 유물론이 옳은가. 그러나 정신은 무엇인가? 정신이 있고, 생명이 있다는 것은 사실이지 않은가? 이것을 부인하면 미친 사람이 아니겠는가? 인간에게서 생명과 정신을 떼놓으면 인간이 되겠는가? 그러면 이것은 무엇인가? 어떻게 해서 나오게 되었는가? 정신, 생명 이것은 존재하는 물질의 성질이다. 생명은 벌써 성질이다. 정신도 역시 성질이다. 이는 무슨 성질인가? 이것을 지금까지 해명을 하지 못했다. **무슨 성질이 자꾸 발전해서 생명이 되고 정신이 되었는지를 모른다.** 이를 인간중심철학에서 처음으로 밝혔다.

모든 존재하는 것은 우리가 인정하던 안하던 객관적으로 존재한다. 인간이 발생하기 이전에도 자연은 존재했다. 인간의 정신이 나오기 전에도 물질은 존재했다. 객관적으로 존재한다. 그런데 그것이 객관적으로 존재하던 것이 다 정신을 가지고 있는가? 그렇지 않다. 생명을 다 가지는 것이 아니다. 그러면 어떻게 돼서 생명이 나오게 되고 정신이 나오게 되었는가? **이것을 지구가 발생한 데서부터 쭉 진화발전해온 과정들을 분석해서 내온 결과이다. 그 동안 그 결과를 정신과 생명과 결부시키지를 못했다.**

이를 여기서 사람을 중심으로 해서, 사람에게는 의심할 수 없이 생명이 있고 정신이 있으므로, 짐승은 생명은 있지만 정신이 똑똑하지 않다. 식물은 생명은 있지만 정신은 없다. 더 낮은 단계의 무생명 물질에서는 찾아볼 수 없다. 여기서는 객관적으로 존재한다는 의미에서 운동한다는 것만 공통성이 있다.

그러면 운동은 왜 일어나는가? 이것은 처음에 철학자들이 물질세계의 본질이 무엇인가 하는 것보다 한 단계 더 높이 들어간 것이다. 왜 운동이 일어나는가? 모든 존재하는 것은 운동하지 않는 것이 없지 않는가?

맑스주의자들은 여기서 운동의 원인은 묻지 말라고 하였다. 운동은 물질의 존재하는 형식이다. 왜 운동하는가를 묻는 것은 왜 존재하는가를 묻는 것과 같다. 운동의 원인에 대해서 자연과학자들도 하나도 얘기한 것이 없다.

뉴턴한테 자꾸 물어보니까 "나는 가설을 세우는데 반대해요"라고 했다. **뉴턴역학의 기본원리는**

① 관성의 법칙: 모든 존재는 지금 있게 되면 있을 것을 요구하고, 운동하게 되면 운동할 것을 요구하는 것.

② 가속도의 법칙: 물질에다 충격을 주게 되면 속도가 높아진다. **중력이라는 것이 가속도이다.**

③ 작용과 빈작용이 같다.

이 3가지 원리가 뉴턴 역학이다.

운동의 원리를 물었을 때 모른다고 했다. 움직인다는 것은 가속도의 법칙에서 충격을 줘야 움직이게 되어 있는데 이것이 가속도인데 누가 충격을 주었는가? 충격을 주어서 계속하여 운동이 일어날 때 최초에 충격을 준 것은 누구인가? 아마 그것을 가지고 한울님이라고 하지 않는가 이렇게 말했다. 자신은 모르겠는데 최초에 가서 충격을 준 것이 그것이 한울님이겠다고 말했다.

아인슈타인은 아예 운동의 원인에 대해 묻지도 않았다. 자연과학자들은 운동의 원인을 해명하지 못했다.

기독교 **성경**의 창세기를 보면 빛이 있으라 하니 빛이 생기고, 바다가 있으라 하니 바다가 생기고, 그렇게 해놓고 보니 그것이 재미있다, 흥이 있다 보니까 신이 다 만들어 놓은 것으로 되었다.

또 **헤겔**의 경우는 자연도, 인간도 없는 데서 절대정신이 있어서 그것이 자꾸 발전되어 나가면서 완전히 자유로운 존재가 되어서 창조할 수 있었다. 이것은 정·반·합(正·反·合)에서 구체화될 수 있다.

그런데 여기서 조금 더 힘든 논리로 들어가 보자. 세상만물에서 칸트는 4가지를 알 수 없다고 했다. **이율배반(antinomy)이다.**

하나는 공간적으로나 시간적으로 **세계가 무한한가 유한한가?** 이것은 알 수가 없다. 무한하다고 말할 수 있고 또 유한하다고 말할 수 있다.

둘째는 존재하는 것이 단순한가 아니면 결합되어 복잡한가? 이것도 알 수 없다고 하였다.

세 번째는 모든 것이 **필연의 법칙에 따라서 운동하는가 아니면 자유가 있는가?** 모든 것은 일정한 원인이 있게 되면 결과가 있게 되어 인과율에 따라 변화되는가? 즉 필연적으로 변화되는가? 아니면 자유가 있는가? 이것은 알 수가 없다고 했다.

마지막으로 네 번째는 모든 원인에서 인과도 관계없이 절대적으로 자유로운 존재가 있는가 없는가, 즉 **신이 있는가 없는가?** 이것도 알 수가 없다 하였다.

네가지를 모르겠다고 하였다. 그래서 우선 우주가 무한한가 유한한가는 지금 당장은 필요없고, 또 우연인가 자유가 있는가 없는가 하는 것도 좀 있다가 말하고, 무엇부터 해결해야 되겠는가? 존재하는 것이 따로따로 분리되어 개별적으로 단순하게 되어 있는가, 아니면 결합되어 복잡하게 되어 있는가 하는 이것이 문제이다. 이것은 근본적인 문제이다.

Ⅴ. 동일성(공통성)과 차이성(독자성과 차별성): 연속성과 불연속성

지금까지 보면 모든 사물은 분열되어 존재할 수도 있고, 결합되어서 복잡하게 존재할 수도 있다. 이것은 불연속적으로도 존재할 수 있고 연속적으로도 존재할 수 있다. 이것이 **객관적으로 존재하는 곳에 가장 근본적인 형태가 연속적인 동시에 불연속적이다.**

그것이 무엇으로 표현되는가? **동일성과 차이성으로 표현**된다. 분열되면 분열될수록 같은 것은 하나도 없다. 분열된 것만큼 차이성이 나온다. 분열되어 따로따로 있는 것만큼 차이성이 나온다. 또 결합되면 결합될수록 공통성, 동일성에 의해 결합되어 나간다.

동일성과 차이성은 연속성과 불연속성의 특징이다. 세상에 차이성만 있고 공통성이 없는 것은 하나도 없다. 공통성만 있고 차이성이 없는 것도 하나도 존재하지 않는다. 꼭 같은 것도 있을 수 없는 동시에 완전히 다른 것도 있을 수 없다. **여기까지 사고를 하면 깊어지는 것이다.**

그러면 인간하고 소립자하고 존재한다고 하는 데서는 공통적이다. 운동한다고 하는 데서 공통성이 있다. 인간에게서 운동의 원인이 있으니까 공통성이 있지 않을 수 없다. 연속성의 견지에서 그렇게 볼 수 있다. 인간에게서 운동의 원인이 있다고 하는 것은 명백하다.

내가 여기 왜 나와 있는가? 강의를 하기 위해서. 내가 왜 먹는가? 몸을 보전하기 위해서. 운동이 다 원인이 있고 목적이 있다. 다 원인이 있다. 생명체에 대해서는 다 운동의 원인이 있다. 이것은 명백하다.

그런데 이 생명체 이하로 떨어지게 되면 너무 미미하여 운동의 원인이 똑똑하지 않다. 그러나 운동하는 것은 같다. 연속성의 견지에서 보면 역시 거기에도 공통성이 있으므로 ①존재하는 것 하고, ②운동하는 것 하고, ③운동의 원인하고 이 3가지는 다 공통성이 있다. 이렇게 보지 않을 수 없다.

이렇게 할 때 인간이 운동하는 것은 왜 운동하는가? 자기존재를 보존하기 위해서, 먹지 않으면 죽으니까. 자신을 보존하기 위해서이다. 그러므로 운동하는 것을 보면 결국에 가서는 **자신의 생명을 보존하기 위해서 운동을 한다.** 동물도 마찬가지다. 식물도 마찬가지다. 이렇게 되면 결국은 무생명(물질)도 마찬가지다. **왜 운동하는가? 자기의 존재를 보존하기 위해서다.**

불연속적 존재, 즉 단순한 존재는 단순한 존재 자체를 보존하기 위해서 운동을 한다. 연속적인 존재는 연속적인 자신을 보존하기 위해서 운동한다. 연속적인 존재는 자신을 결합하여 같은 것을 보존하기 위해서 끌어당기는 인력(引力)작용을 한다. 자기의 독자성, 차별성을 보존하기 위해서 배척하게 되는데, 그렇기 때문에 아무리 단순한 존재도 인력작용과 척력(斥力)작용을 한다.

우리의 인식능력으로는 그것을 구분할 수가 없다. 아직도 부족하다. 태양 내부에서 원자핵들이 빛의 속도가 초속 30만km인데 비해서 초속 300km로 뛴다. 그런데도 충돌이 안 된다. 배척하기 때문이다. 초속 300km란 대단한 에너지를 가지고 나가는 것이다. 그렇게 강력한 힘을 가지는데도 배척하는 힘은 1000배다. 그러므로 충돌이 안 된다.

그러므로 아무리 단순한 존재도 다 운동을 하는데 그 원인은 자기자체를 보존하기 위해서 한다. 단순한 물질도, 인간도 너무 가까이 가게 되면 싫어한다. 어떤 물질이든지 너무 가까이 가게 되면 배척한다. 일정한 한계 이상으로 접근 못하게 되어 있다. 그리고 너무 떨어져 있어도 견디지 못한다. 인력이 작용하기 때문이다. 만유인력과 만유척력이 작용한다고 하는 것은 모든 물질이 자기를 보존하기 위한 운동을 한다는 것을 의미한다.

자기를 보존하기 위한 운동이 어떻게 되어서 발전하는가? 결합되어 협력함으로써 발전하게 된다. 차이있는 물질이 결합되면 결합될수록 운동에서 자기를 보존하려는 주동성과 다른 물질과의 능동성이 자꾸 발전한다.

어느 정도 발전하게 되면 생명물질이 나오게 되는가? 능동성과 주동성이 발전하게 되면 생명현상이 나타나게 되는가? 다른 물질과 상호작용해서 끌어당겨서 그것으로서 자기 조직을 만들게 되는 **동화작용**의 경우에 일어난다.

누에가 뽕잎을 먹고서 자기를 키워나간다. 이것이 동화작용이다. 자기 후대를 만들어 유전할 때 즉, 자기 **복제능력**을 가지게 될 때, 이것을 **유전작용**이라고 하는데, **이런 정도로 능동성과 주동성이 강화되게 되면 생명물질이 나온다.**

어느 정도로 결합되어야 그렇게 되는가? 물은 수소와 산소가 결합되는데 결합의 양은 g으로 잴 수가 없기 때문에 비교숫자로 재는데 물의 분자량을 18이라고 한다. 단백질은 1만 내지 10만이다. 그런데 생명을 가지기 위해서는 단백질과 핵산, 효소 등이 생명체를 구성하고 있는 요소들인데, 단백질도 1만~10만까지다. 그만큼 복잡하게 결합되어 있다. 그런데 무생명 물질인 물의 분자량이 18인데 비해서 생명물질의 가장 기초적인 핵산(DNA:생명의 기초)은 800억이다. 얼마나 차이가 있는가? 얼마나 많은 것이 결합되어 주동성과 능동성이 강화되었는가? 그런데 우리 단순한 생명체 가운데서 박테리아(virus)에서 제일 실험을 많이 하는 것이 대장균인데 이의 생세포가 단백질이 3,000종, 핵산이 1,000종, 다른 물질이 1,000종 해서 5,000종이 결합되어 있다. 단세포이다. 단세포균들이다. 인간의 세포는 60조~100조이다.

그런데 인간은 이것만이 아니라 인간이 사회적 존재로 될 때는 다음의 것들이 인간존재의 구성부분으로 된다. 공장에서 물건을 만드는 것은 우리의 손이 아니라 기계가 만든다. 이것은 다 인간을 대신한 것이고 인간이 만든 창조력의 결과이다.

VI. 사회적 관계는 협력관계로: 레이저 광선, 압축공기와 같이

사회적 관계에서 협력관계가 동물처럼 타고난 것이 아니라 목적의식적으로 협력을 해서 협력관계가 자꾸 발전을 하게 되면, 법률, 정치, 경제, 문화관계들이 이런 것이 제도화되고 객관화되어 계속 대를 이어가면 발전이 계속된다.

결합되어 협력하는 데서 새로운 힘이 나온다. 이것이 발전의 동력이다. 주동성과 능동성이 강화된다. 빛은 아무런 저항도 느끼지 않지만 일정한 정도로 결합시켜서 협동하게 되면 레이저 광선이 된다. **레이저 광선은** 쇠를 찌르고 들어간다. 공기도 **압축공기가** 되면 막 뚫고 나간다. **물도 압축하게 되면** 사람이 문제가 아니라 산도 뚫을 수 있다. **이렇게 긴밀하게 되어 협동하게 되면 그런 힘이 나온다.** 처음 지구가 생겨날 당시에는 이런 유기물질이 없었다. 이런 힘이 자꾸 병합되고 결합하는 데서 10억년이 걸렸다. 10억년 동안 단순한 물질이 결합되어 나가는 과정에서 단백질도 나오게 되고, 핵산, 효소가 나오게 되었다. 효소가 중요하다. 효소는 생명이 있는지 없는지 그러나 자체 분열하기도 한다. 생물학 전문가들은 생명물질의 한계를 구분하기가 힘들다고 한다.

그러나 크게 나누면 동화작용과 유전작용을 할 때부터 생명이 있는 것으로 보게 된다. 이 생명체가 결합되어 생명협동이 발전하게 되면 생명활동을 지휘하는 기능이 발전하게 된다. 생명체란 살려는 욕망이 있고, 이를 욕망에 맞게 운동하는 운동능력이 있다. 그 운동능력과 찾자는 목적을 결합시켜야 한다. 복잡한 것을 어떻게 결합시킬 것인가를 지휘하여야 한다.

처음에는 세포핵이 세포활동의 운동을 지휘했다. 그러다가 자꾸 발전하면서 지휘만을 하는 세포가 나오게 되었다. 그것이 신경세포이다. 더 발전하여 신경절이 나오게 되고, 더 발전하여 중추신경이 나오게 된다.

한때 누에알에서 금붕어가 나온다고 했다. 그런데 누에라고 하는 것은 뇌수가 없는 곤충인데 금붕어는 척추동물이다. 아예 몇억년 차이가 있다. 어떻게 그렇게 될 수 있는가? 이렇게 사람들이 무식하다. 지금도 잡지에서 UFO를 주장하는 사람들이 있는데 얼마나 무식한가? 자연과학에는 통 관심이 없는 것 같다. 기계를 만들어 제품은 잘 쓰는데 기술은 없는 것 같다. 포유동물이 나오기 전에는 공룡같은 파충류가 지배했다. 포유동물이 나와서도 원숭이 종류가 제일 두뇌가 발전했다.

싸우는 능력으로 보게 되면 사자나 호랑이, 곰이 세다. 그러나 생활이 단순하다. 원숭이는 나무 위에서도 아래서도 살 수 있다. 나뭇잎도 먹을 수 있고 초식도 할 수 있고, 곤충도 잡아먹을 수도 있고 손이 발전되고 아주 복잡하게 생활이 다양하게 되었다. 다양한 생활을 지휘하는 뇌수가 발전했다.

몸의 무게에 대한 뇌수의 비중이 침팬지의 경우는 1/80이다. 동물의 왕이라고 하는 사자는 1/700이다. 인간은 1/47이다. 뇌수가 우리 혈액의 25%, 산소의 25%를 뇌수가 쓴다. 지휘기능이다. 지휘기능을 잘 하기 위해서 나온 것이 정신이다. 이러한 연구는 몇 10년 걸려서 나온 결과다.

맑스주의자들도 이를 해명하지 못했다. 맑스주의도 생명이란 단백체의 존재방식이라고 보았다.

이것이 결국은 물질적 존재가 객관적인 존재인 동시에 주체로서 자기를 보존하고자 하는 성질을 가지고 있다는 것을 말한다. 이렇게 말하면 맑스주의자들은 관념론자라고 한다. 철저하게 이들은 주관주의의 속성을 부인한 사람이다.

그런데 의문을 가지게 되는 것은 왜 운동의 원인이 없다고 하는 것인가? 인간도 물질적 존재로서 인간의 모든 행동을 보게 되면 원인이 있지 않은가? 이렇게 되어 연속성과 불연속성의 원리가 관계되게 된다. 세상에는 꼭 같은 것은 있을 수 없다. 동시에 세상에는 다르기만 하고 공통성이 없는 것은 하나도 없다. 이것은 무엇을 말하는 것인가? 모든 사물의 동일성의 측면과 차이성의 측면을 같이 가지고 있다는 것이다.

동일성만 있고 차이성이 없는 것은 있을 수 없고 차이성만 있는 동일성이 없는 것은 있을 수 없다. 여기에 자기를 보존하자는 성질이 결합되어 동일성을 보존하자는 작용을 할 때는 척력이 작용한다.

그러므로 원래 **대립물의 통일**이라고 하는 말은 잘못된 것이다. 대립만 되어서 어떻게 통일이 되겠는가? 대립만 되는 사물은 세상에 존재하지 않는다. 대립성과 함께 통일성이 같이 있는데 어느 면이 더 우세한가에 따라서 대립된 면이 강화되면 분열이 되고, 통일성의 면이 강화되면 통일이 된다.

VII. 숙명론(운명론): 타고 나지만 의지의 단련으로 변화되고

다음에는 **의식의 발생과정**에 대해서 살펴보도록 하자. 의식과 심리를 혼동하고 있다. 아이들은 고열상태가 되면 주사를 놓아도 아픈 것을 모른다. 이것을 의식을 잃었다고 한다. 아이들은 의식이 원래 없는데 의식은 객관적으로 표현하게 되었을 때 의식이라고 한다. 의식은 **사회적 의식**이고 **사회정신**으로 된 것이다.

그린데 아프지 않다고 히는 것은 무엇인가? 감각이다. 간각으로 느끼고 지각으로 인정하고, 어린아이에는 지각도 없다. 어린아이에게는 책으로 구별되는 것이 아니고 뿌옇게 보일 뿐이다. 조금 커서도 남자는 다 아빠라고 하고 여자는 다 엄마라고 한다. 구별 못한다.

그러니까 인도에서 발견한 아이들을 개가 갖다 키웠는데 개와 같이 생활하고 키워준 엄마 개를 모방해서 물도 개처럼 먹고 기고 살았다. 하나는 3살이고 또 하나는 8살이었는데 3살짜리는 목사의 부인이 지성을 다해 키웠

134

는데도 죽고, 8살 여자아이는 17살에 죽었다. 다 큰 나이인데 어릴 때부터 기는 버릇이 있어서 급하게 되면 긴다. 무척 애를 써서 키웠는데도 8살 정도의 지능 밖에 가지지 못했다.

그렇기 때문에 **우리가 사회생활을 하지 않으면 몸은 인간이라도 정신은 못가진다. 정신은 부모로부터 타고나는 것이 아니다.** 정신을 가질 수 있는 소질은 타고 난다. 그만큼 우리의 두뇌의 발전수준이 100만년 전만 해도 우리 두뇌의 용적이 1kg가 잘 안되어 있었다. 지금은 대체로 서양인들은 1kg 400정도이고 동양인은 1kg 350정도 된다.

그런데 뇌수가 크다고 해서 머리가 좋은 것은 아니다. **뇌수의 세포수는 140억개이다.** 한번 형성되면 더 불어나지는 않는다. 줄기만 한다. 90세가 되면 반감한다고 한다. 이들을 기억 소자라고도 하는데 30%정도 밖에 사용하지 못하고 있다고 한다. 프랑스인의 뇌수의 무게가 제일 큰 사람이 노동자인데 2kg이다. 러시아의 작가이며 정신병자 비슷한 토스토예프스키의 두뇌의 크기가 2kg 200이다. 천재적인 작가인 아나톨리 프랑스는 1kg 100밖에 안 되었다. 아인슈타인의 뇌수도 1kg 300밖에 안 된다. 일반적인 사람보다 작았다. 그렇기 때문에 뇌수의 크기와 머리 좋은 것 하고는 관계가 없다. 뇌가 크다고 해서 공부 안하면 소용이 없다. 노력하는데 달려 있다.

손금 보는 것, 사주팔자 보는 것, 이런 것들은 다 쓸 데 없는 짓이다. **생물학적 존재로서의 특색일 뿐이다. 사람은 사회적 존재이기 때문에 사회적 존재로서 얼마나 노력하는가에 따라서 정신적인 발전의 수준이 자꾸 달라지고 성격도 달라진다.** 물론 기질적인 측면에서 혈액도 있고 한방에서는 태음, 소음, 태양, 소양 등 4상(四象)32)이 있지만 기질적인 측면에서 약간은 영향이 있을 수 있지만 문제가 안 된다.

유전자가 중요하지만 유전자도 변형을 시킬 수 있다. 그러나 우리의 의지를 더욱 더 고칠 수 있기 때문에 의지를 단련시켜 나가야 한다. 의지는 타

---

32) 한의학에서 사람의 체질을 태양인, 태음인, 소양인, 소음인으로 나누어, 각각의 체질에 따라 다른 약을 써야한다고 하는 주장. 조선 고종 때, 의학자 이제마(李濟馬)가 내세운 한의학설임.

고나는 것이 아니다.

숙명론(determimsm: 결정주의, 결정론)의 대립개념으로 **혁명**을 두고, 서양의 자발주의(voluntarism)는 주의설로 혁명과는 다른 개념이다. 숙명론이라고 하는 것은 팔자에 타고 난대로 된다는 것인데, 팔자를 고칠 수 있다고 하는 것이, 말하자면 사회혁명이 아니고, **인간의 운명을 고칠 수 있다고 하는 데서 혁명이라고** 할 수 있다. 그런데 이는 사회적 변혁하고 혼동할 수 있기 때문에 사용하지 않는다.

혁명이란 天命을 바꾼다는 정권교체를 의미하기 때문에 사실은 숙명론의 반대용어가 혁명론이다. 역성혁명(易姓革命)은 한울님이 왕이 되라고 성명을 내려서 김씨 왕조, 이씨 왕조 이렇게 했는데, 성을 갈고 다른 사람이 한울의 명을 받았다 하는 것이 한울의 명(령)을 받아 성을 고친 것을 이를 역성혁명이라고 한다.

그래서 우리가 철학적으로 말하는 숙명론하고는 다르다. 天命은 동양사상인데 모든 물질, 모든 존재의 성질은 한울이 규정한다는 뜻이다. 그래서 인간의 본성은 천명이다. 유교사상(공자의 사상)으로 **중용**에 있는 말이다.

天命之謂性(한울의 명이 인간의 본성이다)
率性之謂道(인간의 본성에 따르는 것이 도이다)
修道之謂敎(도를 닦는 것이 종교이다)

天命은 한울이 특별히 무엇을 준 것으로 동물 등의 성격을 준 것이다. 그 성질이 어떻게 변화해 나가는가 하는 것은 별문제이다. **정신은 인식인데 우리의 생명활동을 지휘하기 위해서 나온 것으로 생명이 발전하면서 정신이 자꾸 발전한다.**

VIII. 결론: 지구를 완전히 관리할 수 있고

세계는 객관적으로 존재한다. 객관적인 존재는 연속적인 동시에 불연속적으로 존재한다. 두 번째는 모든 사물은 자기보존성을 가지게 된다. 이로 말미암아 인력과 척력이 작용한다. 결합될수록 자기보존능력이 강화된다. 자기보존 능력이 강화되면 다른 사물을 끌어당겨서 자기를 조직화하고 동화작용을 하고 자기 후대까지 복제해낼 수 있다. 이때 생명이 나온다. 생명의 활동을 더 생명의 요구에 맞게 발전시켜 나가기 위해서 지휘기능으로서 뇌수의 지휘기능으로서 정신이 발생했다. 이상의 내용을 간단히 요약해본 것이다. 이런 줄거리를 가지고서 인간중심 정치철학을 이해하도록 해야 한다.

끝으로 협력, 결합, 통합을 두고 **핵융합에 대해 설명해보자. 핵융합**을 통해 평화산업에 이용하기 위해서 5,000명 집단의 전 세계 학자들이 매달려 있다. 원자탄이라고 하는 것은 우라늄235의 일정한 량의 플로티늄을 모아두면 연쇄반응을 한다. 연쇄반응을 해서 나올 때 질량이 0.1kg이 줄어든다. 핵융합을 할 때는 0.5%가 줄고 태양에서 할 때는 0.7%가 준다. 우라늄을 이용할 때는 0.55가 줄고, 분열할 때도 줄어드는데 하나는 융합해서 줄면서 에너지가 되고, 하나는 분열되면서 질량이 0.1% 주는 것이 열이 되는데 이것을 원자탄이라고 한다. 원자탄이 되면 1억도까지 올라간다. 태양내부에서 속도가 초속이 300km인데, 1억도까지 올라가게 되면 초속이 900억도까지 된다. **이런 정도로 되면 핵이 융합된다.**
그러므로 원자탄은 핵이 융합을 일으키는 성냥역할을 한다. 이를 이용해서 수소와 수소를 결합시킨 것이 수소폭탄이다. 원자탄의 1,000배 이상의 폭발력을 가지고 있다. 열이 이렇게 많이 난다. 이것을 북한이 이루어냈다는 것이다. 열은 1억5,000만도까지 올라간다고 한다. 그런데 특수 장치로 열을 올리는데 그것을 결합시켜서 얼마나 계속되는가 하는 것이다. 원자탄은 1초가 잘 안 된다.
그러므로 이를 핵융합으로 평화산업에 오래 쓰게 돼야 하는데 이것이 아직도 해결이 안 되었다. 학자들은 2050년도에 가게 되면 대체로 가능하다고 한다. 프랑스, 스위스, 하와이 등에서 실험을 하고 있는데 이를 보급해서 쓸려고 하면 50년이 걸린다는 것이다. 이것만 되면 에너지문제는 당분간은 불편이 없게 된다. 이제 이렇게만 되면 0.7%만 없게 하는 것이 아니라 완전히 다 에너지로 만들게 되면 1g의 0.7%는 7/1,000g인데, 그런데 1억5,000만 칼로리가 나오는데 1g을 완전히 전소시키면 215억 칼로리가 나온다. 1g의 0.7%만 에너지로 전환시켜도 1kw히터를 단 한 번도 쉬지 않고 20년간 계속 켤 수 있는 에너지가 나온다. 그렇기 때문에 1g을 완전히 에너지로 바꾸게 되면 2,500만kw의 전력이 나와 큰 발전소 하나가 된다. 그러니 이것만 성공하게 되면 인간이 자동차에 갖다 넣을 경우 자동차가 삭아서 없어질 때까지 휘발유 넣지 않고도 갈 수 있다. 따라서 사막을 개척하는 문제, 남극대륙을 개척하는 문제, 다 해결될 수 있다. 그때 가면 이제 지구는 완전히 인간이 관리할 수 있다.

이상은 융합, 협력의 이론과 사례를 들어 인간중심 세계관을 통해 한민족의 평화, 번영 그리고 통일의 세계관을 살펴본 것이다.

* 본고는 황장엽 선생님이 평소 '인간중심정치철학'에 대해 강의한 내용을 '통일의 세계관'으로 정리해본 글이다.

제10장 과학적 세계관(神觀: 우주관): 물질세계에 대한 상식으로

Ⅰ. 플라즈마 상태: 원자핵과 전자가 분리되고

의식에 관한 설명과 더불어 물질의 구조에 대해서도 우주의 구조와 더불어 문제를 살펴보도록 하자.

지금도 모든 것이 다 해명된 것은 아니다. 천문학이나 물리학에서 연구현황을 보게 되면 137억년 전에 우주가 생겨났다고 한다. 그 전에는 그 근거로 우주폭발설인데, 우주가 폭발할 때 초고밀도, 초고조 상태로, 폭발 당시에는 온도가 약 10조도(1조가 10000억인데, 이 조도는 10만억조가 된다) 그런 상태에는 원자가 형성되지 못한다. 원자핵과 전자가 분리된 **플라즈마 상태**이다. 소립자라는 것은 원자핵 자체도 좀 무거운 입자가 쿼크라는 3개가 들어가서 운동을 하는 것인데, 시초에는 쿼크라는 물질이 형성되기 이전의 단계이다.

에너지도 물질인데, 물질이 아니면 구조를 가진 물질이 아니다. 137억년의 근거는 그 전에는 밀도가 커져가고 온도가 낮아지는 것을 역계산해서 140억년이라고 했었는데 이번에는 미국의 NASA에서 **우주배경 복사**라는 것이 있어서 그때 오는 빛을 가지고서 137억년이 걸렸다는 것이다. 그것은 알아내는 것이 아주 힘든 일이다. 처음에는 폭발 당시에는 전자가 안개처럼 돌아다녔는데 빛이 제대로 통과되지 못했다.

그렇기 때문에 그 당시의 상태가 어떠한가는 잘 모르겠는데 폭발되서 38만년이 된 다음에는 제일 단순한 원자인 수소가 형성되고 또 헬륨이 형성되고 이렇게 되어 수소전자가 원자핵에 가서 붙었다. 가스상태로 있지만 온도가 3000도가 되어 광선이 통과하게 되었다. 그때부터 지구에 도달하게 된 것이 137억년이다.

여기에는 상당한 문제가 있는 것 같은데 **137억년이 되면 137광년이** 된다는 것을 의미하게 되는데 지금은 약400억 광년까지 볼 수 있다. 그런데 우리가 별 전체를 두고 제일 먼 데까지 보는데 128억광년까지다. 그런데 천문학자들은 38만년 후에 점차 별이 생겨났는데 별이 생겨나자마자 또 흐려져

별이 어떻게 생겨났는지를 알 수가 없다.

그래서 7~8억년이 걸렸다고 본다. 그 사이에 은하계가 어떻게 형성되었는지를 잘 모른다. 그러나 8억년이 지난 다음, 즉 128억만년에 별을 발견했다. 별이 많이 생겨나면서 별의 집단인 은하계가 생겨났다. 그러므로 처음에는 원자가 없었다.

원자는 원자핵과 그 주위를 둘러싸고 있는 전자로 되어 있다. 그 약간한 차이 때문에 핵 가운데 양성자와 중성자가 있다. 양성자와 중성자의 비율이 84:21이다. 중성자라는 것은 오래 못 견딘다. 15분간 이상 못가고 양성자로 변한다. 약간 더 무거울 수 있다. 그러므로 물질의 구조는 원소(원자)인데 자연발생적으로 지구에서 발견된 것은 92개다. 지금 인공적으로 만든 것까지 합하면 111~115개다. 더 만들 수도 있다. 플루토늄도 재처리해서 만든 것이다. 그러므로 원자핵에서는 플루토늄이 기본이다. 그 숫자에 따라서 원자번호가 결정된다.

제일 안정된 상태의 원자가 철이다. 철의 플루토늄은 26개이다. 금은 79개, 우라늄은 92로 제일 많다. 그러나 의의가 없어서 그렇지 우라늄보다 더 무거운 것이 있다.

그러므로 원자핵 중에 전자는 거의 중량이 없다고 할 수 있는데 계산상으로는 원자핵이 전자의 1840배라고 하는데 핵 자체도 얼마 크지 않은데 아무튼 구조는 그렇게 되어 있다.

원자핵도 그 구조를 가지고 있는데 쿼크[33]라는 소립자가 광속도에 가까운 속도로 뛴다. 뛰어서 벽에 부딪쳐서 돌아온다. 우리 체중의 절대부분은

---

33) 쿼크도 6개가 있다. 그 자체를 분해하지 못하고 있다. 소립자라는 것은 그 이상은 분해하지 못하는 것을 말하는데, 연속성과 불연속성을 과학적으로 보게 되면 끝없이 쪼갤 수 있다. 그런데 현실적으로 존재가 연속적이면서 불연속적인 존재로 되어야 하는데 소립자라고 해도 결합되어 연속할 수 있게 되지 않으면 존재할 수 없다. 그러므로 그 한도가 있다. 끝없이 작게 쪼갤 수 있다고 하지만 결합되서 연속적으로 존재할 수 있는 가능성이 있어야 소립자의 자격이 있지, 그것도 없이 혼자만 존재하는 작은 단위란 있을 수 없다. **운동도 연속적이면서 불연속적이다.** 그러므로 계속 연속되어 있다고 생각하면 안된다. 연속되어 있는 것 같은데 불연속성을 내포하며 가니까 불연속적인 것의 최소단위가 무엇인가 하는 것을 구하는 것이 **미분**이다.

핵에서 운동하는 만큼 질량이 나가는 것을 두고 운동질량이 우리의 체중이다. 가만히 있어도 우리가 안에서 자꾸 운동을 하고 있다.

그런데 이를 물리학자들은 새로 발견된 것을 두고 핵을 분열시키거나 융합시키는 것이 가능한데 원자핵을 분열시키게 되면 엄청난 에너지가 나온다. 그런데 이는 지구에서 실험을 할 수 없다는 것이다. 실험을 하면 지구가 파괴되기 때문에 할 수 없다는 것이다. 달이나 화성에 가서 하지 않으면 못한다는 것이다.

II. 자기보다 질량이 많은 것을 돌고(spin): 힉스(Higgs)의 발견으로

우리가 살고 있는 은하계는 100억년 전에 생겼다고 보고 있다. 앞으로 100억년 간다고 한다. **물질구조는 원자핵과 전자로 구성되어 있다.** 첨언하면 소립자도 자전하는 spin을 가지고 있기 때문에, 전자가 원자핵을 둘러싸고 있는 것처럼, 또 태양을 지구가 돌고 있고, 태양은 돌면서 지구를 돌고 있다. 지구가 한번 도는데 하루인데, 태양은 한번 도는데 1년 걸린다. 자기도 돌면서 또 어디를 도는 것이 회전(spin)인데, 빛(광년)의 단위가 1이고 중력(인력)의 스핀이 1/2이다. 이렇게 차이는 있지만 다 돈다.

철학적으로 해석할 수 있다. 왜 도는가? 다른 소립자와 구별하기 위해서 돈다고 볼 수 있다. 자기도 돌면서 또 자기보다 질량이 많은 것을 돈다. 그런데 원자물질의 구조하고 우주의 구조가 비슷하다.

태양은 지구의 33만3천배나 질량이 크다. 지구가 돌고 다른 행성도 돌고, 태양도 자기 중심이 또 있어서 자기중심으로 도는데 2억3천만 걸린다. 지구가 태양을 도는 속도는 초속 30km인데 태양이 자기 중심을 도는 속도는 250km/초속이다. 그런데 우리는 이 도는 것을 감지하지 못하고 있다.

은하계가 또 어느 태양계를 도는지 그 중심을 모른다. 그러나 태양이 도는 것은 알고 있다. 한번 도는데 2억3천만년 걸린다는 것이다. 태양에서 빛을 내는 평소거리는 4광년, 태양이 우리 은하계, 대우주의 은하계(은하수)(지름이 10만 광년) 중심과 우리 지구와의 거리는 2만5천 광년, 우리 은하계하고 다른 은하계의 중심은 평균 200만 광년이다. 천문학자들은 앞으로 200만년이 되면 우리 은하계를 관리할 수 있다고 한다.

그런데 지금 우리는 우리 지구 하나도 관리하지 못하고 지금 백두산 천지가 폭발한다고 하는데, 400년 전에도 폭발하여 지금도 타다 남은 것이 보인다. 작금에 이르러 지금 폭발할 가능성이 있다고 하니까 그러나 중국에 큰 피해가 클 것 같다고 말하고 있다.

우리 은하계는 137억년 전에 발생했다면 반지름이 137억년이 되어야 할 것 같은데 그러면 그 밖에는 우주가 없겠는가? 그것은 모른다. 태양과 태양과의 평균거리가 4광년이다.

대우주 가운데서 우리 은하계 중심이 한 1000억개 있다. 그것만 해도 거의 무한하다고 할 수 있는데 그 밖에도 또 무엇인지 모른다. **암흑물질**이라고 하는 것이 있는데 우리가 볼 수 있는 물질은 은하계에서 5%밖에 되지 않는다. 나머지는 다 암흑물질과 **암흑 에너지**이다. **95%**다.

이것은 인력을 가지고 설명한다. 중력작용을 가지고서 계산을 하지 않으면 설명이 안 된다. 그들의 계산으로는 암흑물질이 23% 암흑에너지가 72%가 되어 95%가 암흑물질과 암흑에너지로 되어 있다.

그러면 암흑에너지는 어떤 물질이겠는가? 우리 물질하고 비슷한 성격을 가지는데 전혀 알 수가 없다. 대단히 무겁다는 것만 아는 것같다. 결국 그것이 우주가 폭발되었을 때 만들어졌던 것이 발견됨에 가장 무거운 소립자로 구성되어 있는 것이 암흑물질이 아니겠는가 여긴다는 것이다.

그런데 암흑에너지는 또 다르다. 암흑물질도 인력이 작용하고 밀도가 있고 해서 공간마다 차이가 있지만 에너지는 그렇지 않다. 암만 팽창되어도 그 모든 공간에 차있다. 지금 알고 있는 것은 그 정도이다.

너 나아가서 가설을 세우게 되면 아예 공간이 어디라도 존재하는 힉스가[34] 있는 것으로 본다. 그것이 없어도 설명이 된다고 한다. 그것까지는 알

---

34) 기본입자의 상호작용으로 질량이 생긴다는 이론으로 우주의 기원과 현상을 설명한 것이다. 138억 2천만년 전 무한대의 에너지로 우주 대폭발(빅뱅) 때 잠시 만들어졌다가 금방 사라져버린 '신의 입자'로 힉스입자(Higgs boson)이다. 2012년에 힉스입자가능성을 유럽원자핵공동연구소와 국제연구팀에 의해 고에너지가속기연구기구 등으로 질량과 스핀값 분석을 통해 힉스의 발견을 최종 확인한 것이다. 우주를 이해하는 인류의 지혜가 한 차원 더 높아졌다. 즉 힉스입자는 물질에 어떻게 질량을 부여했는 지를 밝히고 우주초기 상태를

필요가 없지만 어쨌든 에너지란 동력이다. 팽창이 멎어야 하겠는데 멎지 않고 있는데 이는 암흑에너지의 영향이 아니겠는가 보고 있다.

그래서 작은 세계, 미시세계도 핵이 있고 도는 것이 있어서, 거시세계, 천문에도 중심이 있고 또 중심이 있어서 이런 식의 구조로 되어 있다.

III. 생명현상의 출현: 종교(한울님)가 나오고

그런데 이것이 소립자들이 결합하게 되면 결합된 것만큼 물질의 주동성과 능동성이 커진다. 원자가 분자로 결합되고 하면서 유기물질이 생기고 유기분자들이 자꾸 결합되어 나가게 되면 고분자 유기물질이 생기게 되고 그것이 일정한 단계에까지 결합되어 나가게 되면 그 다음에는 생명현상이 나타나게 된다.

생명체들이 자꾸 결합되어 나가면서 동물이 나오게 되고 그 다음에 인간이 나오게 된다. 고등동물에서는 자연의 법칙에서 벗어날 수가 없다. 고등동물들도 자연을 이용하기는 하지만 **종국적으로 인간을 제외하고는 자연을 벗어나서 살 수가 없다.**

인간만은 자연의 예속에서 벗어나서 자기 힘으로 자기 존재를 발전시켜 나갈 수 있는 단계에 도달했다. 그러므로 인간의 발전을 막을 존재가 없다. 인간보다 발전수준이 매우 뒤떨어져 있기 때문에, 원숭이가 발달하고 힘으로는 사자가 있지만 인간의 발전수준을 두고 인식하지 못하는 것들이 많다. 그러나 인간은 지구 하나도 제대로 관리하지 못하는 것이 현실이지만 그러나 영원한 불가능은 없다.

계속 발전해 나가게 되면 인간이 모든 것을 해결할 수 있는 절대적인 존재에까지 계속 접근해갈 수 있다. 그러나 완전한 자유, 절대적인 자유로운 존재까지는 못간다. 그렇게 하려면 무한한 세계를 다 관리할 수 있게 되어야 한다. 그러나 무한히 가까이 갈 수 있다. 그런 **절대적인 존재는 있지도 않고 존재할 수도 없다.** 세계 자체가 무한하다는 것을 말한다.

일정한 시기에 불가능한 것은 있어도 영원히 불가능한 것은 없다. 그것은

설명하는 데 중요한 요소이다. 또 우주기원을 설명하는데 완성된 이론이 표준모형이다. '힉스입자'로 명명한 학자는 이휘소 박사이다.

개인적인 견지에서도 자기 수준에 맞게 밖에는 행동할 수 없지만 자기 수준은 노력여하에 따라서 자꾸 달라질 수 있다.

그러므로 이제는 더 발전하지 못하겠다 생각하지 말고 계속 발전하기 위해서 노력하게 되면 불가능하다고 생각되는 것을 가능하게 발전시킬 수 있다.

이것이 현재 우리가 상식적으로 알아두어야 할 물질세계에 관한 상식이다.

그러면 과거에 신이 있다든가 하는 것은 이 과학적 세계관 하고는 관계가 없다. 왜 이런 것들이 나오게 되었는가? 사람이 행동해야 되겠는데 어떻게 행동하는 것이 옳은가에 대해서 알지 못했다. 그렇기 때문에 자기운명에 대해서 불안감을 느끼고 있었다. 어떻게 해야 되는지를 모르겠다. 건강하였는데 갑자기 앓기 시작했다. 왜 그런가? 귀신이 붙었는가? 10살이 되기 전에 죽었다 왜 죽었는가? 운명에 대해서 원인을 잘 모르다보니 자기 운명에 대해 불안이 컸다.

자기가 어떻게 행동해야 할지를 몰랐다. 이러지도 저러지도 못하고, 그때 점쟁이들이 나왔다. 점장이들이 어떻게 하라 하면 그것을 믿었다. **사람은 믿을 때 용기가 나온다.** 용기가 나오게 되면 난관을 극복할 수 있다. 따라서 점쟁이들이 비과학적이지만 신념을 주었다. 어릴 때 소를 풀먹이다가 잃어버리면 손에 침을 발라 손바닥으로 쳐서 침이 튀기면 튀는 방향으로 소를 찾아나서곤 하는데 안 하는 것보다 낫지 않은가?

그래서 점쟁이가 나오게 되고, 처음에는 뱀에 물려 죽자 신비로운 힘이 있는 것처럼 생각하고, 그러다가 사람의 힘이 세어지자 산신령을 믿게 되고, 바다에 가서 용왕을 믿게 되면 아무리 고기를 잡아도 괜찮다고 여기게 되고, 그래서 마지막에는 태양을 제일 높게 숭배하게 되고 그리고는 태양도 관리하는 한울님(神)이 있으니 신을 잘 섬기면 우리가 마음대로 할 수 있다. 신 다음가는 것이 사람이다. 이런 식으로 생각하게 되었다.

그것을 제일 먼저 한 민족이 이스라엘 민족이다. 그런 점에서는 이스라엘 민족이라고 하는 것이 대단히 발전된 민족이다. 일신교(一神敎)를 제일 먼저 한 것이다.

중국인들은 **한울(天)도** 인정했는데 **자연의 도리를 강조하여 하늘이라 하여 거기에 복종해야 하는 것**으로 생각했다. 한울님이 내려다보면서 인간의 운명을 좌지우지한다 이렇게 생각한 것은 아니다. 공자의 사상을 봐도 그렇다.

중국인은 **한울(天)을 자연의 법칙, 자연의 도리로 생각했다.** 그래서 모든 사물의 본성은 하늘에 있다. 한울(사물)의 본성에 맞게 운동하는 것이 도(道)다. 중용에 있는 말이다. 지금도 하늘을 믿는 사람이 얼마나 많은가.

옛날에는 사람까지 없었다. 한울님도 없다. **헤겔**같은 신학자가 그런 생각을 했다. 하나님은 존재하는 것이 아니고 모든 예속에서 벗어나서 세계를 마음대로 움직일 수 있는 존재가 있을 수가 있는가? 그런 존재는 예상할 수는 있지만 인간은 암만 발전해도 세계를 완전히 다 알 수가 없고 완전히 지배할 수는 없다. 그런 존재에 끝없이 접근해갈 수 있다. 끝없이 접근해가지만 만일 그런 존재가 있다면 발전이 없다. 계속 힘있는 존재로 계속 발전해가야 한다. 세계는 끝이 없다.

점치는 것도 좋고 한울을 믿는 것도 좋고, 나쁘다는 것이 아니다. 그러나 세계가 이렇다는 것은 알아야 한다.

IV. 과학적 세계관: 부단히 노력하는 길 밖에

결론은 우리는 민족적으로나 개인적으로도 답답하게 되면 계속 노력하는 것이다. 제사를 지내도 소용이 없다. 노력해서 해결 안 될 수도 있지만 그래도 부단히 노력하는 그 길밖에 더 나은 길이 없다. 이것이 **과학적인 세계관**이다. 자꾸 옛날처럼 생각해서는 안 된다.

지금 현재 상태에서 할 수 없는 일은 많다. 지구 하나도 제대로 관리하지 못한다. 그러나 지구를 관리하는 것은 아마 100년이면 관리할 수 있게 될 것이다.

2050년가지는 **핵융합**을 이용할 가능성이 내다보인다. 전 세계학자들이 총출동하고 있다. 그렇게 하여 50년이 걸리면 바닷물의 자연발생적으로 존재하는 **중수소**가 1/6000인데 이것을 이용하게 되면 지금 바닷물을 다 원유로 생각하고도 400배의 에너지를 쓸 수 있다. 무료이다. 지금 발전소 운영 비용의 1/100밖에 안 든다고 한다. 그 때가면 기계가 발전하기 때문에

1/100도 더 안들고 더 만든다고 한다. 공해현상이 하나도 없고 거저 가지는 것이나 마찬가지라고 한다.

1g에너지로 전환시키게 되면 215억 칼로리가 된다. 1g의 7/1000g을 에너지로 만들게 되면 1kg짜리 히터를 20년 동안 단 한번도 쉬지 않고 돌릴 수 있다. 그러므로 사람이 100년 산다고 하지만 100년간의 에너지는 1g도 필요없다. 지금 먹는 것만 해도 100g씩 먹는데 1g만 갖다대면 늙어죽을 때까지도 먹지 않아도 된다.

그렇게 되면 지구의 온도, 눈, 비 다 조절할 수 있고, 이렇게 되면 태양계 지배도 가능하게 될 것이다(1000년 정도 잡고). 그런 식으로 해서 확대해나가게 되면 200만년 후에는 우리 은하계를 지배할 수 있다.

우리 지구를 지배하기 시작할 즈음에는 우리 육체를 개조해야 한다. 지금 우리 육체는 생물학적 존재의 동물과 같다. 동물보다 조금 발전했을 뿐이지 본능을 가지고 태어나고 젖 먹고 살아가는 동물인 것이다. 너무 더워도 죽고 너무 추워도 죽고 감기도 들고 이렇게 되면 수지가 맞지 않는다. 100년도 살 수 없지 않은가?

그래서 육체를 개조하지 않고 그때 가서는 태양계만 해도, 지구만 하더라도 1억5000만km인데 제일 먼 데 있는 천왕성하고는 태양의 거리는 지구의 32배나 되고, 45억km나 떨어져 있는데 그것을 다 지배하려면 비행기타고 가서는 도저히 수지가 맞질 않는다.

광속도는 1초에 30만km, 달까지의 거리가 36만km이다. 1초 조금 더 걸리면 달에 도착한다. 따라서 광속도에 가까운 로켓을 타면 1초 정도로 달에 갈 수 있다. 그렇게 해서 광속도에 가까운 것을 타고 다니려면 지금의 우리 육체로는 안 된다. 개조해야 한다.

그러므로 지구를 완전히 마음대로 관리하기 위해서는 육체를 개조하는 것이 낫다. 감기도 안 걸리고 불에 타지도 않고 추워서 얼어 죽지 않을 수 있도록 우리의 육체를 만들어야 한다. 안경도 바깥뿐만 아니라 안에 있는 것도 볼 수 있는 눈으로 고쳐야 한다.

그렇게 되면 생명이 없어지지 않는다. **생명이란** 구성요소가 결합해서 주동성과 능동성이 강화되어 생명현상이 나오게 되는 것인데 그때 가게 되면 자연발생적으로 동물이 만들어지는 것처럼 되는 것이 아니라 물질 가운데 가장 예민하고, 강인하고… 그런 것으로 구조를 바꾸어 나가는데 생명력이 몇만년으로 강화되는 것이지 왜 없어지겠는가?

그 때 가면 몇만배나 되는 기쁨과 만족을 주는 생활을 할 수 있다. 우리가 그렇게까지 살 수는 없지만 그렇게까지 발전할 수 있다는 것을 알고서 지내야 한다.

지금 우리가 근본적으로 겨우 동물상태에서 벗어났는데 자만해가지고 자살하는 자까지 나오는데 아주 한심한 짓이다. 계속 노력해서 발전해야 한다. 그런데서 현재 너무도 모르고 있다. 독재자가 혼자서 권력을 가지고 인민이 헐벗고 기근으로 죽어간다면 무엇이 행복하겠는가?

V. 발전을 위해: 구성요소가 결합되어 협조해야

그러므로 이런 것을 알아서 인류가 빨리 결합되어 협조하여 발전을 도모해가야 한다. 이것은 변증법에 관한 얘기인데 헤겔은 정·반·합이라고 했는데 정·반·합 가지고는 발전이 안 된다. **맑스주의자들은 정·반·합을 부정의 부정의 법칙으로 고쳤다.** 그러나 그런 공식가지고는 발전이 없다. **발전하려면 인간중심철학으로 구성요소가 결합되어 협조하여야 한다.**

그것을 결합할 수 있는 조건을 마련하기 위해서는 투쟁이 필요하다. 모든 사물은 동일성과 차이성을 가지고 있는데 차이성이 커지면 분열되고 동일성이 커지면 결합된다. 그러므로 차이성이 커지는 것을 억제하고 동일성이 커지는 것을 조장시키는 것이 **투쟁**이다. 투쟁자체는 아무 것도 창조하지 못한다. 투쟁은 발전을 위한 조건을 마련해주고 그것이 결합되어 협조할 때 발전한다.

발전은 구성요소가 확대되어 결합돼야 더 큰 협력을 할 수 있다. 그러므로 결합될 수 있는 조건을 만드는 즉 대립을 극복하는 것이 한 단계이고 결합되어 협조, 확대하는 두 번째 단계가 필요하다. 정·반·합과 부정의 부정의 법칙에는 그 과정이 없다.

인본주의란 인간을 존중히 여기는 사상이다. 개인적 민주주의가 기초로 되는 사상이다. 그런데 이런 의미에서 인간중심철학도 인본주의이지만 **철학화**한 것이다. 인간을 존중히 여길 뿐만 아니라 인간의 입장에서 유물, 유심을 지양한 인간론적 세계관으로 보아야지 세계를 제대로 볼 수 있다는 것이다. 인간보다 더 발전된 존재가 없기 때문에 그전에는 인간이 자연으로부터 나왔다. 자연이 인간의 어머니고 그러나 이제는 아들인 인간이 자연을 이끌고 나가지 않으면 안 되게 되었다. 인간이 가장 발전된 존재이기 때문에 인간에 맞는 진리가 우주의 진리가 된다. 인간이 지구를 관리하게 되면 지구에서 지구의 주인이 된다. 이것이 진리이다. 태양계를 완전히 지배하게 되면 인간의 지위가 태양계의 주인이 된다. 은하계를 관리하게 되면 은하계의 주인이 된다. 그렇기 때문에 **인간의 발전에 맞는 지식이 동시에 세계발전의 지식이다.**

이상으로 '인간론적 세계관'에 이어 '과학적 세계관'을 통해 (물질)세계와 우주의 문제에 대한 본질도 고찰해 본 것이다.

* 본고는 황장엽선생의 '인간중심철학'의 강의를 듣고 인간론적 세계관에 이어 우주(물질)의 구조(세계)에 대한 문제를 '과학적 세계관'을 중심으로 정리해본 것이다.

제11장   민족통일을 위한 세계관: 인내천(人乃天) 종교로[35)

Ⅰ. 정신의 발생에 대해

정신의 발생을 두고 존재하는 물질은 두 가지 기본 특성을 가지고 있다는 것이다.

두 가지 기본 특성이란 **먼저** 모든 존재하는 물질은 차별성을 다 가지고 있겠지만 객관적으로 존재한다. 사람들이 의식하건 의식하지 않던 객관적으로 존재한다는 것이다. **둘째는** 모든 존재하는 것은 예외없이 다 운동한다. 발전된 존재이건 저급한 존재이건 관계없이 운동하지 않는 물질은 없다는 것이다.

①객관적 존재와 ②운동, **이것은 존재하는 세계의 공통되는 2대 특징이다.**

여기에서 한 가지가 더 추구되어야 한다. 객관적이고 존재한다는 것이 왜 운동하는가? 객관적으로 존재하고 운동한다는 것을 지금까지는 밝히지 못했다. 이 운동의 원인에 관한 문제를 두고 역시 공통성을 가진다.

이 문제를 가장 발전된 존재인 인간을 중심으로 해서만 해명할 수 있다. 가장 단순한 물질도 객관적으로 존재하고 운동한다는 것은 비교적 밝힐 수 있는데, 그래도 이것도 가장 저급한 존재가 무엇보다 해명이 안 되고 있다. 우리가 인식하고 있는 한도에서는 가장 단순한 물질, 가장 저급한 물질도 운동한다는 것(원인)을 밝히는 것은 아주 힘들다.

그런데 이것을 인간을 중심으로 할 때는 해명할 수 있다. 인간의 경우를 놓고 보면 자기 존재를 보존하기 위해서 운동한다. 왜 먹는가? 자신의 육체를 보호하기 위해서 먹는다. 왜 공부하는가? 자기 정신을 키우기 위해서 공부한다. 인간에 있어서는 모든 운동이 자기 존재(특징)를 보존하기 위해서 한다는 것이 명백하다.

이는 그것이 발전 수준이 낮은 동물을 보아도, 식물을 보아서도 그렇다. 그럼 처음부터 동물이나 식물이나 인간의 구분이 있었는가? 그렇지는 않다.

---

35) 본고는 현강(玄江) 황장엽선생의 생존 시에 경청한 강의를 중심으로 주제에 맞게 정리해본 글이다.

지구상에도 처음에는 생명체가 나오기까지는 10억년이 걸렸다. 10억년의 진화과정을 거쳐서 비로소 생명(생명체)이 나왔다. 이것이 35억년 동안 진화발전을 해서 인간이 나왔다.

II. 운동은 객관적 존재성과 자기보존성이 결부되어 일어나고

발전하지 못한 물질도 운동하는 것만은 공통성을 가진다. 그렇다면 객관적으로 존재하고 운동한다는 공통성에다 자기를 보존하려는 성질이 결합되어서 운동이 일어난다.

여기서 주의할 것은 아직 우리가 다 인식할 수 없다는 것이다. 다 인식할 수 없을 뿐만 아니라 우리가 현재 영화를 봐도 다 인식을 못한다. 영화는 연속되지 않은 것을 연결시켜서, 사진을 찍은 것이 움직이는 것처럼 보이는 것이 영화이다. 어느 정도로 간격이 좁아져야지 연속되어 보여 진다는 것을 아직도 우리의 시력으로는 모른다.

이것은 상식적으로 힘들 수 있는데, 예를 들어 시계가 도는데, 어떤 시계는 척척 가지만 어떤 것은 쭉 돈다. 그럼 이는 그냥 도는가? 그렇지 않다는 것이다. 역시 미세하나마 정지상태를 거쳐가는 것인데 우리의 눈으로서는 볼 수가 없는 것이다. 우리 눈으로 볼 수 없는 것이 많다. 빛도 번쩍하면 지구를 7바퀴 반을 도는데 그것을 볼 수는 없다. 빠르다 하는 것을 개념적으로 인식하지만 볼 수는 없다.

그러므로 마치 우리가 모두 볼 수 있는 것만이 존재하고 볼 수 없는 것은 존재하지 않는다고 생각해서는 안 된다. 그래서 **모든 물질에는 3가지 공통성(특징)이** 있다. ① 물질은 모든 것이 객관적으로 존재한다. ② 자기 보존성을 가진다. ③ 위의 둘이 결부되어서 운동을 한다는 것이 3가지 공통성이다.

발전을 위해서는 서로 다른 것이 협력하여야하고, 결합을 반대하는 성질은 투쟁으로 억제하여야 한다.

그러면 발전이란 무엇인가? 발전은 어떻게 하여 일어나는가? 각이한 성질의 존재가 결합되어서 협동, 협력할 때 발전이 일어난다. 인간에서도 발전하려면 협력하여야 한다. 협력하지 않고서는 발전이 일어날 수 없다. 모든 발전은 협조, 협력하는데서 일어난다. 이를 철저하게 인식하여야 한다. 아예 여기에 대해서는 **발전이란** 물질의 3가지 특징과 함께 반드시 같은 것도 좋고 다른 것도 좋고(**완전히 같은 것이나 다른 것은 있을 수가 없으므로**) 결합되어 협조하고 협력하는 데서만 발전이 있을 수 있다는 것을 유의해야 한다.

발전이란 상태가 현저하게 더 높은 단계로 변화되었다는 말이다. 협력을 제대로 할 수 있는가? 결합을 제대로 할 수 있는가? 그러나 결합을 제대로 하지 못한다. 친하자고 하면 결함이 있어서 이용하자고 하는 것으로 경계하고, 사람들도 그러한데 다른 물질도 마찬가지다. 독자적으로 자기를 유지하려는 자기보존성이 작용하기 때문이다. 그러므로 결합되려면 결합을 반대하는 성질을 억제해야 된다. **투쟁**이 필요하다. 결합을 반대하는 특징을 억제하기 위한 투쟁이 필요하다.

그런데 **헤겔**은 전혀 이것이 없다. 헤겔은 정(正)이 반대를 낳고 반대이니까 포섭하고 다시 반대를 낳고 또 포섭하고 이렇게 해서 발전이 일어난다. 이것이 **정·반합**이다. 어떻게 해서 반(反)을 낳는가, 어떻게 해서 결합이 되었는가? 아무 설명이 없다.

맑스주의는 그래도 투쟁해야 된다. 그런데 이것도 투쟁이 발전을 규정하는 동력인 것처럼 생각한다. 투쟁에서는 아무런 발전이 없다. 투쟁으로 끝나서는 아무 것도 발전이 없다.

그런데 투쟁을 안 하고서는 결합되지 않으려고 하는 성질을 억제할 수 없다. 그래서 결합이 안 된다. **결합(발전)을 하기 위한 조건을 마련하기 위해서 투쟁이 필요하다. 그래서 조건을 마련한 다음에는 반드시 결합돼서 협조하지 않으면 안 된다.**

이것을 도식화한다면 투쟁을 통해서 통일의 상태가 이루어지고 통일의 상태를 통해서 결합과 협조가 이루어지고 그 결과 발전이 일어난다. 그런데 이것이 왜 분열되는가? 자기가 발전하려는 욕망과 현재상태가 모순되므로 분열된다. 분열되었다가 또 분열하려는 성질이 투쟁을 겪고서 통일이 된다. 통일이 되어 또 협조해야 발전한다는 것으로 된다. 이런 것은 보통 생활과는 크게 관계가 안 되기 때문에 잘 이해되지 않지만, 그러나 이것은 틀림없는 진리이기 때문에 꼭 알아야 한다.

그래서 결국은 **결합**되어 **협조**함으로써 **발전**이 이루어진다. **결합의 수준이 자꾸 높아 갈수록 발전의 수준이 높아진다.** 처음에 지구가 생겼을 때는 결합의 수준이 높지 못했다.

변증법이란 결국은 인간중심으로 밖에 볼 수 없기 때문에, 그리고 맑스주의자들이 투쟁에 관해 제기했기 때문에 '투쟁'이란 표현을 하게 된다. 원자핵과 전자가 싸운다면 맞다. 싸운다는 말을 인간에게서는 투쟁을 말하게 되는데 인간에게도, '결합' 대신에 '창조적 노력'이라는 말을 대신하지만, 이런 결합현상이 대체로 있는 것만은 사실이기 때문에 결합, 협력, 발전 이렇게 표현하는 것이 제일 낫지 않겠는가 하는 것이다.

통일(결합)을 위해 자존심(차이성의 보존)을 억제해야하는 것이 발전의 첫째조건이다. 이를 발견하는데 20년이 걸렸다.

세상에 협상(대화)가지고 되는 일이 있는가? 이는 평화주의자들의 말인데 사실은 협상을 거부하는 자들이 이런 말을 자꾸 거론한다. 그래서 본질적으로 볼 때는 투쟁을 해야 하는 것이다. 모든 사물은 동일성과 차이성의 두 가지 성격을 가지고 있기 때문에 동일성을 보존하고 차이성을 보존하려고 하는데, 자존심이 강해서 차이성을 보존하자는 성질이 앞설 때는, 이를 억제하기 전에는 결합(통일)이 안 된다. 통일성이 앞서게 되면 결합이 된다. 그러므로 반대하는 성격을 억제하기 위한 투쟁이 필요하다. 이것이 안 되면 절대로 발전은 있을 수 없다. 결합되어 협력, 협조가 안 되기 때문이다. 따라서 이것은 신념으로 이해되어야 한다. **이것이 인간중심철학에서 발견한 첫째가는 조건이다.** 그래서 유물론과 관념론의 일면성을 밝히게 된다.

그래서 자기보존의 수준이 강화되면 그만큼 자기를 보존하기 위한 운동능력이 강화된다. 자기를 보존하기 위한 운동의 **주동성**, 남을 끌어오는 **능동성**이 강화된다.

투쟁이 반드시 파괴는 아니다. 제한(억제)하는데 말을 안 들으니 파괴일 수는 있지만 파괴는 수단이다. 그래서 본질을 두고 지금까지는 투쟁이라는 말이 적절하다.

우리가 **인생관**을 세우는데 있어서도 투쟁력이 있는가 없는가, 결합할 수 있는 점이 있는가 없는가 이 두 가지다. 투쟁력이 없이 대화나 화해(양보, 소통)의 말은 모호한 개념으로 아무런 의미가 없다. 소통인지 소똥인지 모를 지경이다. 원칙적인 잣대가 없이 돌아다니는 말이다. 이런 말은 바깥으로 말하지 말자. 공연히 미움만 산다.

그러므로 결합이 되어 협동을 하게 되면 자기보존성이 강화되고 **자기 보존성이 강화되면 운동에서 주동성과 능동성이 강화된다. 이것을 깨닫는데 20년이 걸렸다.** 깨닫고 보면 간단히 보이지만 깨닫는 것이 쉽지 않다. 맑스주의도 얘기 안 했고 아리스토텔레스도 물론 얘기 안했다. 왜 운동하는가를 두고 뉴턴같은 위대한 물리학자도 밝히지 못했다. 그저 **만유인력**이 있다고 한 것이다.

III. 생명의 발생은 동화작용과 이화작용의 복제능력으로

그러면 운동의 주동성과 능동성이 어느 지점에 이르면 생명이 발생하는가? 주동성과 능동성이 다른 대상을 끌어당겨서 그것을 먹고 자기 것으로 만들어서 소화시키게 되어 **동화작용**을 하여 자기 세포로 만드는 것이다. 자기 세포를 파괴하게 되면 그만큼 에너지가 나온다. 먹지 않고 자꾸 운동만 하게 되면 세포가 파괴된다. 먹지 않는데 어떻게 해서 힘이 나오는가? 자기 몸의 세포의 파괴에서 힘(에너지)이 나온다. 이를 **이화작용**이라고 한다.

동화작용은 자기만 보존하는 것이 아니라 자기 후대를 키울 수 있게 되어야 한다. 이것을 **복제능력**이라고 한다. **유전**이다. 그래서 자기존재를 유지할 뿐만 아니라 후대를 번식시키기 위한 운동을 한다. 동화작용을 하고 자기 복제능력이 있을 때 **생명(생명체)**이 나왔다.

이것이 자꾸 결합하면 주동성과 능동성이 자꾸 발전된다. 주동성과 능동성을 전문적으로 관리 지휘하는 것이 **신경세포**다. **신경세포가 불어나서 마지막에는 뇌수가 생긴다.** 뇌수가 생기게 되면 자기의 생명활동을 뇌수가 관리한다. 주동적이고 능동적인 운동을 할 수 있다. 이때부터는 **뇌수의 발전 정도에 따라서 생명유기체의 발전수준을 알 수 있다.**

인간이 제일 뇌수가 발전했다. 생물학적인 견지에서 봐도 제일 발전했다. 몸무게의 1/47이 뇌수로 되어 있다. 그러나 이 몸무게도 **혈액의 1/4**을 쓴다. 호흡하는 **산소도 1/4**을 뇌수가 쓴다. 인간과 제일 가까운 존재는 침팬지인데 이는 1/130이다. 사자는 1/700이다. 사자는 힘은 세지만 원숭이보다 발전 수준이 낮은 것이다. 힘으로 말하면 소, 말을 당할 수 있겠는가?

그래서 인간이 발전하려면 뇌수가 자꾸 발전하는 방향으로 나가야 한다. **힘은 자연계에서 가져오면 쓸 수가 있다. 핵융합으로 에너지 혁명이 일어난다.**

지금도 육체적인 힘이란 보잘 것이 없다. 육체적인 힘이란 물건을 공장에서 생산하는 데서 4%밖에 안 된다. 나머지는 전부가 기계를 수단으로 나온다. 동력, 공작기계가 필요하다. 따라서 제일 생산력을 발전시키는 데서 중요한 것이 **에너지혁명**이다. 증기기관, 전기가 나오고 그 다음에 **원자력**이 나왔는데 지금은 원자력의 시초로 제대로 쓸 수 있는 단계는 못된다. 진정한 원자력혁명이 되면 **핵융합**을 해서 마음대로 쓰게 된다.

그러므로 다양하게 발전된 인간의 활동을 지휘하는 것이 **뇌수**인데 지휘하기 위해서는 처음에는 단순한 조건반사로 했다. 그 전에는 무조건 반사이다. 무조건반사가 본능이다. 갑과 을이 가까운데, 그럼에도 가깝게 가면 싫어서가 아니라도 눈을 감게 된다. 이것이 무조건 반사인 본능이다.

그런데 한번 혼이 나게 되면(뜨거운 물에 데이듯) 기억이 되어 그 다음에는 데이는 것을 미리 알게 될 때 이것이 조건 반사다. 그러면 조건이 몇 개까지 되는가? 우리한테 제일 가까운 것이 먹는 것인데 종을 치고서 먹을 것을 주면, 그 다음에는 먹는 것을 주지 않아도 침이 나온다. 그 다음에 종을 치고 불을 켜고 눈을 감고 먹이를 주었다 하면 종을 칠 때 벌써 침이 나온다. 이것이 조건반사다.

개와 같이 영리한 동물도 4개밖에 조건반사를 못한다. 동물(개)이 산수를 하는 것을 보게 되는데 5개와 3개를 8개로 맞춘다. 이는 5에 3을 더하면 8을 생각하는 것이 아니라 5의 표딱지에 3의 표딱지를 결합하면 8개의 표딱지가 된다는 것을 알고 한다. 미리 종합을 한다. 인간은 25개를 **조건반사**를 하고, 훈련하면 100개 이상을 한다.

그래서 호주의 원주민 청년이 수 만 마리 양떼가 들어오는데 셀 줄을 모르고 가만히 있다가 한 마리가 안 들어왔다는 것을 알게 되는데 그런 식으로 감각이 발전한 것이다. 감각이 발전해서 감각적으로 연결시키는 것은 동물이 매우 발전했다. 이것을 인간이 발전시키게 되면 **육감**이 된다.

IV. 정신은 객관화된 사회적 의식(존재)으로 사회생활과정에서 쟁취

한 것

조건반사의 발전으로 육감이 생기지만 이성을 통해 논리적 사고를 해야 한다.

육감이란 말이나 개가 한번 갔던, 길을 잃어버리지 않는 경우에 사용되는 말이다. 이는 기억을 해서 하는 것이 아니라 **본능적인 연계를 통해서 알게 되는 것이다.** 인간도 이것을 발전시키면 비상하게 발전한다. 장님은 다른 것은 못하니까 만져보고 맥을 짚는 등 감각을 발전시킨 것이다. 그런데 이 것은 앞날을 내다보는 것과는 전혀 맞지 않는다. 이것이야말로 이성을 통해서 논리적으로 사고할 수밖에 없다. 그래서 두뇌에서는 1초 동안에 30만 km를 뛰는 것을 감각적으로는 볼 수 없는 것을, 그리고 우주의 생성이 137억년이 된 것을 이성으로 계산해내게 된다. 그러나 과거와 같은 특징들을 자꾸 연결시켜서 감각적으로 진단한다.

빛의 속도로 137억년이다. 제일 오래된 천체를 작년에 발견한 것이 지구로부터 128억8천만년 전에 생겨나게 된 것을 발견했다. 이렇게 긴 시간을 통해 이 천체의 빛이 지구에 도달한 것이다. 그전에 생긴 것을 아직도 발견을 못하고 있다. 그것은 왜 그런가 하면 대폭발(가설)이 일어난 다음에 38만년 동안은 공간이 흐리기 때문에 빛이 복사되어 올 수가 없었다. 38억년 때부터 지구에 오니까 **우주배경복사**로부터 지구에 오게 되었다. 그런데 이것이 다시 흐리게 되어 8억년까지는(위에서 발견한 천체까지는) 잘 오지 않는다. 지금 우리가 보는 것은 128억년 전의 빛이다.

정신은 언제 나왔는가? 이는 객관화된 사회적 의식으로 120년은 살 수 있다.

그래서 두뇌 안에서 기억된 것을 논리적으로 연결시켜서 집도 지어보고 해서 객관화한다. 여기서 그려 본 것을 종이에 쓴다든가 하여 설계도를 만들어 객관화한다. **객관화했을 때 비로소 사회적 의식이 나온다. 혼자만 아는 것은 사회적 의식이 아니다. 두뇌에서 생각한 것을 객관적으로 표현해야 한다.** 자기 뿐만 아니라 **사회적 집단**이 다 알게 된다. 그래서 **사회적 의식**이다.

이때부터 정신이 나왔다고 말할 수 있다. **사회적 의식**은 **사회적 정신**이라

해도 괜찮다. 여기 기초개념을 정확히 이해하는 것이 필요하다. 우리가 사회적 의식으로 객관화해서 만든다는 것은 아주 큰 의의를 가진다. 집을 짓는 방법을 알아내어 객관화해 놓으면 다른 사람도 집짓는 방법을 알 수 있다. 자동차를 만든 방법을 객관화하여 **설계도**를 만들어 놓으면 다른 사람도 자동차를 만들 수 있다. 이것은 인간의 발전에서 큰 의미를 가진다.

동물은 살아가는 동안 많은 경험을 한다. 자꾸 싸우다 보면 싸우는 능력이 발전한다. 유전을 통해서 싸움 잘하는 닭의 새끼가 반드시 싸움을 잘 한다고 할 수 없다. 대체로 싸움 잘 하는 닭은 그런 종이 많이 나오는 것은 사실인데, 그러나 **자기가 체험한 것의 몇천분의 1로서 유전자를 통해서 내려간다.**

어느 생물학자가 쥐의 꼬리를 자꾸 잘랐는데도 변화가 없었는데, 그래서 유전자 조작이 성공하려면 100만년은 더 걸린다고 한다. 호랑이와 사자가 갈라진 것은 100만년 정도이다. 아프리카의 줄말과 일반 말이 갈라진 것은 100만년 전이다. 당나귀와 말이 갈라진 것도 그 정도다.

이렇게 되다 보니 인간은 한 대에서 축적한 지적 물적 재부를 대를 이어 발전시켜 나갈 수 있다. 과학자들이 발견한 과학적 지식, 기술자들이 만든 기계기술수단은 발견하고 만든 사람이 죽어도 유지된다. 그러므로 현실의 사람 뿐만 아니라 그 전 세대까지 다 협력할 수 있게 된다.

이러하므로 인간은 생물학적 존재와는 다른 사회적 생활을 통해서 얻은 경험을 객관화해서 자꾸 발전한다. 우리의 육체는 5천년 전이나 지금 별로 차이가 없다. 오히려 그때는 힘이 더 세었다.

수명으로 보면 피가 2년 4개월에 한번씩 완전히 교체된다. 이것을 50번 하면 인간은 끝나는데 그렇게 되면 그 계산법으로 120년 동안은 살 수 있게 된다.

그래서 **사회적으로 획득한 이러한 생활력을 가졌다고 하는 의미에서 인간은 사회적 존재라는 것이다.** 인간의 정신, 창조적 능력 이것은 모두 다 선천적으로 타고난 것이 아니라 **사회생활과정에서 쟁취한 것이다.**

1923년에 인도에 캘카타, 지금의 뉴델리에서 100km정도 떨어진 곳에서 아이우는 소리가 났다. 그래서 2세와 8세의 두 딸이 발견되었는데 2세 아이는 곧 죽고, 8세는 9년을 더 살았다. 나중에는 요독증으로 죽었다. 추측컨

대는 키워준 대상을 모방한다. 낮에는 쉬고 밤에만 활동한다. 17세면 다 큰
처녀인데, 또 걷다가도 급하게 되면 긴다. 습관이 되어 그렇다. 그렇기 때문
에 **인간도 뇌에서 사고할 수 있는 사회적 생활을 하지 않으면 안 된다.** 교
육이 필요하다. 사회생활을 통해서 축적한 **사회적 의식, 사회적 재부,** 이것
을 계속 축적해 나간다.

그래서 물질적 힘을 두고 어느 새가 비행기만큼 빠른 것이 있는가? 바다
를 나가보면 겁이날 정도로 넓다. 달은 여기서 38만km밖에 안되는데, 빛의
속도로 계산하면 1.5초 걸린다.

여기서 중요한 것은 우리가 사회적 존재로서 협력해서 발전시켜 나가게
되면 인간은 끝없이 발전한다. 인간의 발전을 방해하거나 막을 존재는 없
다. **인간보다 발전된 존재가 없기 때문에 신비롭게 생각하고 숭배할 존재는
없다.**

그런데 우주의 넓은데 비교하게 되면 지구는 너무 좁다. 그런데도 장마,
지진, 태풍이 불고 하는데 이것 하나 해결 못하고 있다. 100~1000년 걸리
면 해결할 수 있을 것이다. 백두산 천지도 다시 폭발이 일어날 수 있다. 그
전에 핵융합의 문제가 해결되면 억제할 수가 있다.

인간은 너무 교만하게 되지 않으면 영원히 발전할 수 있다. 200만년 정도
가면 은하계도 정복할 수 있다고 한다. 처음에는 **지구**를 관리하고, **태양계**
를 관리하고, 다음에는 **은하계**로 나아간다. 우리가 과학적 지식으로 빨리
발전하게 된 것은 몇 백년 밖에 안 된다. 그럼 이것은 무엇을 말해주는가?

Ⅴ. 인간이 발전의 주체로: 성령이란 없다

인간은 자연에서 진화되어 나왔지만, 이제는 자연까지도 발전의 책임을
지고, 우주의 발전을 책임지고 끌고 나아가는 존재다. 발전의 주체가 인간
으로 바뀐다. 지금은 자연계에서 일어나는 발전현상은 새 것이 하나도 없
다. 그것보다 몇 배나 빠른 인간이 발전해 나가니, 결국은 자연이 인간을
따라오지 않으면 안 된다.

지금 야생닭처럼 멸종되어가는 것이 90%다. 나머지도 인간이 도와주지
않으면 멸종한다. 인간은 그렇지 않고 계속 발전한다. 인간의 발전을 막을
존재가 없다. 그런데 인간이 위력한 존재라고 해서 모든 것이 인간을 위해

만들어졌다고 생각해서는 안 된다.

누가 기러기 고기를 먹으면서 맛있다며 한울님이 인간을 위해 기러기 고기를 만들어주었다고 하니, 옆에 있던 아이가 모기가 사람의 피를 빨아먹는데 인간은 모기를 위해 만들어졌다고 하여 폭소를 자아냈다.

2백만년 후는 은하계를 지배하고 1억년 되면 대단한 넓이의 관리권을 가지게 된다. 그 때 가서는 이런 철학이 필요없다. 얘기 안해도 상식으로 된다. 이렇게까지 복잡하게 쓸 필요가 있는가 하다가도 이해가 안 된다고 하니 쓰지만 더 이상 간단히 쓸 수도 없다.

이것은 무엇을 말하는가? 인간이 자연계에서 나왔지만 **인간의 발전방책은 인간을 중심으로 발전하고 인간이 발전을 주도하는 존재라는 것이다.** 세계의 발전수준을 대표할 뿐만 아니라 세계발전을 주도하는 존재이다.

기독교를 반대하지는 않는데 왜 자꾸 시끄럽게 세례를 받으라고 하는가. 예수님은 위대한 성현으로 알지만 **성령이란 없다.** 식사할 때 기도하라고 하는 것은 영혼은 우리 마음 속에 있으므로 마음으로 기도하는 것이다. 천사도 악마도 마음에 있으므로 **아니 우리 마음 외에 있다고 해도 관계없다. 인간을 중심으로 종교를 만들면 어떨까?**

내외에 알리기 위해 종교와 인간중심철학을 결합시키고자 한다. 지금의 인간의 발전수준을 보면 인간중심철학은 이해하기 힘들므로 그렇기 때문에 우선은 하나님을 믿는 사람이 대부분이기 때문에 결합시켜 보려고 한다. 그러나 결합시키는 것이 참으로 어렵다.

불교 믿는 사람을 처음에 결합시키고자 했다. 그런데 서로 욕만 한다. 공명당을 교토대학 사람과 결합시키고자 했는데 공명당을 부화방탕하고 나쁜 사람이라고 한다. 그래서 그 다음에 미국의 스티놀 대학(카토릭 종합대학: 김수환 추기경도 여기서 학위를 하고)의 총장을 한 모피가 찾아와서 종교에 관한 얘기를 했다. 강원룡 목사에게도 말한 적이 있다. 주체사상신봉자가 된다고 하여 경력을 알아보니 중국에 가서 19년 동안 신부생활을 했다. 그래서 중국식 외교방법을 채택한 것이다. 중국인은 어디 가든지 자존심이 강하면서도 배우러 왔다고 한다. 종교통일만 해도 큰 역할을 할 수가 있다. **종교를 인간중심종교로 만들면 어떤가?** 동학·천도교가 그 한 사례가 될 수 있다.

종교개혁이란 처음에 나온 것은 목사들, 신부들, 성직자들이 마음대로 면죄부도 팔고 하나님을 대신해서 권한을 가져 모든 것을 결정한다고 잘못 생각하는 데서 기인했다.

VI. 인간중심의 종교로 세계의 발전을: 신곡(神曲)과 인곡(人曲)

신곡(神曲)과 인곡(人曲)은 인본주의사상과 결부되어있다.

르네상스시기에 자본주의가 차차 나오면서 하나님이 결정하는 것이 아니고 정당한 일을 한 사람은 정당한 보수를 받게 된다고 한 것이 **단테의 신곡**이다. 지옥으로부터 연옥을 거쳐서 천당으로 올라가는데 안내하는 사람이 데리고 가는데, 현실에서 잘 한 사람은 천당에 가서 대우를 잘 받고, 나쁜 짓 한 사람은 지옥에 가서 고통을 받고, 말하자면 이렇게 해서 사람의 운명을 결정하는 것은 사람 자신이 행동하는 데에 있다는 것을 말한 것이다. 처음에 읽게 되면 그저 지옥이오, 연옥이고 천당 말만 나오기 때문에 잘 알지 못하는데, 실제 실정에 맞게 행동하는 것이다.

뒤에 나온 사람이 보카치오다. 데카메론을 썼다. 이는 승려들의 나쁜 짓을 노골적으로 쓴 것이다. 그래서 단테의 것을 '**신곡(神曲)**'이라 하고 보카치오는 '**인곡(人曲)**'이라고 한다.

교단의 폐해에 대해 14세기에서 시작하여 1515년부터 16세기에 일어난 것이 종교개혁이다. **종교개혁은 한울님 앞에서는 모든 사람, 모든 신도들이 동등하다. 승려들이 사람의 운명을 결정하는 것이 아니다. 이것이 1차 종교개혁의 기본사상이다.** 인본주의사상을 도입한 것이다. **루터, 칼빈 등이 인본주의 사상을 종교에 결부시킨 것이다. 영국에서는 종교혁명이 곧 자본주의 혁명으로 되었다.**

미국이 제일 봉건적인 사상의 영향이 적은 것이, 종교개혁을 할 때 몰려온 사람들이다. 그 때문에 신교계통이 많다. 이후에는 신교와 구교가 싸우면서 비슷비슷해졌다.

그래서 이제는 한울님도 좋고 성령도 좋고 다 인정하고 반대는 없는데 성서에 있다시피 사람이 땅과 바다를 지배하기 위해 사람을 만들었다고 하는데, 사람이 자신의 운명을 잘 개척해나가는데 도와주는 것이 한울님이면 종교의 내용을 "하나님 아버지시여, 하나님 아버지시여"하며 자꾸 기도를 드릴 것이 아니라 위의 인간을 중심으로 하는 내용으로 해석하면 좋지 않겠는가 하는 것이다.

기독교에서는 하나님이 악마와 타협하는 일은 없는가 하고 물으면 답변을 못하는데 악마는 우리 개인의 마음 속에도 있는데 이것은 결국 집단적 존재로서 하는 것은 **선**이다. 자기 개인만 생각하는 것이 **악**이다. 그러므로 사람이 수행을 안 하면 악이 살아나고, 잘 수행하게 되면 선이 살아난다. 선한 사람이란 사실 한울님같이 얼마나 고상한가. 악한 사람이란 짐승보다 더 악하다. 한번 웃는 데서도 교활하게 웃어서 남을 속이자고 하고, 칼을 품고서도 자꾸 친하자고 한다. 동물은 거짓말을 못한다. 그러나 인간은 온갖 나쁜 일을 다 저지른다. 조선민족이 영리하여 얼마든지 잘 살 수 있는데 지도자를 잘못 만나 고통을 받고 있다.

동물은 그렇게 하는 일이 없다. 인간이 악하려면 동물보다 더 악해지고 선하려면 한울님같이 선한 존재로 발전할 수 있다. 그러므로 우리 마음 속에 한울님도 있고 악마도 있다. 그래서 악마와는 싸워야 된다. 선한 사람을 도와서 인간의 운명개척을 하는 방향으로 종교를 개혁하자. **이제 한번만 더 종교를 개혁해 놓으면 그 다음에는 세계가 통일된다.** 세계가 통일되면 그런 데 대한 의문이 없어진다. 이것은 정말로 종교를 반대하는 것은 아니다.

지금도 하나님의 감투를 쓰고서 나쁜 짓을 하는 사람이 있다. 돈벌이나 하는 사람이 얼마나 많은가? 그런 의미에서 참 힘든 일이다.

결론은 인간이 이렇게 발전한 다음부터는 인간중심으로 해서 세계가 발전한다. 무슨 말인가 하면 전 우주가 인간화 되어가는 방향으로 발전한다. 이것이 인간이 발생하기 이전과는 다른 것이다. **이것이 새로운 세계관이다.** 이론물리학자와 물질에 관해 얘기하니까 대가들은 1년 동안은 공부하여야 한다며 관심을 가진다.

VII. 동학·천도교: 인내천(人乃天)의 새로운 통일 세계관
인간중심의 새로운 종교를 세계관으로 하여 세계의 발전을 도모할 수 있다.

동학 인내천(人乃天)의 새로운 세계관에서 천(天, 한울)은 인간이 지켜야 할 도(리)이다.

지금 현재상태에서는 종교개혁을 한번 더 해서 종교가 인간을 위한 종교로서 개혁해나가는 것이 중요하다. 그래서 제일 가까운 것이 **천도교**이다. 예수교인들은 낙후한 종교라고 야유한다. 일신관(유일신관)적 사고이다. 지금은 범신관을 넘어 범재신관(pan-en-theism)의 시대이다.

또 신관(장생관)에 대해 말해 보면, 죽은 물건은 하나도 없다고 결론을 내린다면 모든 것이 장생한다는 것이다. 죽은 것이 없으니까 모든 것이 운동한다는 것이다. **여천합일(與天合一)**로 **생생무궁(生生無窮)**토록 인생은 장생한다는 것이다. 이렇게 보면 이 이상 **완전한 신관**이 어디 있겠는가?

또 인격신과 절대신의 차이는 인격신은 하나님이 내다보면서 저 놈 나쁜 놈이다, 벌을 줘라. 동화에는 다 그렇게 되어 있다. '하나님 아버지시여' 그런 식으로 생각하는 것이 **인격신**이다.

캐나다, 미국에 있는 퀘이커종교는 인격신을 인정 안 한다. 인격신을 이성적으로 생각하는 것이다. 이론적으로 신이라고 하는 것은 스피노자도 인정했다. 그런 것은 다 이론적으로 봐서 절대적인 어떤 존재가 있다고 봐서 신이 나온 것이다. **헤겔**도 인격신을 인정 안 했다. 헤겔은 신학을 하다가 철학으로 돌아온 사람이다.

그래서 천도교에서 인격신으로 인내천(人乃天)이란 좋은 구호를 내놓고 5가지 종지(宗旨)도[36] 표방하고 있다. 세계에 자랑할 수 있는 현실적인 구호인데 그러나 오늘날에 와서 어째서 '한울'이라고 하는 것을 신격화하는지 모르겠다. 공자(유교)는 그것을 안 했다. 이런 면에서 공자는 위대하다.

안회가 죽었을 때 "하늘이 나를 망하게 했다"고 했을 때의 **하늘(天)은 인간의 도리**를 말한다. "조문도(朝聞道)이면 석사가의(夕死可矣)"라고 했을 때 **'도(道)'란 것도 인간이 지켜야 할 도(리)**를 말하는 것이다.

따라서 이상의 인간중심철학에 기초한 인내천(人乃天)의 새로운 세계관(종교관)으로하여 남북의 유심, 유물의 양 세계관을 변증법적으로 통섭하게 되면 비로소 우리가 염원하는 평화통일을 구현할 수 있을 것으로 기대된다.

---

36) ①사인여천(事人如天) ②보국안민(輔國安民) ③포덕천하(布德天下) ④광제창생(廣濟蒼生) ⑤지상천국(地上天國) 건설(建設)

제4편

아름다운 민족통일을 위해

제12장 사회역사관으로 보는 민주주의 이념당의 건설[37)]

Ⅰ. 정치는 사람들을 결합시키는 일로

정치란 사람들을 결합시키는 일을 말한다. 그런데 한국은 지금 정치적 사상의 이분화로 인하여 분단되어 있다. 남한은 자본주의, 북한은 사회주의라는 사상을 가짐으로 인하여 분단의 상황에 놓여 있는 것이다. 하지만 우리는 남·북한을 정치사상적으로 나누지 않고 근본적으로 우리가 같은 민족이라는 민족주의에 입각하여 이해하여야 한다. 따라서 먼저 남·북한을 통일하기 위해서는 서로의 차이에 대하여 이해하고 둘의 중간적인 합의점을 찾아내야 하므로 먼저 남한과 북한의 차이점을 알아보도록 하고 그리하여 통일에 이르기 위한 구동존이(求同存異)적 접근을 해야 한다.

남한은 분단 이후 미국에 의해 자본주의를 받아들였다. 자본주의의 장점은 자신이 일한 만큼 또는 노력한 만큼의 대가를 가지게 되는 것이다. 하지만 자본주의의 맹점은 빈부의 격차와 사회적 불평등을 야기할 수 있다는 것이다. 북한은 소련에 의해 사회주의의 국가로 자리매김하게 되었다. 이 체제의 장점은 빈부격차가 없이 서로 잘 살 수 있게 해준다는 것이지만 자신의 노력만큼의 대가가 오지 않고 평등하게 분배가 됨으로써 일을 열심히 하려는 마음을 갖지 못하게 한다는 데에 맹점이 있다. 자본주의와 사회주의 둘 다 이러한 장·단점을 가지고 있으므로 어떤 것이 옳고 그르다는 판단을 내릴 수 없는데, 남북은 서로의 체제만이 옳다고 주장하고 있으므로 통일이 되지 않고 있는 것이다. 남한의 자본주의는 변질되어 현재는 천민자본주의가 만연하고 있으며, 북한의 사회주의는 그 본래의 이념에서 변질되어 독재체제를 가지고 있는 것이 현실이다.

그러면 이러한 상황에서 우리는 어떻게 우리나라의 정치발전을 이룩하고 평화통일의 길을 갈 수 있는가? 그에 대한 해답은 '인간중심의 정치철학'을 갖는 것이다. 한국은 분단이전부터 한국적 인간중심 정치철학을 가지고 있었다. 한국의 상고시대인 고조선의 단군왕검은 홍익인간을 중시했으며 근·현대사의 동학에서도 인내천 사상을 정신문화의 근간으로 했다는 것이 그 증

---

37)노태구, "발전의 논리학을 위한 지도사상부와 이념당의 건설: 동학(천도교) 정당으로"『청소년과 효문화』(제16집). 청소년문화학회(2010. 11.30).

거이다. 두 사상의 공통점은 바로 인본주의라는 것이다. 인간을 이롭게 하고 사람성 본연을 근본으로 삼아 서로 모두 행복해지는 것이다. 하지만 이러한 인본주의 철학에서 우리는 정신(개인주의)과 물질(집단주의) 중 한 쪽 면만을 중요시했다. 서로 어느 한 쪽만이 옳다고 주장하게 되면 양보와 합의점을 찾아내지 못하여 통일은 될 수 없는 것이다. 물론 어느 한 쪽의 힘이 더 세서 무력통일을 시도할 수는 있겠지만, 사상의 통일이 선행되지 않으면 평화통일은 될 수 없다.

II. 사상통일을 이루어야

사상통일을 이루려면 독립된 통일 전담기구가 있어야 한다.

그럼 사상의 통일은 어떻게 가져올 수 있는가? 사상의 통일을 이루려면 서로의 체제에서 장점은 취하고 단점은 과감히 버리는 것이다. 사람들의 일반적인 인식체계도 변화되어야 한다. 현재는 우파, 좌파, 진보, 보수들이 서로의 차이를 인정하지 않고 무조건 옳다거나 그르다고 하는 경향을 가지고 있다. 심지어는 우파, 좌파 등의 개념도 명확히 모르는 사람들도 존재한다. 흔히들 우파+보수 즉 보수우파와 좌파+진보라는 진보좌파라고 생각을 한다. 우파는 복지와 대북정책에 있어서 북한에 협조적이라고 좌파들을 폄하한다. 차이를 생각하기 전에 무조건 좌파빨갱이로 인식하는 것이다. 북한과의 대화를 시도하고 우호적으로 대북정책을 펼쳤다고 해서 김대중, 노무현을 빨갱이라고 인식하는 사람들이 존재하는 것이 현실이다. 우리는 6·25이후에 생긴 이러한 트라우마와 선입견을 이겨내야 한다. 한민족이 같은 뿌리임을 자각하고 같은 문화와 가치를 공유하는 민족이라는 **민족주의의 시선**으로 바라보아야 하고 편향된 이분법적 사고도 가지면 안 된다.

또 하나의 문제점은 독립된 통일 대북정책에 관한 기구가 존재하지 않는다는 것이다. 통일정책은 일관성을 가지고 지속적으로 추진해야 하는 것인데 정권이 진보나 보수로 바뀔 때마다 통일정책의 노선도 같이 변화하게 된다. 예를 들어 김대중 정부와 노무현 정부가 햇볕정책 등으로 북한과의 우호관계를 다져놓았고 이로 인한 인한 재정적 부담도 만만치 않았다. 그러나 다음의 이명박 정권에서는 다시 남북의 관계가 냉각기에 접어들었다. 결과적으로 통일을 위해 남한에서 지원했던 재정적인 것들도 모두 물거품이 된

셈이며 그 재정적 자원들이 낭비되었다. 통일을 위한 대북정책 전담기구가 부재함으로 정권의 변화에 따른 참혹한 결과를 자아내는 것이다.

그러므로 우리나라의 정치발전과 평화통일을 이끌어내기 위해서는 서로 이해하고 근본적으로는 인간중심의 정치철학의 중요성을 인정하여 그것에 관한 교육을 실천하여야 한다. 또한 현재 남·북한 주민들이 가지고 있는 생각의 체계도 통일을 위한 **민주주의**에 입각하여야 한다. 민주주의는 홍익인간이나 인내천사상처럼 국민 혹은 인민이 주인이 되는 주권재민 사상에 기인한 것이기 때문이다. 남한 사람들은 북한의 체제를 그저 공산당이라고만 여기지만 북한도 인민민주주의 공화국으로 민주주의를 지향한다. 그러므로 생산을 위한 자본주의와 소득의 재분배를 위한 사회주의를 알고 사상통일을 통한 새로운 통일 민주국가 건설을 위해서는 독립적으로 교육하며 이를 시행할 수 있는 전담기구의 출범이 필요하다. 하루아침에 통일이 될 수는 없다.

차근차근 평화로운 통일을 위해 사상의 변화를 위한 **민주주의 이념당의 건설**이 필요하다. 또 통일전담기구인 제4지도사상부도[38) 신설하여야 할 것이다. 초기에는 연방제와 같은 정책과 체제로 시작하더라도 결국에는 완전한 민족통일을 이루어야 한다.

III. 인류 역사발전의 사회역사관

그러면 지금부터 먼저 인간중심정치철학을 사회역사관적 시각에서 고찰해보고, 다음에 바람직한 이념당 건설에 대해 살펴보도록 하자.

1. 원시공동체사회

일부 사람들은 마르크스주의의 노동계급적 입장을 반대하는 나머지, 사회발전과정의 계급적 대립관계를 무시해 버리려고 한다. 이런 사람들의 역사

---

38) 한국정부의 권력구조는 개인주의의 부르조아정부의 형태이므로 사회적 의식을 고취하기 위하여 지금의 3권에 제4권으로 지도사상부를 두어 4부의 정부형태를 만들어가야 할 것이다. 제4정부가 인간은 개인적 존재이자 집단적 존재라는 것을 사상교육을 정부적 차원에서 정치사회화의 일환으로 지속적으로 주지시켜나가야 한다.

관에는 찬성할 수 없다. 계급해방을 주장하는 계급적 입장보다 계급의 존재 자체를 은폐하려는 계급적 입장이 더 옳지 않다고 보아야 할 것이다.

시대 구분을 어떻게 하고 그 내용을 어떻게 서술할 것인가 하는 문제는 피지배계급의 입장이나 지배계급의 입장을 떠나 사회발전에 참가하는 모든 계급과 계층을 다 포괄하는 역사의 주체를 밝히고 역사를 있는 그대로 보려는 역사 전문가들이 과학적으로 해결해야 할 문제이다. 우리는 여기에서 사회에서 차지하는 인간의 자주적 지위와 창조적 역할이 높아져 왔다는 인간 중심의 사회역사관의 정당성을 역사발전과정을 통하여 큰 선에서 밝히려고 하는 것이다.[39]

이렇게 놓고 보면 약 2백만 년의 장구한 기간에 걸친 원시사회의 역사에서 대부분의 기간은 채집과 수렵의 시대에 속하고, 농업과 목축업에 기초한 사회는 원시사회 말기에 속하는 비교적 짧은 기간이었다고 볼 수 있을 것이다.

그러나 원시사회가 붕괴된 이후 오늘에 이르기까지의 인류역사를 약 5천 년으로 본다면, 기원전 1만 년 전으로부터 시작된 농업과 목축업에 기초한 원시사회의 역사도 결코 짧은 기간이라고 볼 수 없을 것이다. 채집수렵 시대의 인간생활은 동물의 생활과 가까웠다고 볼 수 있기 때문에 이것은 취급하지 않고 주로 농업과 목축업에 기초한 원시사회만을 염두에 두고 논의하여야 한다. 역사발전의 단계로 보면 이 때가 원시공동체사회를 이루고 있던 것이다.

2. 고대노예제사회

원시사회가 붕괴된 다음에 수립된 고대사회의 본질적 특징을 노예제도와 결부시키는 것은 *정당하다고 보아야 할 것이다. 원시공동체사회로부터 계급사회로의 이행은 인류역사발전에서 일대 전환이 된다. 노예제사회를 전적으로 노예노동에 기초한 사회라고 해석한다면 그런 사회는 전쟁포로를 계속 쉽게 확보할 수 있는 특수한 경우를 제외하고는 성립될 수 없을 것이다.

동물과 구별되는 인간의 고유한 특성은 자주성과 창조성이다. 계급사회에서의 인간의 자주성과 창조성의 수준은 원시공동체사회에서의 인간의 자주

---

39) 황장엽, 『사회역사관』(서울: 시대정신, 2010). pp. 288.

성과 창조성의 수준보다 비할 바 없이 높았다. 원시공동체사회는 아직 사회가 계급적으로 분화되지 않았으며, 계급적 착취와 억압이 없었지만 인간의 사회적 본성에 배치되는 동물적 잔재가 계급사회보다 훨씬 더 많이 남아 있었다. 원시공동체 안에 남아있는 동물적 잔재가 계급적 불평등보다 인간의 자주성과 창조성을 더 크게 억제했다고 보아야 할 것이다.

원시사회에서는 인간적인 것과 동물적인 것이 혼합되어 있었다면 노예제사회에서는 인간이 인간적 존재와 동물적 존재로 양극화되었다. 노예주는 재부도 가지고 사회의 주인으로서의 권한도 가졌으나 노예는 재부도 가지지 못하고 폭력적인 지배를 받았다.

마르크스주의는 원시사회에서는 생산력의 발전수준이 너무 낮기 때문에 공동적인 노동에 기초한 공동생활을 할 수밖에 없었으나 생산력이 발전하게 되자 개인적 노동으로서도 살 수 있게 되어 생존경쟁이 일어나게 되고 그 결과 계급이 발생하게 되었다고 주장한다. 계급적 차별은 영원한 것이 아니라 일정한 역사적 기간에만 있을 수 있다. **영원히 불변한 인간의 본성은 개인주의적 본성과 집단주의적 본성이다.** 인간의 이 두 가지 본성이 사회관계의 특징을 규정하는 기본요인이 된다. 고대노예제사회는 노예소유주중심의 개인계급주의사회라고 할 수 있다.40)

3. 봉건제사회

봉건사회는 **종교와 도덕**을 통하여 사람들이 인간의 본성을 자각하는데 역사적 기여를 하였다. **개인적 존재로서의 인간의 본성은 자유와 평등의 정신이며 집단적 존재로서의 본성은 사랑과 협조의 정신이다.** 개인주의적 경쟁에 치중한 노예제사회를 부정한 봉건사회는 집단주의적 통일에 치중한 사회였다. 인류는 봉건사회 체제를 통하여 집단의 공동 이익의 중요성을 자각하게 되었으며 모든 사람들의 집단의 공동의 이익을 지키는 조건에서만 개인들의 참다운 자유와 평등이 보장될 수 있다는 교훈을 체득하게 되었다.

유한한 생명밖에 지니지 못하고 있으면서도 영생을 요구하는 것이 사람의 본성이다. 특히 신분제도하의 사람들에게는 자기의 이상을 현실적으로 실현하거나 통치자들로부터 받은 억울한 천대와 멸시, 착취와 압박에 대해 복수

---

40) 상게서, pp. 292-298.

할 가능성도 없다. 이런 형편에서 영원한 내세가 있다는 사상은 영생하려는 인간의 본성적 요구에 부합된다. 사람들은 현세에서 불행과 고통을 인내성 있게 참고 선행을 쌓아 나가면 내세에 가서 그것이 정확하게 평가되어 영원한 행복을 누릴 수 있다는 **종교의 교리**에서 위안을 찾았다. **종교**는 현실적인 불평등을 반대하여 싸우도록 사람들을 추동하지 못하고 고통과 불행을 참도록 설교하였다는 점에서는 부정적이었다고 볼 수 있지만, 내세에 가서는 선과 정의가 옳게 평가되어 선한 행동을 한 사람은 영원한 행복을 누릴 수 있기 때문에 선행을 계속해야 한다고 고무하고 희망을 주는 것은 긍정적이었다고 볼 수 있다.

봉건사회는 자유 경쟁은 억제하고 신분적 불평등을 강요하였다. 만일 봉건사회를 부정한 자본주의사회가 자유경쟁을 회복하는 것으로 끝났다면 그것은 결국 노예제사회의 연장으로만 되었을 것이다. 노예제사회의 자유경쟁과 자본주의사회의 자유경쟁은 질적 차이를 가진다. 자본주의적 자유경쟁은 특권을 허용하지 않는 **법적 질서의 테두리 안에서의 자유경쟁**인 것이다. 특권을 허용하지 않고 사회 공동의 이익을 옹호하는 법적 질서의 틀을 만들 수 있는 것은 인류가 봉건사회를 거치는 과정에 체득한 귀중한 진리라고 볼 수 있을 것이다.[41)]

4. 자본주의사회

자본주의사회는 반봉건민주주의혁명의 시대이다.

봉건통치자들은 무위도식하면서 사회를 위하여 아무런 역할을 하지 못하였으며 상공인을 선두로 하는 이른바 제3신분이라는 평민들은 사회생활의 모든 분야에서 결정적 역할을 하게 되었다. 즉 평민들이 사회를 움직이는 기본역량이 되었다. 『제3신분이란 무엇인가』 라는 저서를 발표한 프랑스의 **아베 시에예스**는 제3신분은 사회정치적 **지위의 면**에서 보면 **무(無)와 같지만** 사회에서 수행하고 있는 **역할의 면**에서 보면 **전부**라고 하면서 무위도식하는 봉건적 특권계급에 의하여 구속당하고 있는 전부가 마땅히 자유로운 전부로 바뀌어야 한다고 주장하였다.

사회에서 차지하는 **지위가** 사회에서 수행하는 **역할에 상응해야 한다는 것**

---

41) 상게서, pp. 314-318.

은 **사회발전의 가장 근본적인 법칙**의 하나다. 봉건적 통치집단은 타락하여 사회에서 수행하는 역할이 아무 것도 없어지게 되어 무용지물로 되었기 때문에 마땅히 지배적 지위에서 물러나야 하는 것이며, 새로 대두한 평민들은 사회생활의 모든 분야에서 결정적 역할을 하는 만큼 사회의 주인의 지위를 차지하는 것이 마땅한 것이다. 봉건사회의 붕괴는 합법칙적이며 필연적인 것이었다.

신분이나 권력이 모든 것을 규정하던 봉건 시기에 인간의 가치도 권력이나 신분에 의하여 평가된 것처럼, 돈이 모든 것을 살 수 있는 자본주의사회에서는 사람의 가치도 돈에 의해 평가되는 경우가 적지 않다. 자본주의사회에서 법적으로는 다 평등하다. 하지만 실제에 있어서는 돈에 의해 매수당하여 인신적인 자유마저 잃어버리는 경우가 적지 않은 것이다. 자본주의사회에서 '돈'은 만능의 힘을 가지고 있다는 의미에서 눈으로 볼 수 있는 '신(神)'이라는 말까지 나오게 되었다.

5. 마르크스주의 사회

마르크스의 유물사관은 역사상 처음으로 사회역사 발전과정을 과학적으로 인식하는데 새 기원을 열어 놓았다. 마르크스의 유물사관에서 가장 중요한 핵심은 경제가 정치와 문화를 규정하고 정치와 문화는 경제를 반작용할 뿐이라는 것이다. 경제발전에서는 생산력의 발전이 기본이고 생산관계는 생산력의 발전에 반작용한다는 것이다.[42]

마르크스 『정치경제학』의 기본사상은 **첫째로** 생산관계의 총체가 해당 사회의 현실적 토대로 되며 그 위의 정치 법률적 상부구조가 세워지며 토대에 상응한 사회적 의식형태들이 출현한다는 것이다. **둘째로** 물적 생산양식인 생산방식(생산력과 생산관계의 통일)이 사회적, 정치적, 정신적 생활과정 전반을 규정한다는 것이다. **셋째로** 발전된 생산력과 낡은 생산관계가 새로운 생산관계로 교체되어 사회의 경제적 기초가 변화되면 상부구조도 변화하게 된다는 것, **넷째로 사회구성체**(토대와 상부구조의 통일)는 그 내부에서 발전의 여지가 없을 정도로 생산력이 발전하기 전에는 멸망하지 않는다는

---

42) 상게서, p. 28, pp.1-363.

것이다. **다섯째로** 마지막 적대적 계급사회인 자본주의사회 내에서 발전하는 생산력은 동시에 이 사회의 계급적 적대관계를 해결하기 위한 물질적 제 조건을 창조한다는 것이다. **여섯째로** 자본주의사회의 종말과 함께 계급사회의 역사가 끝나고 참다운 인간역사의 새로운 기원이 열린다는 것 등이라고 볼 수 있다.

마르크스의 유물사관을 한마디로 요약하면 생산력의 발전에 상응하여 생산관계가 변화발전하고 생산관계의 변화발전에 상응하게 정신문화와 정치의 변화발전이 따라간다는 사상이라고 볼 수 있다.[43]

6. 인간중심의 민주주의사회

여기서 다시 한번 강조할 것은 물론 우리는 인류가 자연발생적으로 걸어온 길을 맹목적으로 답습해야 한다는 것을 주장하는 것은 아니다. 사회에 관한 과학적 인식이 발전함에 따라 인류가 자연발생적으로 걸어온 사회발전 단계를 더 빨리 거쳐 갈 수도 있다는 것이다. 그러기 위해서는 주관적 욕망을 앞세울 것이 아니라 사회제도 발전에 필요한 ①물질적 조건과 ②사상문화적 조건, ③정치적 조건을 주동적으로 마련해야 하며, 인간중심의 사회역사관에 기초하여 사회제도 개혁을 실시해야 할 것이다.[44]

미래사회는 인간중심의 민주주의 사회이다.

원시사회는 집단주의에 치중하였고 노예사회는 개인주의에 치중하였으며 봉건사회는 다시 집단주의에 치중하였다. 봉건사회를 부정한 자본주의사회는 다시 개인주의에 치중하는 사회로 되었다. 그러나 봉건사회의 집단중심 폐단을 극복하는 한도에서는 개인주의와 집단주의의 균형이 보장되었다고 볼 수 있으나 자본주의가 발전함에 따라 점차 개인주의의 일면성이 사회발전을 저해하는 요인으로 부각되기 시작하였다. 그것은 무엇보다도 생산과 소비의 불일치로 표현되게 되었다. 생산을 하여도 상품이 팔리지 않는다. 이것은 생산관계와 교환관계의 불일치를 의미한다. 어떤 물건이 최종적으로 얼마나 가치 있는가 하는 것은 그 물건이 자주적으로 살려는 인간의 욕망을 얼마나 충족시킬 수 있는가 하는 데 따라 결정된다고 보아야 한다는 것이

---

43) 상게서, pp. 33-34.
44) 상게서, pp. 320-306.

다. 교환관계는 생산관계보다 못지않게 중요하다. 생산관계에서는 생산력을 발전시키고 제품생산을 증대시키는 것이 기본문제로 되고 있지만, 교환관계에서는 경제발전을 보장하기 위한 사람들의 협조관계를 보다 더 합리적으로 개선하는 것이 기본문제로 되고 있다. 교환관계는 생산된 제품을 교환하는 사업뿐 아니라 생산의 목적과 수단을 교환하는 측면도 포괄한다. 관리노동의 중요성을 인정하지 않고 노동자들의 노동의 중요성만 강조하는 것은 전쟁에서 대장의 역할을 과소평가하고 병사들의 역할만 평가하는 어리석음과 같다.45)

앞으로 어떤 나라 인민의 주도적 역할에 의하여 어떤 경로를 거쳐 민족과 세계의 민주화가 실현될 것인가 하는 문제는 예측하기 어렵다. 그러나 민족세계의 민주화가 실현되리라는 것이 역사발전의 필연적 요구라는 것은 명백하다. 또 그것은 인간을 온갖 특권과 불평등으로부터 해방하고 인간의 가치가 오직 인간 자체의 도덕적 자질과 창조적 자질의 높이에 의하여서만 평가된다는 것을 말한다. 다시 말해 **인간의 행복한 삶의 수준이 오직 즉 인간은 개인적 존재(개인주의)이자 집단적 존재(집단주의)라는 인간의 두 가지 본성을 결합시킨 인간 자신의 생명력의 발전수준에 의하여서만 규정되는 것을 말한다. 이는 우리의 미래사회의 본질적 특징으로 될 수 있다는 것을 말하여 준다.** 인간의 가치와 인간의 행복이 오직 인간 자신의 생명력 발전의 수준에 의하여 규정된다는 점에서 **미래사회는 인간중심의 민주주의사회**라고 말할 수 있을 것이다.

IV. 왜 이념당 건설인가?

1. 민주주의 이념당 건설의 사상사적 배경

민주주의는 새로운 발전단계로 자본주의적 민주주의의 역사적 제한성을 극복하고 민족의 평화통일을 위한 시대적 요구에 맞게 민주주의를 더 한층 높은 단계로 발전시켜야 할 역사적 과업이 제기되고 있다. 이 문제를 옳게 해명하기 위해서는 인간이 개인적 존재인 동시에 집단적 존재라는 인간존재의 기본특징에 대한 철학적 이해를 가지는 것이 필요하다. 지금까지 인간존

---

45) 상게서, pp. 330-336.

재의 두 면을 통일적으로 파악하지 못하고 어느 한 측면만을 강조하고 다른 측면을 홀시하는 데서 인간존재의 본질적 특징에 대하여 개인주의(자본주의)적 관점과 집단주의(사회주의)적 관점이 대립되어 왔다.

자본주의적 민주주의는 경제의 발전에 비해 정치와 사상문화가 상대적으로 뒤떨어지게 되어 사회의 균형적 발전을 보장하지 못하고 있다. 그러므로 **정치**가 인민들의 정치사상 문화수준을 높이고 그들의 사상적 지지를 획득하는 것이 무엇보다 중요하다.

지금까지 인간 자체의 사회적 생명력인 자주성, 창조성, 사회적 협조성이 충분히 발전하지 못하여 개인적 존재의 면과 집단적 존재의 면의 대립을 옳게 통일시키지 못하였으며 개인중심 민주주의와 집단중심 민주주의의 대립을 통일시키는 문제를 해결하지 못하였다. 양자의 차이는 영원히 필요하다. 역사적으로는 먼저 개인의 사상의 자유와 다양성과 함께 다음으로 사회적 집단의 공동사상의 통일성을 강화 발전시켜 나가는 것이 옳다.

대립되는 두 개의 사상을 평가하고 통일시키는 기준은 무엇인가? 인간의 모든 활동의 목적은 인간과 민족의 운명(생존과 발전)을 개척해나가는데 있다.

이제 인간중심 민주주의 사상만이 모든 사상의 가치를 평가하는 기준이 될 수 있고 민족의 사상적 통일성을 보장할 수 있는 보편적 진리로 될 수 있다. 양 민주주의의 일면성을 다 같이 극복하고 철학화, 과학화되고 인생관화된 새로운 민주주의 사상을 정립하는 것이 필요하다.

이제는 이러한 보편적인 민주주의 지도이념을 지침으로 하여 민족의 민주주의적 사상통일을 이룩하고 민족의 평화통일운동을 사상적으로 정치적으로 이끌어갈 수 있는 민주주의 이념당 건설하는 것이 중대한 실천적 과업으로 제기되게 되었다.

2. 민주주의 이념당의 지도이념과 원칙

자본주의는 개인의 자유와 평등을 정치적으로 보장하며 그 원칙을 경제분야에서 구현한 시장경제체제를 지지한다는 뜻이다. 왕권을 지지하는 정당에 대해 자본주의 체제를 지지하는 정당으로서 이러한 민주주의사상을 지도이념으로 내세웠다. 그러나 우리는 소련식 사회주의체제의 실패의 원인을 규명하는 계급투쟁의 과정에서 **인간 존재의 기본특징이** 개인적 존재와 집단적

존재의 대립물의 통일이라는 이해에 도달하게 되었다.[46)

이런 의미에서 **민주주의 이념당의 지도이념을 정립하는 데서 의거해야 할 중요한 원칙은** 무엇인가?

첫째로 인간이 개인적 존재인 동시에 집단적 존재인 만큼 민주주의에서도 개인중심민주주의와 집단중심민주주의의 양면이 있을 수 있으며 따라서 양자를 절대적으로 대립시키거나 어느 한 면만의 정당성을 절대화하여서는 안된다는 것이다.

둘째로 개인중심 민주주의적 요구 실현을 앞세우면서 이에 집단중심 민주주의적 요구 실현을 밀접히 결부시켜 나가야 한다는 것이다.

셋째로 민주주의 이념당의 지도이념을 정립하기 위해서는 무엇보다 먼저 민족과 세계에서 차지하는 인간의 자주적 지위와 창조적 역할이 높아져 나가는 과정을 **철학적 원리에 기초하여 해명**하는 것이 필요하다.

넷째로 인간의 자주적 지위와 창조적 역할을 높이기 위한 투쟁에는 끝이 없다는 의미에서는 민주주의 발전에 끝이 없다고 보아야 한다.

다섯째로 민주주의적 행동원칙과 절차를 준수해야 한다는 것이다. 일시적인 효과를 위하여 비민주주의적 방법에 매달리는 일이 없도록 하는 것이 중요하다. 새로운 민주주의 이념을 정립하는 사업은 장기간에 걸쳐 진행하여야 하는 만큼 이념당 건설사업과 민주주의를 개선 완성하기 위한 실천사업을 밀접한 연관 속에서 병행해 나가야 할 것이다.

3. 민주주의 이념당의 조직노선

민주주의 이념당의 조직건설에서 의거하여야 할 중요한 원칙은 무엇인가?[47) 그것은

첫째 당조직의 발전과 이념의 발전을 결합시키기 위한 원칙,
둘째 개인의 자주성과 집단의 통일성을 결합시키기 위한 원칙,
셋째 삼권(지도권, 집행권, 심사권)의 독자성과 협조성을 결합시키기 위한

---

46) 황장엽, 『민주주의 정치철학』(서울: 시대정신,1998) pp. 365-370.
47) 상게서, pp. 371-377.

세가지 원칙이라고 볼 수 있다.[48]

　민주주의 이념당 건설은 개인중심 민주주의와 집단중심 민주주의를 결합시켜 인간중심 민주주의로 발전시키는 데 목적이 있는 만큼 그것은 본질상 대립물의 통일의 변증법적 원리에 의거하여야 한다. 이런 의미에서 또

① 지도권, 집행권, 심사권 등 당조직의 삼권을 두고 당지도위원회, 집행위원회, 심사위원회를 분리시키고 각각 독자성을 가지고 사업하게 된다.

② 심사위원회는 심사부와 판결부, 협조부의 3부를 포괄한다.

③ 최고자문위원회는 당중앙이념연구소가 중심이 되어 당의 사상, 이론전문가들과 당의 원로들로 조직되는 비상설기구이다. 당중앙이념연구소는 당 지도기관에 속하지 않는다. 당중앙이념연구소는 당 지도위원회에 직속되어 있는 연구기관으로서 당의 지도이념과 당의 전략전술, 당 역사 등 관계 중요 문제들을 연구하고 필요한 내용을 당 지도위원회에 보고하고 비준을 받아 당내에 보급하는 임무를 수행한다.

4. 민주주의 이념당의 3건설노선과 정책

　첫째로, 민주주의 이념당의 **정치건설노선으로** 개인중심 민주주의나 집단중심 민주주의, 그리고 그것들을 종합하여 더욱 발전시킨 인간중심의 민주주의는 다 민주주의로서의 공통성을 가지고 있다. 그 공통성은 인민이 국가와 사회의 주인이 되어야 한다는 주권재민의 사상이다. 이 사상은 본질상 특권을 반대하는 평등의 사상이며 사회적 정의의 사상이다. 이러한 견지에서 민주주의를 더욱 개선하는 데서 나서는 중요한 문제는 무엇인가?

　① **삼권분리주의를 더욱 완전히 구현하는 것이다.** 사법권에는 반드시 검찰권을 포함시켜야 할 것이다. 최고 주권기관인 국회는 최고 주권기관의 상임기구로서 국가원수부를 선거할 수 있을 것이다. 국가원수부의 책임자인 국가원수는 국가를 공식적으로 대표하지만 국가권력의 집행자가 아니라 삼권의 조절자의 임무만을 수행해야 한다. 군대의 임무는 국가 주권을 수호하는데 있으며 국내 행정관리에는 동원할 필요가 없기 때문에 군대에 대한 통수권은 군사위원회의 명칭으로 삼권에서 독립되어 국가원수부에 소속시키는 것이 옳을 것이다. 삼권의 협조를 사상적으로 담보하고 국민의 사상적 통일

---

48) 상게서, pp. 382-383.

을 보장하는데 지도이념의 보급이 중요한 의의를 가진다. **국가지도이념연구소**는 권력기관은 아니지만 국가원수부에 속하여 삼권의 통일과 협조를 감시하며 국민의 사상적 통일을 강화하는데 이바지하도록 하는 것이 합리적일 것이다.

② **법을 강화하여야 한다.** 사회공동의 이익을 옹호하기 위해 권리와 의무는 통일되어야 한다는 정의의 원칙을 세우고 개인의 이익보장에 치중하고 사회적 집단에 대한 의무를 소홀히 하는 자본주의적 민주주의의 중요한 약점을 보완하여야 한다.

③ **여론정치를 제한하고 지도이념정치를 강화해야 한다.** 자연을 개조하는데도 기술적 지도와 관리상 지도가 필요하듯이 사회를 개조하고 관리하는 정치사업에서 지도가 필요하다는 것은 더 말할 필요가 없다. 국민의 여론을 정치지도이념을 지지하는 방향으로 이끌어나가야 할 것이다.

④ **여·야당의 차별을 없애고** 국민에 의해 선거된 모든 대표들이 다 국가의 지도기관성원으로서 정권활동에 참가하게 하여야 한다. 정당은 국민에 의하여 선거되지 않은 일종의 사회단체에 지나지 않는 만큼 정당이 정권기관행세를 하는 것은 옳지 않다. **정당은 오직 당원인 선거당선자를 통해서만 정권사업에 영향을 줄 수 있게 하여야 한다.**

⑤ **정당들의 정치활동자금은** 합리적인 법적 절차에 따라 국가가 부담하도록 하여야 한다. 재정경제기관들로부터 정치자금을 수집하는 것을 엄금하여 정경유착을 근절하여야 한다.

⑥ 민족과 세계의 민주화의 요구에 맞게 민주주의 나라들과의 민주주의 원칙에 기초한 **동맹관계를 강화발전시켜 나가야** 한다. 그래서 독재와 인권유린을 반대하는 공동투쟁에는 적극 참가하여야 한다.

둘째, 민주주의 이념당의 **경제건설노선으로** 법은 자금과 생산수단을 사장시키고 있는 사람들이 사회적 수요에 맞게 투자함으로써 사회공동의 이익을 옹호하는데 대한 민주주의적 의무를 수행하도록 통제하는 것이 필요하다. 이런 방법으로 정의의 원칙에 맞게 자본주의적 민주주의의 일면성을 극복해 나가야 할 것이다.

① 국가정권은 자유경쟁에 기초한 시장경제를 계속 유지하는 테두리 안에서 자금과 생산수단을 개인의 이윤추구를 위해서 뿐만 아니라 **사회공동의**

이익을 위하여 통제한다.

② 경제를 전망성 있게 균형적으로 발전시키기 위해 국가정권의 지도적 기능은 어디까지나 정치적, 정책적 지도이지 사회주의 사회에서와 같이 **국가정권이 경제적 기능까지 대행하여서는 안 된다.** 집단적 소유형태를 국가정권의 소유형태로 하지 말아야 할 것이다.

③ **개인과 사회공동의 소유형태에서도 균형적 발전을 보장하기 위해서는** 사회적 재부의 소유와 이용에서 **3대 개조사업이 균형성을 보장**하기 위한 대책을 세우는 것이 필요하다.

④ **민주주의 요구에 부합하기 위해,** 빈곤으로 인하여 국가와 사회의 주인으로서의 지위와 역할을 담당할 권한을 상실하는 사람들이 나오지 않도록 경제정책을 바로 세워나가야 한다.　　⑤ **민족과 세계의 경제의 민주화를 위한 공동위업에** 적극 참가하도록 하여야 한다.

셋째, 민주주의 이념당의 **사상문화건설노선으로** 경제분야와 정치분야에서의 특권이 형성되었지만, 높은 수준의 사상문화를 소유하기 위한 경쟁은 비교적 약하였으며 이 분야에서의 특권은 찾아보기 어려울 정도이다. 먹고 입고 사는 문제가 해결되는데 따라 정신생활과 사회적 교제생활이 중요한 문제로 제기된다.

① 개인중심 민주주의를 자주성, 창조성, 협조성의 인간의 자질을 높이기 위한 경쟁과 사회공동의 이익에 더 많이 이바지하기 위한 경쟁의 인간중심의 민주주의로 발전시키는 성과여부는 **인간의 사상문화 수준을 높이는 사업을** 효과적으로 앞세우는데 있다.

② 지금까지 민주주의는 **사회과학적 원리(세계관, 인생관화(도덕화))에 의하여 체계화**되지 못했다. 따라서 인간중심 정치철학에서 밝혀진 원리에 기초하여 사상문화분야를 민주주의 이념으로 개변시켜나가는 정신문화혁명을 추진시킬 수 있는 것이다. 종교의 교화사업에서 사상, 이념의 보급에서 만난을 극복하고 성공한 위대한 역사적 모범을 연구하고 많은 것을 배워야 한다.

③ **교육, 문화 일꾼(교육가, 기자, 작가, 예술가)들의** 사회적 지위를 개선하고 생활조건을 개선하는데 깊은 관심을 돌려야 한다.

④ 교육내용에서 지식편중에서 **사상교육(민주주의 지도이념 교육)과 사회**

적 협조성교육(정치, 도덕교육)을 균형적으로 발전시키며 유능한 청소년들을 민주주의 이념을 보호하기 위한 사상에서 혁명의 기수로 내세워야 할 것이다.

⑤ 르네상스의 문학예술분야의 변혁이 자본주의적 민주주의 혁명의 선구자로서 거대한 역사적 기여를 하였다는 사실을 잊어서는 안 된다. **민주주의 지도이념을 형상화한 문학예술작품은** 사상문화분야의 혁명적 변화를 이룩하는 데에 큰 역할을 한 것을 알고 그들이 사상 문화혁명에서 선구자의 영예를 지니도록 고무 격려하여야 할 것이다.

5. 민주주의 이념당의 당생활

민주주의 이념당은 민주주의 이념을 실생활에 구현하기 위하여 활동하는 민주주의 정치조직체라는데 그 주요한 특색이 있다. 사회단체와 구별되는 특징은 **당이** 사회적 집단의 본질적 특징을 압축한 형태로 가장 종합적으로 체현하고 있다는 점이다. **당생활을 하지 않는 조직은 산 조직이라고 할 수 없다.** 당 내부생활은 크게 조직생활과 사상생활의 두 면으로 볼 수 있다.[49]

첫째로 당조직생활은 당원들의 부담으로 되는 것이 아니라 기쁨과 행복을 마음껏 누리는 자기 생명력을 강화하려는 절실한 본성적 욕망의 실현과정으로 되어야 한다. 조직생활은 지도기관과 당원들 사이의 상호비판을 강화하는 사업인 동시에 동지적 단결을 강화하는 사업이 되어야 한다. 조직 성원들 사이의 동지적 친선단결과 협조관계를 강화하기 위해 회식과 오락회, 예술감상회, 관광같은 것을 조직하고 축하방문과 위문방문도 조직해주는 것이 좋을 것이다.

둘째로 당사상생활은 조직생활이 당원들에게 동지적 사상의 기쁨을 안겨준다면, 민주주의 지도이념의 정당성과 진리성에 대한 신념을 공고히 하고 민족의 통일과 세계를 민주화하는 위업에 몸바쳐 투쟁하는 높은 긍지와 자부심을 간직하도록 하는데 있다. 따라서 학습에 필요한 자료를 제공해주는 것보다는 집단적으로 모여 지도이념과 관련한 토론을 하여 자기들의 사상을 발전시키기 위한 사업을 단체적 힘에 의거하여 하는 것이 필요하다.

---

49) 상게서, pp. 394-398.

가장 기초적인 조직에서 1개월에 2번 정도는 정규적으로 모여 단체적으로 조직생활과 사상생활을 하는 것이 필요하다.. 또 문어로만 알려주지 말고 지도부가 직접 파견하는 통신원(연락원)이 수시로 각 조직을 돌면서 당지도부나 하부조직들의 연계를 강화하는 것이 필요하다. 통신원은 당지도부의 보좌관이라고 볼 수 있다.

당이 당의 노래, 당선서, 당기를 만들고 당원들에게는 당증과 당휘장을 부여하는 것이 필요하다. 당회의에 앞서서는 반드시 당의 노래를 부르고 당회의를 끝낼 때도 당선서를 하고 당의 노래를 합창하는 것이 좋다. 그리고 해산할 때는 가능하면 동지적 사랑이 깃든 극히 간단한 기념품이라도 주어 보내는 것이 좋을 것이다. 노래의 가사와 곡은 시간을 두고 당회의를 통하여 결정하는 것이 좋을 것이다. 여기서 강조할 것은 당 생활에서 내용도 중요하지만 형식도 소홀히 하여서는 안 되며 힘을 합치고 감정을 같이 하기 위해서 합창하는 형식을 비롯하여 여러 가지 형식을 이용하는 것도 중요하다는 점이다. 형식변경시에는 당원들의 동의에 의거하도록 필요한 절차를 준수하는 것이 좋을 것이다.

V. 배달통일당의 이념당건설을

3개의 세계의 민주주의로 선진민주주의(established democracies), 신민주주의(new democracies), 반(半)민주주의(semi-democracies: 권위주의국가, 전체주의국가)가 있다. 우리나라의 경우 신생개발국가로 시작하여 신민주주의적성격을 지닌다고 볼 수 있다. 우리나라는 일제강점기, 6.25사변, 유신정권 및 군부독재체제, 그 후 민주화운동으로 민주주의 발전이 이어져 오고 있다. 일제 강점기의 독립운동가들은 해방 후 크게 자본주의와 사회주의의 두 가지의 노선으로 나뉘어졌다고 흔히 알고 있지만 민족주의정신을 가진 백범 김구를 비롯한 민족주의자들의 존재를 중요시하게 보고 있지 않다. 독립운동을 주도했던 인사들은 친미세력, 친소련주의 세력으로 나뉘어졌고, 미국과 같은 자유민주국가를 지향하는 남한과 사회민주주의의 북한으로 그 통치적 성격이 나뉘어지게 된것이다. 결국 사회주의화통일을 무력으로 이루어내려던 북한에 의해 6.25전쟁이 일어나게 되고 남은 반공이라는 이념을 국민들에게 심어 정권유지 수단으로 이용하게된다. 역사의 진전으로 직접선거를 이루어내었고, 그러나 민주화 과정에서 기득권과 힘의 유지를 위해 지역을 호남, 영남지역으로 나누고 지역간 대립과 분열의 사태가 계속되어 현재까지 이어오고 있는 실정이다.

민주주의의 발전과 실천을 말하지만 남한과 북한 전부 진정한 자유민주주의 발전에 한계를 보이고 있다. 남한은 경제성장이 되어 북한에 비해 풍족한 것은 사실이지만 남한 사회에서는 양극화현상, 좌우이념대립이 현존하고 있는 것이다. 오징어게임에서 극명하게 보여주고 있는 것이다. 지역감정이 남아 있고 통일을 원하는 국민의식이 낮고 국가의 최대, 최우선의 당면과제인 통일을 실천에 옮기려는 의지가 없는 정치인들이 있는 한 통일로 가는 길은 더욱 멀어질 것으로 보인다.

그렇다면 우리나라의 정치발전과 평화통일을 위해서는 어떻게 해야 되는 것일까? 우리는 그 해답을 동학사상에서부터 내려오는 유구한 역사전통의 한국민족주의에서 얻으려 한다. 선진국의 경우 민족에 대한 그 자부심이 대단하다. 좌우의 이념으로 나뉘어질 수는 있으나 그들의 정치대립은 대외일치의 우국충정의 애국심으로 앞으로 나아갈 방향을 두고 행동한다. 즉 민족전체를 위한 이념대립을 한다는 것이다. 하지만 우리의 현실은 어떠한가? 남한 만을 위한 경제성장, 그 안에 기득권을 지키려는 정당대립으로 우리의 한겨레 민족공동체는 어디로 나아가고 있는 것인가?

백범을 비롯한 몽양, 우사 등 좌우 민족주의자들의 피살, 피납 후 민족전체를 아우르고 합할 수 있는 정치적 지도자의 부재가 크다. 단순히 어떤 이벤트로 끝나는 것이 아니라 북한 동포, 주민, 정치체제를 끌어안고 실질적인 정책을 펼쳐야 한다. 현 정부 들어 북한과의 관계는 더욱 악화되고 있다. 민족주의를 발전시켜야 한다는 말이다. 하지만 국민들은 마치 민족주의를 좌익 개념으로만 생각하려 한다. 북한과 남한의 분단은 그 기간이 길어져 문화, 경제, 사회 전반적으로 통일을 위한 공통점, 뿌리의식을 잃어가고 있다. 그렇다면 지금도 현존하고 영원불멸한 것은 무엇일까? 바로 민족의 역사, 한민족이라는 정신문화 그 자체로 접근해야 한다. 우리나라는 서구의 토착화되지 않은 주입식 민주주의화로 민족정신을 잃어가고 민족의 역사와 자부심조차도 잃어가고 있다. 민족주의정신이 배제된 민주주의는 현실정치와 같은 이념의 혼란과 정치적 대립을 낳는다. 한국의 깊은 역사와 정신에서 오는 민족주의를 발전시켜 나가야 한다. 우선 현재 양당대립과 같은 정치적 구조를 벗어나는 **강력한 민족주의 지도자가 이끄는 민주주의 이념당이 나와야** 한다.

그러기 위해서는 **통일에 대한 교육과 민족역사에 대한 교육이 재정립되고** 많은 민족주의 활동이 이뤄져야 한다. 그렇게 해야만 통일한국을 이룩하고 정치체제를 민족민주주의 국가로 정치발전이 이루어질 수 있다. 남한에 의한 흡수통일은 경제적, 정치적 무리가 있다. 하나의 민족이라는 큰 대의 안에 희생하고 협동해야 한다. 하지만 지난 제19대 총선을 보았듯이 민족민주주의 이념당 출신의 정치인은 전무하고 기득권들만이 정치를 하고 있다. 대선 주자로 꼽히는 인물들도 민족주의 정신과는 거리가 있는 것이 한국정치의 현주소이다. 이런 패거리정치를 극복하고 민족정신을 확대하기엔 너무 많은 노력과 희생, 시간이 필요할지도 모른다.

이번 총선의 결과는 그러하지 못했으나 그 가능성을 열어두었다고 생각한다. 지역주의를 탈피하고 기득권세력의 기득권을 포기하게 하기 위해선 동학혁명, 3.1운동의 민족자결주의, 민주화운동처럼 국민들이 직접 나서야 한다. 그렇게 된다면 한국민족주의 이념 아래 하나의 한국으로 완성될 것이다.50) 통일민주국가가 되면 국제사회에서의 영향력이 향상되고 영토문제에서 자유로워질 것이다. 통일과정으로 인한 단기적인 경제위기는 장기적으로 더 큰 경제대국이 될 것이고 강대국들에 둘러싸인 한국은 비로소 명실상부한 힘을 가질 수 있을 것이다. 민주주의, 민족주의 개념을 다시 알고 현재 우리나라의 정치상황을 인지하여 우리의 후대들에게 더 이상의 과오가 이어지지 않도록 해야 할 것이다.

따라서 우리는 민족의 평화통일을 이룩하기 위해서는 인간중심의 사회역사관에 입각한 **'인간중심민주주의'의 인간중심정치철학에 기초한 바람직한 배달통일당의 이념당건설이** 무엇보다 절실한 것임을 새삼 깨닫게 된다.

---

50) 프랑스혁명의 정치이념인 자유민족주의(liberal nationalism)에서는 민족주의와 민주주의는 형식(cacoon)과 내용(butterfly)으로 일란성 쌍둥이(twin)와 같은 뜻이다. 따라서 민족주의와 민주주의는 적재적소에 번갈아 원용할 수 있다.

제13장 (제4)지도사상부와 이념당 건설: 통일이 발전의 원동력이다

I. 서론: 왜 정치발전을 하여야 하는가?

우리나라는 현재 분단국가로서 남·북한이 언어, 문화뿐만 아니라 사상, 정부형태까지 서로 다른 체제를 유지하고 있다. 그중 특히 사상적으로 가장 큰 차이를 보이고 있다. 이러한 상태가 무려 70여년 동안이나 지속되어 왔다. 앞으로 이 상태가 계속 유지된다면 평화통일을 이루기 힘들 것이다. 그렇기 때문에 우리는 **인간중심철학을 바탕으로 사상교육을 하여** 북한과 사상적으로 공감대를 형성하여야 한다. 이렇게 한다면 무력없는 평화통일에 한발 다가설 수 있다.

민족의 평화통일을 위해선 우선 **정치발전이 선행되어야 할 것이다.** 우리는 개인주의적 자본주의 사회를 살아가고 있다. 개인의 업적지향중심주의, 개인의 특성, 개성존중이 만연한 사회이다. 이처럼 개인을 존중하며 개인이 중심이 되는 사회를 살아가지만, 그 이면엔 지나친 개인주의로 인하여 소외되는 빈민층, 사회낙오자들이 있다. 국가의 복지가 예전보다 확대되었다고 하지만 아직 그들이 그늘에서 빠져나오기엔 정부의 정책적 여력이나 사회여론이 형성되어 있지 못하다.

왜 빈민이 생기며 사회에서 낙오한 자는 다시 사회에 도전할 수 없을 정도로 망가져버리는 것인가? 지나친 개인주의사회 때문이다. 여기서 우리민족이 정치발전을 위해 노력해야만 하는 당위성이 제기된다.

인간은 개인적 존재이나 동시에 집단적 존재이다. 그래서 사회는 개인주의적 민주주의로, 또는 집단주의적 민주주의로 극단으로 치우쳐선 안 된다. 우리사회는 집단주의보다 개인주의적 성격이 강하다. 그렇다면 어떻게 집단주의, 사회공동체주의를 형성할 수 있을까. 이것이 곧 제4부로서의 지도사상부의 설립과 그리고 이념당의 건설과 관계가 있다.

II. 정치의 중요성에 대해: 지휘기능으로 선봉적 역할을

인간은 개인적 존재이자 집단적인 존재다. 하지만 지금의 민주주의는 개인중심으로 되어 있어서 집단이익에 관한 것이 소홀히 되어 있다. **우리의**

민주주의가 발전하기 위해서는 개인주의와 집단주의가 결합되어야 한다. 그래서 개인과 집단 간의 이해관계를 통일시켜야 한다. 또한 정치가 정치, 경제, 문화의 3대 생활을 균형적으로 발전시키기 위해서는 독자성을 갖고 균형을 맞추는 지휘기능을 해야 한다. 더 나아가 세계를 민주화하는 방법은 국가들 사이의 민주주의 동맹을 강화해 나아가는 것이다. 이러한 생각의 근본은 '인간중심철학'에서 나왔으며, 인간중심철학을 알면 정치발전의 전략을 알 수 있다.

지금의 **정치의 지휘기능**은 정지상태에 있다. 여론만 조사해서 여론만 따라간다면 이것이 무슨 지휘기능인가? 단지 여론을 중심으로 결정하여 나아간다면 중우정치로 될 수밖에 없다. 정치는 선봉적인 역할을 하여야 한다. 정치가 자기 위치에서 자기 사명을 다 하기 위해서는 정치, 경제, 문화 3대 생활에 균형을 발전시키고 나아가 민주주의를 더욱 발전시켜야 한다. 따라서 민주주의 이념당 건설이 필요한 것인데 지금의 개인중심 민주주의 정당은 한계가 있다. 발전된 민주국가의 건설을 위해서 인간중심의 정치철학을 통한 이념당 건설이 필요한 것이다.

지금의 민주주의는 민주주의라고 하면서도 국가의 이익만을 추구하고 있다. 세계화시대라는 의미를 잘못 이해하고 받아들여 무한경쟁의 시대로 착각하고 있다. **무한경쟁이란 것을 경쟁과 협력으로 통일·발전시켜야 하는데** 지금은 서로가 서로를 돕지 않고 경쟁만 하고 있다. 한마디로 교육, 보건, 기초건설 등 공동의 이익을 위한 투자가 없다. 앞으로의 민주주의가 발전되기 위해서는 개인주의와 집단주의가 결합되어야 한다. 그렇게 하려면 **새로운 이념당 건설이 필요하며 그 지휘기능을 정치가 하여야 한다.**

인간중심정치철학을 통해 우리의 정치가 어디서 잘못되었는가 하는 것을 비로소 알 수 있었다. 공산주의사회는 스스로가 발전이 끝난 것으로 보고 있다. 최고의 이상으로 생각하였기 때문이다. 하지만 최고의 이상은 있을 수 없다. 왜냐하면 이상이 실현되면 또 다른 이상이 나타나기 때문이다. 무한한 **발전**을 위해서 노력하는 사람만이 계속 발전할 수 있고 발전과정 안에서 **행복**을 느낄 수 있다.[51]

따라서 개인주의와 집단주의의 장점들을 합쳐 인간중심(인내천) 민주주의

---

51) 황장엽, '인간중심정치철학' 강좌를 경청하면서 정리한 것임.

와 애국주의의 결합을 위한 **정치의 지휘기능만이 한민족을 발전시키고 통일을 이룩할 수 있는 방법이 될 것이다.**[52]

III. 인간중심 민주주의: 인식론과 존재론으로

인간중심철학이란 인간을 가장 귀중하게 생각하여 인간의 무궁한 미래를 확신하고 인간의 운명개척의 길을 원리적으로 밝혀내는 사상으로, 동학의 인내천(人乃天)사상과 같은 맥락이다. **인간중심철학**에서는 철학의 사명을 '세계(우주)에서 차지하고 있는 인간존재의 지위를 밝히고 인간의 운명개척을 위한 가장 보편적인 방도를 밝혀주는 것'이라고 하겠다. 이러한 점에서 인간중심철학은 기존의 **인식론**이나 **존재론**과는 근본적으로 다른 철학이다.

존재론에서 3가지 논리가 있다. ①정지상태에서 보는 논리, ②운동상태에서 보는 논리, ③발전상태에서 보는 논리이다. 3가지 논리가 있다. **변증법이란 발전상태의 논리이다.** 발전하자면 자기를 변화시켜야 한다. 있는 상태를 보전하고 자기가 발전에 필요한 것을 끌어내서 소화시키고 협조하는 단계를 거쳐서 보다 더 발전하는 것이다(동화작용). 즉 결합해서 협력을 할 때 발전이 일어난다는 것이다. **결합과 협력, 즉 통일은 발전의 원동력이다.**

인간중심철학이란 무엇인가? 세계적인 석학 황장엽 선생님은 공부하기를 좋아해서 먹는 것도 잊고, 잠자는 시간까지 아까워할 정도로 평생을 쉴 새 없이 연구하며 토론하고 가르치셨다. 또한 기존 철학의 문제점을 제기하여 독자적인 주장을 일관되게 펴신 훌륭한 스승이시다. 선생님은 모든 학문적 연구의 목적은 언제나 인간의 생존과 발전의 길을 밝히는데 있다고 하였다. 이 말씀에 인간중심철학이 있는 것이다.

인간중심철학은 인간이 세계에서 가장 발전된 존재로서 유일한 자주적, 창조적 존재라는 **인간중심적 세계관**에서 출발된다. 인간중심의 세계관은 인간이 이 세상에서 가장 발전된 존재로 세계를 떠나서 생존하고 발전할 수 없으며, 자기 자신과 우주를 보다 더 아름답고 힘있는 존재로 끝없이 발전시켜 나아가야 한다고 주장한다. 즉 인간이 자기의 운명뿐 아니라 세계의 운명까지 책임져야 한다는 것을 자각하고 노력한다면 인류가 영원히 발전하

---

52) 김응규, "사람이 하늘이다" 학술발표 기조강연-자유토론 (동학실천시민행동. 2021. 12.13)

게 된다는 것이다. 선생님은 운명하였지만 인간중심에 대한 깊은 성찰은 영원할 것이다.

인간중심철학은, 세계의 본질문제를 구명하기 위한 노력으로 여러 가지 **인식의 기준을** 제시했는데 그중 대표적인 것이 **유물론**과 **관념론**이다. 19세기에 관념론에 대한 유물론의 승리를 인정했다. 하지만 이는 인간이 물질이라는 사실을 인정한 것일뿐, 인간존재의 중요한 지위를 밝히지 못하였다. 중요한 것은 인간이 출현하여 세계는 정신을 갖게됨으로써 맹목적으로 운동하는 '자연적 존재'와 나뉘어진 것이다. 인간은 사회적 의식(정신)을 가진 사회적 존재로서 자주적, 창조적으로 개척해나가는 사회운동의 주체이다.

그러면 존재론을 두고 **인간중심 정치철학의 3대 생명력**에 대해 알아보자. 이는 지도사상부 이념의 핵심철학이 된다.

인간중심정치철학은 **인간의 존재가치의 존엄성과 주체성을** 인정하고 인간이 사회와 환경과 주체적으로 상호작용을 해야 한다고 본다. 따라서 3대 개조사업이 필요한데, 이는 **첫째** 인간이 환경을 개조시키는 것이다. 인간이 환경의 객체가 아닌 주체가 되어 **환경을 개조**하여 풍요로운 세상을 통해, 궁극적으로 인간의 육체도 개조할 수 있을 것이다. **둘째** 인간의 정신을 개조시키는 것이다. 이는 인간의 **정신을 교육하여** 애국심있는 **인간이 주체가 되는** 사회를 만들고자 함이다. **셋째** 인간과의 연계되온 관계를 개조하는 것이다. 여기서 두번째와 세번째, 정신개조와 **인간관계 개조는** 특히 개인주의 사회가 만연한 요즘, 우리들에게 다함께 사는 **공동체주의, 집단주의를 일깨워준다.**

IV. 한국적 민주주의 정립: 인내천(人乃天)사상으로

사상, 철학을 두고 우리와 북한은 민주주의와 공산주의의 체격에 맞지 않는 옷을 입고 있다. 우리민족의 평화통일을 위해선 지도사상부를 건립하여 정치를 발전시키고 그에 맞는 이념당을 건설하여 한국적 민주주의(민족주의)를 전세계에 널리 알릴 수 있어야 한다. 그렇다면 **지도사상부는 어떠한 사상을 고안해야 할 것인가.** 멀리 갈 필요도 없다. 현재 한국의 상황에 가장 적절하며 남과 북의 사상을 받아들이는데도 거부감이 없는 우리의 전통사상을 연구하면 된다. 이 중 대표적인 정치사상이 **동학(東學)과 인내천사상**

이다.

'인내천사상'은 인간존중사상으로서 공동체 의식과 화합과 민주주의의 원리를 진리로 담고 있다. 또한 자유, 평등, 평화 실현의 기본 원리이고 인간의 존엄성과 도덕성을 자각케 하므로 우리나라의 평화통일을 위해 필수적인 사상이다.

동학사상은 우리나라의 인간중심사상으로 개인존중과 함께 서로 협동하고 힘을 합쳐야 한다는 공동체주의를 가지고 있다. 외국의 사상이라고 모두 좋은 것은 아니다. 이렇게 우리의 전통사상 중에는 훌륭한 사상이 많이 있다. 그러므로 지도사상부는 동학의 인내천사상을 바탕으로 한 이념당을 건립하고 이러한 사상을 국민에게 교육시켜야 한다. 이것이 바로 올바른 **통일교육**이다. 국민 모두가 통일에 관심을 가지고 통일교육에 한발 다가서는 노력을 해야 한다.

그렇다면 인내천주의에서 우리가 배워야 할 점은 무엇인가. 바로 주체적인 인간중심철학과 협동사상이다. 단군이래의 홍익인간(弘益人間)을 비롯한 우리 고유의 전통적인 철학을 잘 배합하여 연구해 정립한 것이 바로 '인간중심정치철학'이라 할 수 있다. 지도사상부는 이러한 '인간중심 정치철학'을 국민에게 교육시켜야 한다.

홍익인간이라는 인간중심정치철학으로 우리나라는 옛날부터 고조선의 사람을 널리 이롭게 교육하여왔다. 또한 유물론과 유심론의 장점이 모인 동학의 인내천 민주주의 사상을 들 수 있다. 인내천 민주주의는 개인주의와 집단주의의 장점이 합한 사상으로 사람들 간의 평등하고 인간다운 대접을 받을 수 있는 사상이다. 이러한 인내천 민주주의사상을 발전하고 널리 알려야 한다.

현 우리나라의 사상은 자유민주주의다. 그러나 자유주의는 서구의 개인주의사상이다. 우리나라에는 완전하게 맞지는 않은 사상이다. 자유주의사상으로 현재의 우리는 굶지않는 상태까지 왔다. 이러할 때 우리나라에 맞는 한국의 민주주의의 사상이 필요한 것이다.

집단주의와 개인주의는 서로 상반되는 성향을 가지고 있다. 집단주의는 전체를 중시하고 개인주의는 개인을 최우선시한다. 이러한 두 개의 사상을 하나로 합칠 수는 없는가? 물론 가능하다. 서로 다른 성향을 포용하고 각각의 장점을 골라서 합하면 된다. 그것이 바로 동학의 인내천 민주주의사상이다.

우리에게는 인내천 민주주의라는 좋은 사상을 가지고 있다. 이제는 그 사상을 널리 알려 활용하는 것만이 남았다. **이념당을 통해서 남·북한이 하나로 될 수 있는 인내천 민주주의를 알려야 한다.**

인간중심철학에서는 물질존재를 크게 무생명물질, 생명물질, 사회적 존재로 구별하고 있다. 인간중심철학에서 인간이 사회적 존재라는 사실은 인간의 본질적 속성을 이해하기 위한 일반적 기초가 되고 있다. 인간중심철학에서 말하는 인간의 본질적 속성들은 사회적 존재로서 인간이 가지는 속성이라고 보아야만 한다. 즉 생물학적 속성인 본능이 인간의 기본 속성으로 되는 것이 아니라 사회적 속성이 기본속성으로 되고 있다.

인간중심철학에서 기초가 되는 인내천사상은 우리나라의 통일을 위하여 필수적인 사상이다. 이는 유심론과 유물론의 장점을 추구하며 개인주의와 집단주의를 융합시킨 사람을 귀하게 여기는 '인간'론적 세계관으로 설명될 수 있다. 완전한 남의 사상으로는 통일을 이룩할 수 없고, 완전한 북의 사상으로 통일을 이루는 것 또한 불가능하다. 따라서 이 둘의 사상을 적절히 조화시키는 **새로운 인간론적 세계관이 통일을 위한 유일한 방도**라 할 수 있을 것이다.

지금까지 인간중심정치철학 그리고 한국의 민주주의에 대하여 살펴보았는데 이는 지도사상부의 핵심철학이다. 여기서 바람직한 정부형태를 두고 권력구조에 대해 먼저 살펴보도록 하자.

V. 정부형태(권력구조)에 대해

통일대학 설립으로 지도사상부 교육을 구현해가자.

1. 대통령 중심제

우리나라는 북한의 소비엘 정부형태와는 다른, 즉 **대통령 중심제**를 정부형태로 채택하고 있다. 대통령제는 국가의 원수가 그의 의사에 따라 내각을 조직하는 제도이다. 대통령제는 권력분립주의에 따라 입법, 사법, 행정의 3권이 분립, 독립되어 있다. 입법권은 국회에 전속되어 국회와 정부는 상호 균등을 이루어야 한다. 입법부는 행정부에 대해 불신임을 결의할 수 없으며 행정부는 입법부에 대해 간섭을 하지 못한다. 대통령은 국가의 대표이자 실질적 행정의 수반이며 각료는 보조기관이다. 대통령은 법률안 거부권, 법률안 공포권을 통해 입법에 참여한다. 하지만 정부와 국회가 대립할 경우 제도상의 해결방법이 없으며 적절한 입법이 불가능하다. 또한 행정부와 입법부 사이의 긴밀한 연결이 어려워 정치의 통일성확보가 힘들며 형식에 치우치기 쉽다는 단점이 있다.

2. 의원내각제

또 다른 정부형태인 **의원내각제**는 의석의 다수당을 차지한 정당이 내각을 구성하고 행정권을 장악하는 제도이다. 이 제도의 특징은 **첫번째 행정권의 이원화**이다. 대통령은 국가의 대표로 형식적 권한을 갖고, 행정권은 내각에 속한다. **두번째** 의회는 정부에 대해 **불신임권**을, 정부는 의회에 대해 의회 **해산권**을 지녀, 서로 **견제하고 상호균등과 평등을 유지**한다. **세번째** 입법부와 행정부의 **밀접한 협조관계가 유지**되며 내각은 의회에 대해 **정치적 책임**을 진다. 하지만 다수당이 난립할 경우 정국이 불안정해질 우려가 있고, 입법과 행정을 정당이 독점할 경우 **정당정치의 우려**가 있는데 이를 견제할 방법이 없다는 단점을 지니고 있다.

3. 이원집정부제

이 두 정부형태 이후 프랑스에서 **이원집정부제**라는 새로운 정부형태가 나타났다. 이원집 정부제에서 대통령은 안정적 국정수행이 요구되는 분야를, 총리는 국정과 관련된 행정권을 지닌다. 대통령은 의회에서 독립되어 있기 때문에 대통령의 집행권에 대해서는 의회가 책임을 지지 않는다. 또한 내각은 의회에 대한 정치적 책임을 지며, 의회는 내각에 대한 불신임권을 갖는다.

이원집정부제는 평상시에는 의원내각제로 운영되어 능률적인 국정수행이 가능하며, 전시와 같은 비상시에는 대통령의 권한이 강화된다. 즉 평상시에는 입법부와 행정부의 마찰을 최소화시키고, 비상시에는 대통령이 직접 통치하게 하여 강력하고 신속한 국정운영이 가능하다. 이러한 점에서 **이원집정부제는 대통령제와 의원내각제의 단점을 극복한 정부형태로 볼 수 있다**.

4. 제4 지도사상부

그런데 위의 3가지 정부형태 모두 3권분립체제로 운영된다. 3권분립은 정치에서 가장 중요하여 민주주의의 가장 큰 발전이다. 하지만 개인주의적 민주주의에 바탕을 두고 있기 때문에 미래를 지향하는 관점에서 한계가 있으며 사회를 통일하고 협조성을 갖는데 방해가 된다. **즉 개인적 측면이 강해 집단을 통일시키는 집단적 결합·협력의 측면에서는 도움이 되지 않는다.**

따라서 우리나라의 바람직한 권력구조를 위해 기존의 3권(3부)에 제4부로서 **지도사상부**를 만들어야 한다. 자본주의 민주주의의 정부의 3권 구조는 견제와 균형(check and balance)을 유지하는 것으로, 필요시 권력구조간의 갈등을 하나로 통합해줄 수 있는 지도사상부를 수립할 필요가 있다.

5. 통일대학설립을: 지도사상부 교육을 위해

박한식교수는 "평화는 전쟁이 없는 상태가 아니라 다름과 다양성을 인정하고 수용하는 상태"라며 통일평화대학을 주창한다.[53]

그래서 지도사상부를 단순히 창설만 해서는 안 된다. 우선 일의 기반을 다져야 한다. 그러기 위해서 **통일대학을 설립**해야 한다. 국립이건, 사립이건 지정하여 국가의 지원으로 그 대학에서 필요한 사상을 가르쳐서 사회로 내보낸다면, 그리고 고급교육을 받은 인재들이 많이 나타난다면 우리나라는 더욱더 발전하고 민족의 평화통일을 보다 앞당길 수 있을 것이다.

여기서 지도사상부의 필요성에 대해 설명하기 위해 자본주의 국가의 3권분립체제에 대해 살펴보자. **3권**은 행정(집행기관), 입법(지도기관), 사법(검열기관)으로 나뉘며 그들은 서로를 감시하고 통제하게 된다. **이는 기본적으로 개인주의와 민주주의의 원리이며** 우리 정치에 있어 가장 중요한 부분이라고 할 수 있다.

정책과정에서 3권분립은 사법부를 중심으로 볼 필요가 있다. 서구 자본주의 민주사회에서는 '**사법적극주의**' 현상이 대세이다. 하지만 그와 달리 우리나라는 행정부가 막강한 권한과 권력을 가져 다른 두 기관보다 우월하고, 더욱이 **검사들의 소속이 행정부로 되어 있어** 사법부가 진정한 독립을 하지 못하고 행정부에 위축되고 있다. 이는 입헌주의를 토대로 한 자유민주주의 국가가 독재의 위험을 가지고 있다는 것을 말해 준다.

---

53) 박한식, 『평화에 미치다』 (삼인출판사. 2021. 6. 25)

지도사상부는 현재 한국에 존재하고 있지 않은 부서이다. 한국은 자본주의 국가로 입법부, 사법부, 행정부의 3권이 서로 협력하고 상호작용을 하는 제도를 가지고 있다. 한 마디로 말하자면 '3권분립제'로 입법부는 정책을 결정하고, 행정부는 정책을 집행하며, 사법부는 이들을 감시·감독하는 기관으로서의 역할을 한다.

우리는 투표를 통해 입법부와 행정부를 감독할 수 있다. 하지만 사법부의 임원들은 투표가 아닌 임명제로 국민의 감시감독이 불가능해진다. 그렇다면 정녕 우리는 사법부를 감독할 수 없는 것인가. 3권이 모두 중요하나 그중 나머지 입법, 행정부를 감시하는 사법부의 중요성은 크다. 입법, 행정, 사법부는 우리 자본주의 민주주의 사회에서 **집단보다 개인의 권익옹호와 권리존중을 위해 일하는 중요한 기구다.**

그렇다면 우리나라가 한민족으로서 정치발전을 도모하기 위해서는 개인과 집단이 모두 고려되어야 하겠는데 우리나라는 집단보다 개인에 더 중점을 둔다. 따라서 사회공동체주의, 집단과의 관계형성의 분위기를 만들기 위해 '**제4부 지도사상부**'가 필요하다. 이는 통일대학 설립으로 가능해진다.

VI. 지도사상부를 통일의 권력구조로

1. 지도사상부는 경쟁과 협동의 균형을 맞추어야

지도사상부는 우리가 하나로 뭉칠 수 있게끔 국민을 통합하는 역할을 한다. 지나친 개인주의도 인간 공동체주의의 경시 때문에 지도사상부가 도입되어야 하지만, 더 큰 이유는 어떻게 민족을 통합시켜 통일을 좀 더 수월하게 이뤄내는가 하는 것을 고찰해보기 위해서 관심을 가져야 한다.

지도사상부는 입법, 행정, 사법부와 맞먹는 상대적 독자성을 지닌 기관으로서 인내천 민주주의 등 국가의 지도사상을 연구하고 보급하는데 중추적 역할을 담당하게 될 것이다.

물론 지도사상부는 권력기관이 아니고, 사상문제를 강제적인 권력으로 해결할 수는 없다. 그러나 지도사상부는 인민의 사상발전을 책임지는 국가기관이다. 국가와 국민을 보호하기 위해 국방력과 경찰력이 필요한 것처럼 국민의 올바른 사상을 보호하고 발전시키기 위해서는 국가적인 사상관리 기관이 꼭 필요하다고 볼 수 있으며 사상은 강요할 수 없기 때문에 교육을 받고 자기사상으로 만드는 것은 개인들에게 맡기는 것이다.

결과적으로 우리나라는 **입법부, 사법부, 행정부의 3권분립으로 이들을 하나로 합쳐줄 제4부로서 지도사상부가 필요하다.** 지도사상부에서 사람들에게 사상을 알려주는 것이지 강제로 교육하는 것이 아니다. 하지만 아는 것과 모르는 것은 천지차이가 난다. 그리고 핵심지도자를 노려야 한다. 핵심지도자를 노려 사상을 알려주면 다른 사람들은 다 따라오게 된다. 그리고 **사상교육을 실시하면 사람들은 바른 길로 가게 된다.**

현재의 입법, 행정, 사법부가 서로 견제하고 감시하다 보면 그것이 장점으로 발전할 수도 있겠지만, 견제의 심화로 뭉쳐야 할 때 협동이 되지 않을 수 있다. **지도사상부는 개인주의와 집단주의의 결합이며,** 예를 들어 개인주의가 집단주의적 측면의 부족한 부분을 채우고 경쟁과 협동의 밸런스를 맞추는 역할을 할 수 있을 것이다.

2. 지도사상부는 사상지도부가 아니다

다시말해 현재의 입법부, 사법부, 행정부는 서로 견제하고 감시할 줄만 알지 서로 통일되는 법은 잘 모른다. 이와 같은 부족한 점을 메꿔 줄 기관이 바로 '제4부로서의 지도사상부'이다. 특히 남·북의 평화통일을 위해서도 더욱 그러하다.

현재 분단된지 반세기가 지나면서 남·북이 개인주의, 집단주의 성향이나 사상, 생활방식 등에서 커다란 차이가 나타나기 시작했다. 갑자기 통일이 된다고 해도 서로를 이해하지 못한다면 그것은 진정한 의미로서의 통일이 아니다. 그러니 그전에 서로를 이해하기 위한 교육이 필요한 것이다.

여기서 지도사상이란 모든 활동과 사업에서 지도적 지침이 되는 사상, 즉 주체사상을 널리 이르는 말로서 절대 억지로 강요하거나 하는 것이 아니다. 사상을 교육하되 충분한 학습을 마친 뒤에 사상을 받아들일 것인지 받아들이지 않을 것인지에 대해서는 본인들이 결정하는 부분이다. 이 때문에 제4부의 이름을 **사상지도부가 아닌 지도사상부라고** 하는 이유이다. 하지만 일부는 강제로라도 사상에 동화시켜서 지지하도록 만들자는 견해를 가지고 있는데, 이는 옳지 못한 생각이다. 따라오지 않는 사람들을 강제로 동화시키려 할 것이 아니라 그러한 사람들이 지지하고 있는 핵심부를 찾아 교육하는 것이 타당한 방법이다.

3. 통일교육은: 개인주의와 집단주의의 통합(통섭)을

통일을 실현하는데 첫째로 해결해야 할 문제가 사상적인 통일이다. 현재 남한과 북한은 말투, 음식, 문화 등이 다르지만, 가장 다른 것은 사상으로 서로 이해할 수 없는 상태이다. 서로의 생각에 공감하고 동의할 수 없다면 분쟁이 발생하는 것은 당연한 일이며, 통일은 점점 더 어려워져만 갈 것이다. 따라서 우리는 사상통일을 위한 지도사상부를 설립하고 위의 인간중심 민주주의 사상교육을 통해 평화통일을 이룰 수 있도록 노력해야 한다.

남한은 개인을, 북한은 집단을 중시하는 사고방식을 지녔다. 만약 현상태로 통일을 시도한다면, 이는 상호간에 너무나 상이한 이념으로 인해 또다시 동족간에 갈등이 심화될 위험이 크다. 그러므로 남과 북의 극심한 이념차를 중화시켜줄 어떤 국가의 역할이 필요하다. 바로 이것이 지도사상부 존재의 당위성이다. 지도사상부는 공동체주의, 집단주의를 우리 남한에 심어주어 정치발전을 위한 토대 초석을 닦을 수 있게 해준다.

여기서 우선 **개인주의와 집단주의에 대해** 살펴보자. 개인의 장점은 무엇이 있을까? 바로 창의력과 욕망이다. 개인의 자유를 중시하니 창의력도 높아지고 각자의 욕망으로 더욱 열심히 일하게 된다. 집단의 장점은 무엇인가? 바로 통합이다. 사람들을 하나로 뭉쳐서 의견을 통일해 우리가 나아가야 할 길을 간다는 것이다.

먼저 개인주의는 욕망과 창조력이 다양하고 자신의 이익을 위해 노력한다는 장점을 가지고, 집단주의는 협조, 통합, 미래를 보는 장점을 지닌다. 따라서 **위에서 살펴본 3권분립체제는 개인주의적 민주주의를 지키기 위한 것이므로, 집단주의 민주주의로 하여 그들을 융합시킬 수가 없음으로 통일에 어려움이 있다는 문제점을 지적한다.**

생각해보면 교육을 두고 이는 매우 단순한 논리가 아닐 수 없다. 우리나라의 최고 중심부를 교육시킨 후 변화시킨다면 나머지 국민들은 저절로 따라오게 되어 있는 것이다. 하나의 예로 한 때 대통령인 이명박 대통령이 서울 시장으로 있었을 당시에 추진한 버스 번호의 변경과 환승제도 사업을 들수 있다. 이 사업은 이미 버스의 번호를 다 외우고 편하게 이용하고 있던 시민들에게 크나큰 반발을 산 사업이다. 하지만 이 사업이 추진된 후 지금의 상황은 어떠한가? 너도 나도 편리하게 환승제도를 이용하며 생활하고 있다. **지도부의 교육을 통해서 핵심세력이 먼저 변화한다면** 나머지 국민들도 따라간다는 것이다.

지도사상부의 이념실현을 위해 지도사상부와 이념당의 협력이 필요하다. 이것을 가능하게 하기 위해 이념당이 필요하다. 이념당은 정권의 획득이 주 목표가 아니라 사람들의 사상교육이 주 목표가 된다. 하지만 이념당도 단순히 이념을 받아들여서 가르치는게 아니라 필요한 사상을 골라낸 다음에 그 사상을 교육해야 한다. 그렇기 위해 지도사상부가 필요한 것이다.

현재의 우리나라는 개인주의가 강해서 집단주의를 받아들여야 하는데 아무 것이나 받아들이면 낭패를 볼 수 있다. 여기서 그것을 골라주는게 제4부 지도사상부의 역할이다.

집단을 개인에 결합시키기 위해서는 제4부로서 지도사상부가 필요하다는 것이다. 지도사상부를 통해 인간중심적 민주주의 사상교육을 통해 북한과 멀어진 이념적 간극을 좁혀야 한다. 즉 **사상통일을 해야 한다는 것이다. 사상은** 이해관계를 통일시켜 하나의 목표를 만들 수 있다는 점에서 통일의 중요성을 깨닫게 한다.

사회는 고도로 발달했는데 우리의 자유민주주의 사상은 서구의 것 그대로여서 사람들은 목표의식을 잃고 있다. 그러므로 우리는 민족의 평화통일을 이루기 위해 개인주의적 민주주의의 장점과 집단주의적 민주주의의 장점을 결합시켜야 한다. 그것이 바로 우리 정서에 맞는 **인내천민주주의**라고 할 수 있으며 바로 여기서 이의 연구와 실천을 위해 지도사상부의 필요성이 제기되는 것이다. 우리는 장기적으로 3권 분립이 아니라 제4권 분립의 지도사상부를 설립하여 한국의 실정에 맞는 정부형태와 권력구조를 통해 국민들에게 통일의 정치사상을 교육해야 한다.

그렇다면 지도사상부는 어떠한 신념을 지킬 것인가. 현재 우리나라는 남과 북으로 분단된 상태에 놓여있다. 이는 바람 앞에 촛불처럼 한치 앞도 내다볼 수 없는 아슬아슬하고 위태로운 상황이다. 또한 한반도정세를 둘러싸고 사사건건 우리가 세계 유일 분단국가란 이유로 개입해오는 나라들도 많다. 이 시점에서 우리에겐 통일이 절실하며, 무력이 아닌 평화통일이야말로 현재 우리가 가지고 있는 과제 중 가장 큰 과제이다. 평화통일을 위해 지도

사상부를 만들어 통일을 위해 서로 상이한 이념을 가지고 있는 **남과 북을 잘 융화시킬 학문(consilience)을 개발해야 한다.**

VII. 민주주의 이념당의 건설

1. 이념당건설의 배경과 역할

민족의 **평화통일**과 평화로운 세계건설을 위해서는 **진정한 민주주의 이념당 건설이 필요**하다. 남의 개인주의와 북의 집단주의를 결합하기 위해서는 이념당건설이 필요하기 때문이다. 이런 의미에서 먼저 우리 인간은 자유로운 존재이며, 가장 발전된 존재라는 사실을 깨달아야 한다. 그래서 인간이 **자주성, 창조성, 협조성**을 가지고 세계를 개조하도록 하여 세계의 주인이 되는 것이다.

인간은 **필연적** 법칙에 의해서 좌우되는 존재가 아니라 **자유**를 가지고 있는 존재이다. 발전에는 창조성이 필요한 것인데, 인간은 창조성을 가지고 있기 때문에 자유를 가지고 발전하고 있다. 따라서 자유는 계속 늘어갈 것이다. 이러한 인간이 이제는 국가를 기본단위로 하는 민주주의로부터 나아가 세계를 단위로 하는 민주주의로 나아가게 된다면 결국은 세계를 대상으로 하는 민주주의로 발전하게 될 것이다.

이념과 철학을 통해 전 인류가 사상적으로 민주적인 공통성을 가질 수 있으며, 세계와 인간과의 관계, 세계와 인류와의 상호관계를 알지 않고서는 자기 운명에 대해서 분명한 인식을 가질 수 없다. 따라서 민주주의는 민족과 전 인류를 위한 민주주의로 발전해야 한다. 이런 과업을 수행하자면 반드시 민족과 세계를 주체로 하는 그런 당이 있어야 한다. 지금까지의 민주주의는 개인중심 민주주의로서의 일면성을 가졌다. 이 문제를 해결하지 않고는 민주주의는 한계에 부닥칠 수밖에 없다. **이념당 건설을 통하여 개인과 집단 간의 이해관계를 통일시켜야 한다.**

이렇게 지도사상부의 이념을 행동으로 실천을 해가기 위해 손과 발이 되어주는 이념당 건설이 절실하다. 지도사상만 갖추고 있으면 무얼 하겠는가. 이를 실천으로 옮기고 지속적으로 국민들에게 지도하고 알려줄 이념당이 있어야 한다. 이념당으로 하여금 지도사상부가 연구하고 강조하는 사상들을 전파하고 교육에 힘쓰게끔 노력해야 한다.

이념당은 여타의 정당과는 다르게 정권의 획득을 목표로 하지 않으며 민주주의적인 정권을 인정하고 모든 국민들이 예외없이 인간중심철학에 입각한 인내천적 한국의 민주주의를 지도이념으로 훈련해가는데 주력하는 당이다.

이념당은 계획적, 균형적 발전을 도모해야 한다. 사람은 개인적 존재인 동시에 집단적인 존재이기 때문에 개인주의사상으로 집단주의를 말살하려 해서는 안 되고 또한 집단주의로써 개인주의를 말살하려 해서도 안 된다. **개인주의와 집단주의의 장점을 결합시켜야 하며,** 그것은 경제의 생산수단에 대한 소유형태에 대해서도 마찬가지다. 자본주의적 경제의 장점을 살리면서 동시에 개인적인 이익과 집단적인 이익의 균형을 맞추고, 현재와 미래의 균형을 맞춰야 한다. 그렇기 때문에 개인주의적 경제와 집단주의적 경제를 계획적이고 균형적으로 발전시키고 협력시키는 것이 이념당이 해야 할 일이 될 것이다.

2. 이념당의 교육방법
중국의 문화대혁명이 사례가 된다.

이런 사상교육을 하기 위해서는 이념당건설이 필요하다. 제4부는 지도사상부로 하고, 지도부의 교육을 돕는 것을 이념당으로 해야 한다는 것이다. 이념당은 정권획득이 목적이 아니라 국민들의 사상을 통합시키는 것에 목적을 둔다.

이와 같은 지도사상부의 사업을 도와줄 수 있는 곳이 바로 '이념당'이다. 이념당은 현재 우리나라에 존재하는 정권 획득을 목표로 하는 여러 당과는 성격이 매우 이질적이라 할 수 있다. **단지 인간중심철학에 입각한 인내천 민주주의로 지도사상부를 도와 국민의 사상을 통일시키려는 사업에 집중하는 당이다.** 이념교육의 중요성은 **공산당의 사상 교육법**을 보면 아주 잘 느낄 수 있다. 공산당이 계급에 인간의 본성을 종속시키려는 근본적으로 잘못된 사상이다. 그러나 모두가 하나의 이념으로 사상교육을 받았기 때문에 중국의 문화대혁명과 같이 커다란 사건이 생겨도 사람들이 견뎌낼 수 있었던 것은 사상교육의 힘 때문이라고 할 수 있다. 만약에 이것을 옳은 민주주의적 이념당에서 교육받도록 한다면 절대 다수가 따라올 것이다. 물론 불필요한 강요도 사라질 것이다. 따라서 이념당 발전을 위해서는 인간중심사상(인내천사상)은 필수불가결한 요소라고 할 수 있다.

이러한 이념당 건설을 통해 인간중심철학에 바탕을 둔 민주주의, 민족주의 사상교육을 통해 개인과 집단 간의 이익을 잘 융합하여 이해관계의 통일을 실현해야 하며, 그리하여 3대 생활의 균형(경제, 문화, 정치)을 잡아야 한다. 이런 식으로 지도사상부를 제4부로 설립하여 이념당을 통한 사상교육을 행한다면 개인과 집단의 결합이 용이해져 3권분립의 한계를 극복하고 사상통일을 통해 민족통일을 이룰 수 있으며 나아가 세계민주화도 구현할 수 있을 것이다.

3. 이념당의 실현방법

차이성(불연속성)과 동일성(연속성)의 결합을 목표로 한다.

대립하는 것들이 통일되어 있다는 말은 모순이 아니다. 다만 모순되는 측면이 있을 뿐이지 **실제사물은 언제나 차이성과 통일성이 결합**되어 있다. 이는 **다시 말해서 연속성과 통일성이 함께 공존하고 있다는 말과 다름없다.** 대립하는 것들에는 통일되어 있는 면과 그렇지 않은 면이 함께 존재하고 있기 때문에, 대립하는 면이 우세를 차지하는 것과 통일된 면이 우세를 차지하는 것과는 차이가 있다. 쉽게 말하자면 대립하는 면이 우세를 차지하면 **분리**되고, 통일된 면이 우세를 차지하면 **결합**된다는 뜻이다. **따라서 앞으로 이념당의 건설로 하여 인간의 인식능력이 발전하고 실천능력이 발전한다면 통일을 생각하는 사상들이 더욱 변화하고 좋아질 것이다.**

이념당을 왜 지도사상부의 이념당이라고 했는가? 사상지도부라고 하게 되면 하나의 권력기관과 같아질 것이기 때문이다. 이제 앞으로는 여러 가지의 사상을 주장하는 것도 허용하자는 것이다. 그렇게 하기 위해서는 역시 국가적인 기관이면서도 당적인 성격을 가지고서, 아래쪽에서부터 위로 올라오면서 지도사상을 지속적으로 발전시키고, 발전시켜서는 1~2년에 한번이라든가 국회에서 통과를 시키고, 다음으로는 통과된 지도사상을 계속해서 발전시켜 나가야 한다. 개인들은 각자 자신들의 주장, 사상을 발전시키며 언론의 자유도 활성화 되게 된다. 그러나 지금은 이러한 절차나 계획이 없어, 우리 자본주의사회에서 사상교육을 실시하지 않고 있다. 때문에 이를 위해 이념당이라고 하는 것이 국가기관의 일부가 되면서, 당으로서 그 역할을 하는 것이다. 이것이 앞으로 더욱 공고화된 뒤에는 다른 것을 더 해주어도 괜찮다. 사상이라고 하는 것은 자유롭게 발전시키지 않으면 안 되는 것이다. 강행해서도 안 되는 것이다. 앞으로 구체적인 내용에 대해서는 좀 더 토론해보아야 하겠지만, **현재 이념당이라는 것은 결합과 통일을 위한 발전의 목표를 가지고 있기 때문에 꼭 필요하다고 생각한다.**

정부의 지원과 도움을 필요로 한다. 정권획득이 주목표가 아니기에 힘이 없다. 그래서 정부의 지원이 필요한 것이다. 정부가 꼭 지원을 해야 하는 것인가? 지원을 해야 한다. 그 예로 지금의 미국을 보면 세계 제1의 강대국이지만 미국 내부의 인종 간이나 계급 간의 갭이 커서 하나로 합치지 못해 더 앞으로 나아가지 못하고 있다. **이념당을 통해서 하나의 사상으로 단결해야 한다.** 이스라엘을 보면 어릴 때부터 사상교육이 잘 되어서 만약 자신이 해외에 있어도 자국에 전쟁이 났다고 하면 바로 귀국해서 자국을 위해 피를 흘릴 각오가 되어있지 않은가?

Ⅷ. 결론: 지도층이 솔선수범해야

우리는 평소 좌우명으로 '개인의 생명보다 가족의 생명이 더 귀중하고, 가족의 생명보다 민족의 생명이 더 귀중하며, 민족의 생명보다 세계인류의 생명이 더 귀중하다'는 것을 안다. 이 말처럼 우리는 세계인민의 중요성을 깨닫고, 인간중심철학을 바탕으로 민족의 평화통일과 더불어 세계민주화를 이뤄나가야 한다. 그러기 위해서는 대통령제와 의원내각제의 단점을 극복하고 아울러 이원집정부제도 참고하면서, 기존의 3권에 제4권으로서의 지도사상부를 도입해야 한다. 그리고 이념당을 통한 사상교육을 병행한다면 개인주의와 집단주의의 적절한 결합으로 남·북한의 평화통일은 물론 세계의 민주주의 발전에도 이바지할 수 있는 것이다. 그렇기 때문에 우리는 **제4부로서의 지도사상부와 이념당에 관한 연구를 계속할 필요가 있다.**

그러나 바람직한 방법은 그 사회의 핵심지배층, 권력층에게 먼저 이 사상을 교육시키는 것이다. 이명박 대통령은 앞에서 언급한 바, 서울시장 시절 서울의 버스번호를 모두 바꾸고 환승제로 전환하는 계획을 세웠다. 당시 특히 서울시민들이 상당수가 반대하였지만 그 계획은 실행되었고 지금은 편리하게 대중교통을 이용할 수 있게 되었다. 이처럼 그 사회의 핵심지도층이 개혁을 시도하면 그 개혁은 쉽게 모든 국민에게 전달될 수 있는 것이다.

강제로 사상에 동화시켜 통일을 달성하자는 것은 옳지 않다. 최고지도부, 핵심세력을 먼저 교육시키고 변화시켜 나머지 국민들이 따라오도록 해야 한다. **이와 같은 지도사상부의 사업을 도와줄 곳이 바로 이념당이다.**

오랫동안 개인의 자유와 평등을 실현하는 데만 관심을 가졌던 개인중심의 민주주의가 그 역사적 제한성을 극복하고, 민족의 평화통일을 이루는 역사적 과제를 달성하기 위해서는 먼저 **지도이념이 바로 세워져야 한다.** 집단주의 민주주의로 민주주의의 균형을 잡고 나아가서 인간중심 민주주의, 즉 우리식 민주주의를 주도해가기 위해 지금의 3권분립 구조에서 제4권의 지도사상부를 존치하고 그 아래 이념당을 세울 필요가 있다.

우리 실정에 맞는 권력구조를 가지고 지도사상부에서 국민들을 교육시키는 데 전력을 다하면 우리식 민주주의가 찬란하게 발전할 수 있을 것이다. 시간이 걸리고 난관이 있겠지만 인내심을 가지고 노력해야 한다.

이상에서 한(韓) 민족의 정치발전과 평화통일을 위한 인간중심철학의 필요성과 동학의 인내천사상이 도입되어진 한국적 민주주의(민족주의)의 전개 과정을 살펴보았다. 아울러 제4부로서 지도사상부를 수립해야 남의 자본주의와 북의 사회주의의 환경을 적절히 융합하여 우리 사회가 안정적으로 정치발전을 이룩할 수 있음을 알 수 있게 되었다.

그리고 우리는 이러한 지도사상부와 연계한 한국민주주의(민족주의)의 이념당건설이 민족사의 당면과제임을 새삼 성찰(省察)하게 된다.

제14장 지도사상부와 이념당건설: 통일한국의 정부형태

I. 서론: 동족상잔(同族相殘)을 끝내야

6·25전쟁은 비극적인 역사이다. 6·25라는 동족상잔의 사건을 계기로 남한과 북한은 같은 민족임에도 불구하고 오랫동안 분열되어 있었고 교류도 없었다. 휴전 이후로 남한의 어린이들은 '우리의 소원은 통일'이라는 노래를 배우며 청소년들을 중심으로 통일 글짓기 대회, 통일 마라톤 대회 등을 통해 통일을 꿈꿨다. 북한과 평화통일을 위해 많은 노력을 해온 것이다. 그간에 '햇볕정책'과 '한반도 평화과정(process)'등 남북교류가 있어 왔다.

그런데 휴전후 처음으로 연평도에서는 전쟁이 일어났다. 북한군이 해안포로 약 170여 발을 연평도에 집중 포격을 가한 것이다. 이에 대한민국 해병대도 K9 자주포 80여 발을 북측으로 쏘아 대응하였다. 북한의 무력도발에 대해 대한민국 정부는 강력 규탄하면서 받은 피해의 몇 배를 돌려주겠다고 하는 강경노선을 국내외에 천명하였다. 김구 선생은 '나의 소원'에서 '인류가 근본적으로 불행한 이유는 인의가 부족하고, 자비가 부족하고 사랑이 부족하기 때문이'라고 말했다. 연평도 무력도발에 대한 남·북정부의 대응과 백범의 이 말을 비교해보면 우리 사회는 인의가 부족하고, 자비가 부족하고, 사랑이 부족한 불행한 사회가 된다. 포용할 줄 모르는 것이다.

대한민국은 G20을 개최하고 작금에는 G10에도 참여했다. 또한 세계 10대 경제대국이라고 광고하고 있다. 물론 경제적으로는 엄청난 성장을 하였다. 하지만 사회, 문화, 정치적으로 선진국이라고 말할 수 있을까? 또한 올바른 평화통일의 길을 걷고 있다고 볼 수 있는가? 백범의 언급대로 아직은 불행한 사회이다.

평화통일로 가는 길은 수없이 많다. 따라서 그 많은 길 중에서 여기서는 정부형태에 대해서 설명해보고자 한다. 그리하여 대표적인 권력구조인 대통령 중심제, 의원내각제를 비교해보고 나아가 제4부로서의 지도사상부와 이념당이 왜 필요한지를 생각해 볼 필요가 있다.

천안함 폭침, 연평도에 포격 이후로 남북관계의 갈등이 최고조에 달해 한때는 한국정부와 북한정부 간의 사이는 살얼음판을 걷기도 했다. 벙커, 터널 등의 건설과 전쟁준비로 상호간에 위협감을 느끼게 한다. 같은 민족인

남한과 북한이 다시 서로에게 총구를 겨누고 서로에게 위협이 되는 존재가 되어버린 것이다. 이러한 동족 간의 위협을 해결하고 정치의 발전과 평화통일을 이루기 위해 노력해야 한다.

그런데 MB정부이후, 물론 눈에는 눈, 이에는 이라는 말이 있듯이, 한국은 한미 합동훈련을 그 이후 즉각 실시하였다. 하지만 너무 성급한 생각이 아닌가 싶다. 북한은 우리와 한 민족인데 대화와 토론으로 문제해결을 시도하고 그것이 안 될 경우에 다음 단계로 순리를 밟아나가도 되지 않은가? 강경책만을 쓰고 있는 것에 대해 우려하지 않을 수 없다. 촛불정부에 들어서서 간장감이 완화되었지만 무력은 강화되고 있다.

정치는 구성원들의 동의와 합의를 도모하여 창출해내는 것이다. 그리하여 정치는 학제간 접근(interdisciplinery approach)으로 바라보아야 한다. 즉 정치, 경제, 사회, 문화 모든 측면에서의 고려를 말하는 것이다. 우리가 생각을 전환하고 여러 측면에서 차근차근 통일을 구상해보는 작업이야말로 통일에 다가갈 수 있는 첫걸음이 되지 않을까 싶다.

그리하여 남한과 북한이 정치적으로 발전하고 평화통일을 이룩하기 위해서는 몇 가지 고려할 점이 있다. 즉 '인간중심철학' 연구와 이에 바탕한 '지도사상부'와, '통일민주주의 이념당'의 건설에 대한 고찰이 그것이다.

II. 인간중심정치철학

1. 인간중심철학의 3가지 특징

먼저 인간중심철학은 말 그대로 인간이 이 세상의 중심이 되는 철학이다. 남한과 북한의 평화통일을 이루기 위해서는 인간중심철학이 필요하다. 인간중심철학을 표현한 말은 여러 가지가 있다. 동학의 '인내천(人乃天)'이라던가 '사인여천(事人如天)' 등의 사상은 인간중심철학을 잘 표현한 말이라고 할 수 있다. 동학의 간판사상과도 같은 '인내천' 사상은 '하늘과 사람은 같다'는 말이다. 즉 사람은 그 개개인의 하늘과 같으니 위대하고 신비로운 존재라는 말이다. 그렇기 때문에 **인간이 사상의 중심이 되어야 하고, 모든 일의 중심에는 사람이 있어야 한다는 말이다.**

인간중심철학을 이해하는 것은 어려운 것이다. 인간중심철학은 인과응보적 숙명론에 반하여 인간은 자유로운 존재임을 강조한다. 즉 인간이 자신을 위해 노력하는 만큼 발전할 수 있다는 것을 보여주는 것이다. 인간중심철학은, 동학사상과 일맥상통하는 것으로 인간을 귀히 여기고 유물론과 유심론을 받아들여 개인적 측면과 집단적 측면의 조화를 꾀하는 주체성이 있는 철학이라고 할 수 있다.

인간중심철학의 특징은 다음과 같다.
① 인간은 가장 발전된 자주적, 창조적 존재이다. 그리하여 개인의 의지에 따라 발전할 수 있다.
② 인간이 발전을 위해서는 인간개조사업, 자연개조사업, 사회관계 개조사업을 해야 한다.
③ 인간은 개인적인 존재인 동시에 집단적 존재이다.
우리는 ③번의 특징을 주목해야 한다. 이는 우리나라 통일에 있어서 중요한 역할을 할 것이다.

과거부터 현대까지 북한은 계급성과 계획성을 바탕에 둔 집단주의적 체제를 기반으로 하고, 우리나라는 개인주의, 민주주의 측면을 기반으로 하였다. 통일을 위해서는 우선 이 둘을 어떻게 적절히 조합할 수 있는가의 고민에 빠지게 된다. 새로운 이념을 인간중심철학에 기초하여 **연속과 불연속의 변증법**을 통해서 발전시켜 나가야 한다.[54] 이를 지지기반으로 현재 미흡한 3권의 권력구조를 4권으로 변경하는 정책이 시행되어야 하는데 그 4권(또는 제4부)이 바로 지도사상부이다.
문화민족국가의 사상을 띠고 이념과 체제의 통일교육, 정치교육을 실시해 나가는 것이 가장 큰 특징이다. 또한 이에 끝나지 않고 새로운 민주주의의 이념당을 정립하는 것 역시 중요하다. 이는 21세기 신민주주의, 한국의 미래지향적인 민주주의 건설을 위해서는 대립물의 통일에 의한 변증법을 통해 이룩할 수 있는 것이다.

2. 인내천(人乃天) 민주주의의 정부와 정당
인내천 사상은 우리나라의 통일을 위해 필수적인 사상이다. 사람을 귀하

---

54) 황장엽, 『민주주의 정치철학』 (시대정신. 2005. 12.10) pp. 576.

게 여기며 유심론과 유물론의 장점을 추구하며 개인주의와 집단주의의 융합 등으로 설명할 수 있다. 완전한 남의 사상으로 통일을 이룩할 수 없고, 완전한 북의 사상으로 통일을 이룩하는 것 또한 불가능하다.

인간은 본래 개인적인 존재인 동시에 집단적인 존재이다. 그렇기 때문에 **절대적인 개인주의 민주주의도 없고, 절대적인 집단주의 민주주의도 존재하지 않는다.** 그러므로 우리는 개인주의적 민주주의 장점과 집단주의적 민주주의 장점, 이 양자의 결합으로 사상의 통일을 통해 민족의 통일을 이루고 세계의 민주화를 이루어야 할 것이다. 그것이 바로 **인간중심사상인 인내천 민주주의**인 것이다. 우리는 민족과 인류의 발전을 위해 행동의 계획을 가지고 실천을 통해 **이해관계에 관한 사상의 통일**을 이루어야 한다. 본래 인내천 사상은 개인주의와 집단주의의 융합이다. 그러므로 개인주의의 장점과 집단주의의 장점을 함께 추구할 때 가능한 것이다. 개인주의의 장점이 무엇인가? 욕망이 다양하고 창조력이 다양하고 자신의 이익을 위해 노력하는 것이다. 욕망이 다양하면 올바른 욕망을 찾을 수 있고, 창조력이 다양하면 지금보다 더 나은 것을 발견해낼 수 있을 것이다. 또 자신의 이익을 위해 노력하면 보다 더 나은 삶을 누릴 수 있을 것이다. 집단주의의 장점이 무엇인가? 협조, 통합, 미래를 보는 것이다. 협조하고 통합하여 미래를 보는 것이 무엇이겠는가? 바로 통일이다. **집단주의에는 통일을 견인해내는 핵심되는 힘이 들어있다.**

이념당은 계획적 균형적 발전을 도모해야 한다. 경쟁을 줄이고 협동을 증대시켜야 한다는 뜻으로 이것이 바로 인간중심사상인 인내천 민주주의이다. 우리는 앞으로 이러한 이념당의 건설을 통해 사상을 통일하고 민족의 통일을 이루고 세계의 민주화를 이루어야 한다. 이념당은 개인주의적 경제와 집단주의적 경제를 계획적이고 균형이 있는 결합을 통해 양방향(Top-down, Bottom-up)의 정책결정으로 변화를 주도해 나갈 수 있을 것이다.

통일에 있어서도 마찬가지다. 세대가 바뀌고 시대가 바뀌면서 청소년들은 통일에 대해 해가 갈수록 무관심해지고 있다. 이것은 모두 교육의 문제이다. 통일에 대한 필요성에 대해 사상교육을 제대로 받지 못했기 때문이다. 그렇기 때문에 지도사상부의 필요가 절실하다. 지도사상부의 기본교육은 동학을 바탕으로 한 인간중심의 통일사상으로 하여야 할 것이다. 기본적으로 인간을 중시하고 평등사상을 기본으로 하는 인내천사상에 대한 적극적 교육으로 어느 한 쪽에의 흡수통일이 아닌, 남·북은 서로를 존중, 이해하며 서로의 장점을 통합하는 방향으로 통일을 이루어가야 할 것이다.

III. 인간중심정치철학에 기초한 지도사상부: 사상지도부가 아니라

인간중심철학에 이어 정치발전과 통일을 위해 필요한 두 번째 요소는 '지도사상부'라고 할 수 있다. 현재 우리나라와 대부분의 나라는 3권(행정부, 입법부, 사법부)의 형태를 취하고 있다. 그 3권에다가 더불어 '지도사상부'를 새로 채택하여 4권의 형태로 나아가야 한다는 것이다. '지도사상부'란 한국의 정치발전과 평화통일을 위하여 정치강국인 북한처럼 우리나라도 사상을 키우고 교육하여 북한과의 평화통일을 목표로 하는 기구이다. 우리나라는 북한보다 경제력이 훨씬 높다. 또한 편의시설도 훨씬 많이 발달되어 있다. 하지만 북한은 우리나라보다 정치적으로 사상적으로 훨씬 발전되어 있다. 그렇기 때문에 북한이 여태껏 우리에게 굴복 당하지 않고 버틸 수 있었던 것이다. 그렇기 때문에 '지도사상부'를 제4부로 두어 우리나라 국민들의 사상을 개혁하고 교육하는데 힘을 쏟아 남과 북의 평화통일을 이룰 수 있는 계기가 되게 하여야 한다.

3권의 분립은 독재를 막기 위해 나타난 매우 민주적인 제도이다. 그러나 3권분립 제도는 이 나라를 통합시키지 못한다. 그저 개인주의적 풍토만을 조장하고 민족주의, 집단주의의 장점에 대한 논의와 이를 바탕으로 사회통합에는 기여하지 못한다.

그러므로 우리는 이를 위한 제4부로서 지도사상부가 필요하다. **지도사상부란 정신교육을 위한 것이다.** 우리는 물질적으로는 발전되어 있지만 정신적으로의 발전은 매우 미흡하다. 통일된 사상이 없으니 사람들은 각자 자신만 중요하고 민족 전체에 대해 생각하고 고민하지 않는다. 그저 자신만 잘 먹고 잘 살면 그만이다. 이러한 인간은 나약하다. 물적 풍요에만 정신 팔린 인간은 그 풍요가 사라졌을 때 살아남을 수 없다. 그러므로 지도사상부가 필요한 것이다. 이러한 점에서 북한을 본받을 필요가 있다. 그들의 사상자체를 본받자는 것이 아니다. **그들의 정신교육과 그로 인한 사회의 통합을 본받자는 것이다.**

기존의 3권분립은 독재를 막을 수 있었지만 사회의 통일성과 협조성을 방해했다. 따라서 집단주의를 결합해야 한다. 집단주의는 분열될 수 있는 사회를 하나로 묶어준다. 통일한국을 위해서는 사상의 통일이 필요하다. 대한민국은 대통령제를 채택하고, 입법-행정-사법부가 분리된 3권분립주의를 채택하고 있다. 그런데 사법부가 절대적 우위를 보이고 있는 서구 민주사회와는 달리, 한국의 3권분립주의는 대통령이 막강한 권한과 권력을 가지고 있는 즉 행정부의 권한이 다른 두 기관보다 우월한 상태라는 것이다. 이것은 전 세계의 추세에 반하는 일이며, 입헌주의를 토대로 한 자유민주주의의 국가로서 자칫 독재의 위험을 안고 있다고 말할 수도 있을 것이다.

단기적으로는 검사들이 사법부 소속이 돼서 사법부가 독립적 지위를 유지할 수 있도록 해야 한다. 현재 일어나는 이해할 수 없는 판결들도 줄어들 것이고 행정부의 독주도 적절히 견제할 수 있을 것이다. 장기적으로 보면 3권분립이 아닌 4권(부)의, 지도사상부의 설립을 통해 국민들에게 사상을 교육시켜야 한다. 사회는 고도로 발달했는데 우리의 사상은 아직도 자유민주주의 그대로이다. 이것은 서구의 것 그대로여서 우리에게는 제대로 잘 알맞지 않은데도 말이다.

그렇다면 개인주의적 측면이 집단주의적 측면보다 강한 우리나라는 집단주의를 수용해야 하겠는데 잘 모르는 사람들이 무작정 수용하다보면 참과 거짓, 좋은 것과 나쁜 것을 수용해야 할 것과 버려야 할 것을 잘 가리지 못한다. 이러한 우리의 판단을 대신해 수행하여 줄 기구가 제4부로서의 지도사상부이다. 지금의 입법-행정-사법부의 3부 만으로는 부족한 점이 있다고 하겠다. 그것이 바로 **통일정신**이다. 지도사상부가 바로 그런 부분을 담당하는 곳이다. 3권분립에서 크게 보면 4권(부)은 개인주의와 집단주의의 결합이다. 4권(부)을 통해 개인주의 민주주의의 부족한 부분을 채우고 양체제의 경쟁과 협동의 균형을 맞출 수 있다.

지도사상부라고 하고 사상지도부라 명칭하지 않는 것은 어떤 이유에서일까? 상당한 기간동안 분단되어 있던 남북한의 사상을 단기간에 합쳐서 지도하고 그를 통하여 통일을 이룩하는 것은 쉽지않다. 그 이유에 이름이 특정 사상을 주입하는 사상지도부가 아니다. 지도사상부인 것이다. 우리는 강제로 사상을 지도하는 것이 아니다. 사상을 지도하되 국민들이 선택을 하게 하는 것이다. 점진적으로 교육체제, 신념, 민주주의를 지도해나가면 국민들도 천천히 따라와 줄 것이다. 그래서 **대립물의 통일**은 모순이 아닌 것이다. 나라의 최고 중심부가 교육을 통하여 작은 것부터 변화한다면 국민도 역시 그에 동참해 줄 것이라 생각한다.

그래서 이러한 정신의 변화는 사회지도층에서부터 시작되어야 한다. 그러나 이러한 사상을 무조건 주입하자는 것은 아니다. 선택은 개인의 문제이다. 각자 교육을 받고 이를 받아들이느냐, 거부하느냐는 개인의 몫이다. 우리사회의 자본주의는 서구의 것을 그대로 본 딴 것이다. 우리 실정에 맞는 우리 고유의 것이 아니다. 그러므로 사회에서는 병적인 모습이 나타난다. 때문에 우리는 우리 실정에 맞고 우리국민의 정신에 맞는 새로운 자본주의의 재정립이 필요하다. 자본주의, 개인주의의 장점과 사회주의, 집단주의의 장점을 통합한 것이 바로 그것이다.

사람이란 물질적으로 지나치게 풍요로우면 나태해진다. 생각하지 않으려 하고 더 이상의 발전을 생각하지 않는다. 또 지나치게 빈곤하면 이 또한 포기하고 더 나은 미래의 발전을 위해 고민하거나 노력하지 않는다. 그저 먹고 살기 급급하다. 그러므로 우리는 자본주의에서의 개인에 대한 존중, 물적 풍요, 자유 등을 받아들이고, 사회주의에서는 통합성, 공평성에 대해 배워야 한다.

사상은 일반적인 문화적 지식이 아니라 행동의 계획을 가지고 실천을 통한 이해관계에 관한 지식, 주장으로 억지로 강요하는 것이 아니다. 때문에 사상의 교육을 하되 학습을 한 후 그것을 따라오고 말고는 본인들이 결정할 부분이다. 때문에 4권(부)의 이름을 사상지도부가 아닌 지도사상부라 하는 이유가 되겠다. 지도부의 교육을 통해 핵심세력이 먼저 변화해야 나머지 국민들도 따라가는 것이다. 그런데 이와 같은 지도부의 사업을 도와줄 곳이 바로 이념당이다.

IV. 이념당: 사상의 교육방법을 배워야

평화통일과 정치발전을 이루기 위해 필요한 또 한가지의 요소는 바로 '통일민주주의 이념당'이다.

우리나라는 지역을 바탕에 둔 정당들이 정권을 쥐고 있다 하여도 과언이 아니다. 이것을 정리하고 북한과의 통일을 이룩하기 위해서는 이념당의 역할이 필요한데, 이 역시 지도사상부의 설립과 맥을 같이 한다. 남한과 북한의 체제를 서로 융합하여 통일한국을 견지하고 지지해줄 주체성있는 이념당의 건립이 필요할 것이다. 따라서 시스템을 구축할 필요가 있다. 그 시스템이란 이념당 및 제4부로서 지도사상부의 건설이다.

우리 사회는 서구의 개인주의에 심하게 물들어 있다. 개인의 이익을 대부분 우선시하고 집단 및 국가의 이익은 뒷전이다. 우리나라 속담 중에 이웃사촌이란 말이 있다. 먼 친척보다 가까운 이웃과 더 친하다는 말이다. 하지만 이 말은 옛말이 되었다. 요즘 많은 사람들은 옆집에 누가 사는지도 모른다. 점점 더 서구의 개인주의가 심화되고 있는 것이다. 우리는 서구의 개인주의 사상을 받아들여 엄청난 성장을 해왔다. 하지만 개인주의에도 한계가 있다. 따라서 집단주의의 장점을 받아들여 경제, 정치의 발전에 박차를 가해야 한다. 집단주의의 장점을 받아들이기 위해서는 이념당 건립이 필요하다. 이념당이란 인간중심철학을 바탕으로 한 인내천 민주주의 사상으로 **온 국민의 사상통일을 목적으로 하는 정당이다.** 이념당은 정부의 관심과 도움을 필요로 한다. 따라서 제4부로서의 지도사상부를 만들어 이념당을 이끌어 가야 할 것이다.

이념당이라는 것은 정당의 한 형태이다. 하지만 현존하는 정당들과는 차이점을 가진다. 가장 큰 차이점은 당의 이념과 목표이다. 현재 남한에는 보수주의 정당과 진보정당 등 많은 정당들이 존재한다. 이러한 정당들의 목표는 정권획득이다. 즉 권력획득이 당의 목적인 것이다. '이념당'은 이와는 다르게 국민들에게 통일 민주주의라는 것을 전파하기 위해 설립되어야 하는 정당이라고 할 수 있다. 예를 들어 개인이 정치홍보를 위해 노력하는 것보다 집단(조직)의 차원에서 정치선전을 하게 되면 효과도 뛰어나고 집중력도 높아진다. 이처럼 '이념당'이라는 당을 세워 통일에 대한 이념과 생각 등을 전파하여 민족의 평화통일을 앞당겨야 할 것이다. 이념당은 현재 존재하는 기존의 정당과는 성격이 다르다. 정권의 획득을 목표로 하지 않기 때문에 정부의 지속적인 관심과 도움이 필요하다.

이념교육의 중요성은 공산당을 보면 느낄 수 있다. 공산당을 예로 든 것은 그 사상을 배우자는 것이 아니라 **사상의 교육방법을** 배우자는 것이다. 모두가 하나의 이념으로 교육이 되니까 중국의 문화대혁명과 같은 사건이 생겨도 견뎌낼 수 있었던 것이다. 현재 우리의 모습이 그렇다. 북한, 집단,

사회주의라는 말만 들어도 손사래를 친다. 이것은 반공체제를 통한 교육이 되었기 때문이다. 이제는 바뀌어야 한다. 집단주의에도 장점이 있다. 이것을 통합해야 한다. 하지만 양쪽은 너무나 대립되어 있기 때문에 쉽지 않다. 즉 개인이 주체로서 할 수 없다는 것이다. 그렇기 때문에 정부가 주도해야 한다. 정부가 주도하여 결합과 협력을 통한 사상의 통일이 이루어져야 한다. 이것이 이념당건설의 설립 배경이다. 이 역할을 담당하는 것이 바로 제4부로서의 지도사상부이다. 이념당의 건설을 통해 사회·정치운동의 실천을 통해 사상의 통일이 이루어짐으로써 3권분립의 한계를 극복하고, 통합되어 미래를 바라보는 관점을 가지게 된다.

통일민주주의 이념당은 정치적 권력에 집착하지 않는다. 한반도의 통일에 관하여 논의하고, 동학과 인간중심사상을 기초로 통일을 이룩할 것을 고민하는 당이다. 그러므로 정치권력이나 이익에는 관심이 없고 오직 평화통일에 대한 토론과 그에 따른 사상의 교육에 대해 힘쓴다. 사적 이익을 추구하지 않으므로 정부의 적극적 관심이 필요하다. **만약 제4부로서 지도사상부가 정립되면 통일민주주의 이념당에 관한 지원과 관심은 지도사상부의 역할일 것이다.**

V. 정부형태론

1. 3권관계

현대의 입헌민주국가들은 각자의 정치적, 문화적 특징과 역사적 배경을 바탕으로 자기의 나라에 적합한 정부형태를 채택하여 권력구조를 만들고 행정부, 입법부, 사법부에 역할을 분담시켜 정책을 집행한다. 입헌민주국가에서 가장 많이 채택된 양대 정부형태는 대통령 중심제와 의원내각제(또는 내각책임제)이다.

3권분립은 민주주의 역사상 가장 위대한 발견이라 칭해지기도 한다. 3권분립의 본질은 행동의 목적을 세우는 작업이 첫 번째고, 그 목적을 실현하는 집행과정이 두 번째이고, 마지막으로는 집행결과를 검열하여 그 성과를 확인하는 것이라고 할 수 있다. **즉 지도기관-집행기관-검열기관의 3부가 독자적으로 작동할 수 있도록 하는 정부체계인 것이다.** 3권 분립은 우리 정치에 있어서 중요한 부분이다. **지도기관(입법), 집행기관(행정), 검열기관(사**

법)으로 나뉘는데 공산당에서는 왜 하나의 정권을 나누는가 하는 것이다. 국회는 행정의 목적을 세우는 일을 하고, 공무원들은 지식과 경험을 토대로 입법을 집행한다. 검열기관은 법관들이 잘 되어가고 있는지 감시, 견제하는 곳이다. 이것은 매우 중요하며 필수적인 과정이다. 3권분립은 개인주의에서 비롯되어 상호 견제와 감시, 균형을 통한 지도체제이다.

현재 우리나라의 권력구조는 3권 분립주의이다. 이는 행정부, 사법부, 입법부로 나뉘어지는데 이는 권력의 집중, 즉 독재를 막기 위해 나타난 것이다. 사법부를 중심으로 보면 사법부의 경우 다른 정치적 관계로부터 독립되어 균형, 중립을 유지해야 한다. 그러나 요즘 사법부의 정치에 대한 개입이 늘고 있으며, 사법부의 재판장들과 현장에서 문제의식을 갖는 검사들 간의 괴리가 있다.

재판장들은 검사들과 접촉하지 않고 탁상공론식으로 일관한다. 이는 매우 위험한 행위이며 더 나은 발전을 위해 문제의식을 가진 검사들과 재판장들 간에는 긴밀하게 연결되어 있어야 한다. 우리나라의 경우 대통령이 속해 있는 정당의 국회의 힘이 상대적으로 커 독재의 위험성을 안고 있다. 한편 촛불정국을 맞아 검찰공화국이 거론되어 이를 견제하기 위해 공수처(고위공직자범죄수사처)가 생기기도 하였다.

2. 대통령 중심제

대표적 권력구조 중 첫 번째는 대통령 중심제이다. 대통령중심제의 사상적 기반은 몽테스큐의 3권의 분립에서 찾아볼 수 있다. 대통령중심제의 주요특징은 국민들이 선거로 뽑은 대통령이 정치적 실권(정치권력)을 확보하여 행정부를 구성한다. 이때 행정부는 국민을 대표한다. 또한 대통령은 법률안 거부권을 가지고 있다. 의회의 의원은 행정부의 각료를 겸할 수 없으며 의회는 대통령에 대한 탄핵소추권을 가지고 있다. 대통령중심제의 장점으로는 대통령 임기동안 정국이 다소 안정적이며 정책의 연속성이 확보되어 일관된 정책을 펼칠 수가 있다. 또한 다수당의 횡포에 쉽게 흔들리지 않는 특성을 가지고 있다. 대통령 중심제의 단점으로는 대통령이 정치권력을 악용할 경우 독재의 가능성이 있으며, 정부와 국회의 대립시에 원만한 해결이 힘들다.

그리고 대통령 중심제는 대통령을 명실상부한 행정부와 국가의 수반으로 내세워 대외적 외교권을 행사하고, 의회는 입법부로서의 역할을 수행하기 위해 힘쓰는 구조의 정부형태이다. 행정부와 입법부 간의 마찰이 발생하였을 시에 사법부가 나서 헌법을 기준으로 하여 분쟁을 해결하는 등 대통령 중심제는 각 권력들 간의 견제와 균형의 원칙을 바탕으로 국정을 운영한다. 대통령제에서의 대통령은 국민의 직접선거로 선출되며 임기를 수행한다. 입법부(의회)의 의원들도 총선을 통해 국민의 대표로 선출되어 활동한다. 대통령의 임기동안 어느 정도 대통령의 권한이 보장되고 대통령 중심으로 국정이 진행되어 의원내각제에서 발생할 가능성이 높은 다수당의 횡포를 방지할 수 있는 장점이 있다. 하지만 자칫 잘못하면 대통령의 독재로 이어져 미디어를 비롯한 언론을 장악하는 형태의 정부가 출현하면 독재로 인한 횡포로 인해 국민들이 피해를 입을 가능성도 배제할 수 없다.

오늘날은 오히려 촛불정부와는 무관하게 주류 언론의 영향력으로 검·언 유착을 하고 있는 실정이다.

1) 정·부통령제

대표적인 대통령 중심제를 채택한 나라는 미국으로서 미국은 대통령 선출 시 동시에 부통령도 함께 선출하여 정·부통령제를 실시한다. 일반적으로 부통령은 명목적인 또는 상징적인 역할을 하지만 대통령의 유사시에 권력승계 1순위로서 정치적으로 매우 중요한 직책이다. 우리나라도 대통령제를 채택하였지만 본질적인 의미의 순수한 대통령제로 보기엔 어렵다. 우리나라는 대통령과 총리가 존재하는 특이한 형태의 정부형태를 취하고 있는데, 이는 제1공화국 당시 의회는 의원내각제를 지지했고, 대통령이 될 가능성이 가장 높던 이승만 전 대통령은 대통령 중심제를 주장하여 둘 사이의 타협 결과 부통령과 총리를 같이 선출하는 형식으로 헌법을 제정하였었기 때문이다. 이후 정치적 변화와 여러 차례의 헌법개정으로 부통령은 사라지게 되었고 대통령이 선출되고 총리가 임명되는 지금의 우리나라만의 고유한 정부형태로 자리잡게 되었다. 북한과 분리된 특수한 역사적 상황에서 미국의 절대적인 영향력 아래에 있던 대한민국의 특징이 반영된 결과물이라 할 수 있다. 한국의 정치발전의 역사를 보여주는 가장 대표적인 예로써 과거를 돌아보게 하는 우리나라의 정부형태이다.

2) 총리와 부통령

여기서 대통령제하에서의 총리제와 부통령제를 비교해보자. 부통령제는 여러 가지 특징이 있다. **첫째**, 대통령의 권한을 견제할 수 있는 수단이 되며, 행정균형과 효율성을 동시에 실현할 수 있고 **둘째**, 직선으로 뽑히지 않은 국무총리가 대통령 부재 시에 정국운영을 한다면 정당성 결여와 함께 정국의 혼란을 초래할 수 있으며 **셋째**, 지역감정해소에 큰 도움이 된다. 이는 예를 들어 남한의 대통령과 북한의 부통령이 선발되면 남북한의 차별이 아니라 북한주민의 자발적인 정치참여를 이끌어낼 수 있다. 그리하여 우리는 현행 국무총리제보다 부통령제의 시행이 더욱 좋을 것으로 판단해 볼 수 있다.

현재 우리나라는 5년 단임제를 실시하고 있다. 이는 여러 가지 단점이 존재한다. 이유는 군부독재를 막기 위해 시행한 정책이기에 현실에는 맞지 않는 것이다. **첫째**, 단임제는 임기 말에 레임덕(권력누수)현상을 초래한다. **둘째**, 단임제는 국민의 심판을 통해 제대로 평가될 수 없다. **셋째**, 장기적인 정책을 완수를 할 수 없고, 정해진 기간의 조급함을 느낄 수 있다.

3. 의원내각제

다음은 두 번째, 의원내각제이다. 의원내각제의 기원은 영국의 명예혁명이다. 명예혁명을 통해 의회정치의 기반을 마련하였고, 18세기 내각이 실권을 잡으면서 의원내각제가 탄생되었다. 의원내각제의 주요 특징으로는 국왕 및 대통령은 형식상의 국가 원수이고 정치적 실권은 의회에서 구성한 내각의 총리에게 있다. 의회는 내각의 불신임권을 가지고 있고, 내각은 의회의 해산권을 가지고 있다. 또한 내각은 법률안 제출을 인정받는다. 대통령 중심제와는 다르게 의원내각제는 의원의 내각 관료 겸임이 가능하다. 마지막으로 내각은 의회를 대표한다. 의원내각제의 장점으로는 정치적 책임, 국민의 요구에 민감하게 반응할 수 있다는 것이고, 내각과 의회의 긴밀한 상호협동을 통해서 정책을 보다 효율적으로 집행할 수 있다. 반면에 의원내각제의 단점으로는 다수당의 횡포에 휘둘리기 쉽고 군소정당이 난립할 경우 정국이 안정되지 못한다.

입헌민주국가의 양대 정부형태 중 하나인 의원내각제는 한 번의 투표, 즉 총선을 통해 선출된 대표들이 의회를 만들고 의회 내의 의원들 간의 투표로 총리를 뽑고 내각을 구성한다. 전통적인 대통령제와 다른 점으로는 의회의 의원들이 장관을 겸직할 수 있다는 것이다. 대한민국 대통령제 정부형태의 특별한 특징에 해당되기도 한다. 의원내각제는 그 구성에서도 알 수 있듯이 입법부의 역할이 행정부와 사법부에 비해 훨씬 크다. 다시 말해 대통령제와 같은 권력분리에서 나오는 견제와 균형이 이루어지기 힘들다. 이로 인해 다수당의 횡포를 방지할 수 있기가 힘들고 의회와 내각의 긴밀한 연계로 인해 만약 국정의 진행도중 두 기관 사이에 갈등이 발생하면 일의 효율성과 효과가 감소하는 것은 물론이고 국정 진행에 큰 차질을 빚을 수 있다. 내각이 의회해산권을 행사하거나 의회가 내각불신임권을 주장하게 되는 경우엔 재투표를 비롯한 시간적 낭비, 경제적 낭비가 발생하는 큰 단점 또한 가지고 있다.

4. 이원집정부제

양대 정부형태와는 다른 2원집정부제는 대표적으로 프랑스에서 실시하고 있으며 대통령중심제의 요소와 의원내각제의 요소가 융합된 형태로 나타난다. 대통령 중심제와 의원내각제는 각각 미국과 영국이라는 대표적인 나라가 있는 반면, 이원집정부에의 대표적 예시로 프랑스를 들고있지만 다소 무리가 있다. 2원집정부제가 말 그대로 양대 정부형태의 요소 중 자국에 맞는 것을 채택하여 적용하는 제도인 만큼 프랑스가 채택한 각 요소가 다른 이원집정부제를 선택한 나라의 실정에 맞지 않을 확률이 높기 때문이다.

여기서 참고로 2원집정부제와 관련하여 **지방자체제도**에 대해 언급해보기로 하자.

지방자치제도는 간접민주정치를 보완하며 풀뿌리 민주주의, 민주주의 학교로 불릴만큼 정치적 역할이 크다. 우리가 지방자체제도의 실시는 북한과 남한의 정책결정과정에서 생기는 문제의 완충작용을 하며 자치행정을 구현할 수 있다. 중앙집권시 북한 주민들의 혼란을 초래하고 오히려 통일민족성을 악화시키며 통일의 부정적 측면이 더욱 부각된다. 따라서 중앙정부에서는 혼란이 초기에 있다 하더라도 지역의 자치를 통해 혼란을 감소시킬 수 있다.

VI. 통일한국의 정부형태: 복지체제 모델로

정부형태는 우선 북한과 남한이 오랜 시간동안 자신의 체제를 강조하면서 각 국을 통치하였다는 점에서 우리는 서로 다른 정부형태에서 출발해야 했다. 북한을 모두 포용하고 우리나라와의 체제 통합으로 서로에게 이익이 되도록 하여야 할 것이다. 통일 초기에는 정국이 혼란스러워질 것이다. 그리하여 국민에 의해 정당성을 부여받는 대통령제를 실시해야 한다. 대통령제는 임기동안 정책을 지속화 할 수 있으며 강력한 정책을 시행할 수 있다는 특징이 있다. 그리하여 통일초기의 정부형태는 대통령제가 가장 적당할 것이다.

내각제는 우리나라와 북한 모두 권력이 한 곳으로 집중된 형태를 띠고 있기 때문에 시행이 어려울 것이다. 그러나 대통령제 역시 단점이 있다. 그는 권력이 너무 집중된다는 것이다. 그리하여 우리는 지역감정을 해소하고 대통령 부재시 정국을 이끌 부통령제도가 뒷받침되어야 한다.

대표적인 두 가지 권력구조 중 우리나라는 의원내각제의 요소를 살짝 가미한 대통령 중심제이다. 대통령중심제의 기본은 입법부, 행정부, 사법부 3부가 권력을 나눠가지고 서로 견제하며 통제한다. 이는 인간보다 제도적 장치를 더욱 신뢰하여 인간에 대한 교육, 설득보다 제도적 권력분할에 따른 감시 및 처벌에 더 역점을 두는 것이다. 이렇듯 3부는 서로 융합될 수가 없다. 통일이 되지 않는 것이다. 3권 분립은 물론 독재정치를 막는데 효과가 있다. 하지만 사회의 단합 및 통일을 방해하기도 한다. 집체주의는 분열된 사회를 하나로 통합시킬 수 있는 기능이 있다. 따라서 우리나라는 집체주의를 받아들여야 한다. 개인주의를 버리자는 것이 아니라 개인주의에 집체주의의 장점을 흡수하자는 것이다. 아직까지 우리나라에 집체주의의 장점을 배울만한 국가적 시스템이 전무하다.

앞서 말했듯이 대통령 중심제와 의원내각제의 가장 큰 차이점은 투표의 횟수이다. 대통령 중심제는 대선과 총선, 2번의 투표가 이루어지고, 의원내각제는 총선만 하게 된다. 이로 인해 권력분립이라는 특수성의 유무가 발생하게 되고 그 특수성이 강하게 적용되는 대통령 중심제는 입법, 행정, 사법부의 각각의 기능이 특화되었고, 의원내각제도 또한 고유의 특징, 즉 입법부 중심의 정부형태가 발생했다.

한국은 정치발전을 이루는 동시에 평화통일을 이루어내야 한다는 큰 과제를 안고 있다. 이 두 마리의 토끼를 모두 잡기 위해서는 바람직한 정부형태의 필요성이 절대적이다. **정치발전은 곧 민주주의의 발전이다.** 이것의 실현을 위해서는 국민의 참여가 중요하고, 국민의 참여 중 가장 기본적이며 큰 '투표'가 활발히 이루어져야 하고, 그것의 실행으로 선출된 대표들이 본연의 역할을 수행하기 위해 힘써야 한다. 이러한 일을 수행하기 위해서는 어느 정도의 대내적 대표성과 권력을 가진 대통령이 선출되어, 정책을 진두지휘하고 북한과의 평화통일을 위해 부단히 힘쓸수 있도록 하여야 한다.

각각의 정부형태마다 고유의 장점과 단점이 있지만 우리나라의 정치발전과 평화통일에 한 발자국 더 다가서려면 기존의 채택했던 정부형태를 기반으로 더 발전시켜 나가야 한다. 제1공화국 당시 채택됐던 대통령과 부통령, 그리고 총리가 함께 선출된 정부형태에서부터 지금의 정부형태로 오기까지 부단한 실패와 성공의 반복이 되풀이되었기 때문에 우리는 바람직한 정부형태를 통해 정치발전을 이루고 평화통일에 좀 더 다가갈 수 있도록 노력해야 한다.

궁극적으로 정경유착과 독재, 언론의 정치화 등 현재의 정부형태도 무수한 부작용을 갖고 있지만, 국민들에게 이념당 교육의 실현을 통해 인간중심 정치철학의 교육과 그것의 실현으로 제4부가 포함된 바람직한 정부형태를 수립하여 현재의 불안정한 남·북의 군사적 대립을 해소, 극복하고 북한과의 평화적 통일을 기어코 이루어내야 할 것이다.

그리하여 통일한국의 복지모델을 위해 다음과 같이 정치체재의 내용을 모색할 수 있다.

① 북한인사를 포함하여 남한의 독점을 막을 수 있는 5~6인 체제의 국가운영위원회를 설치한다.

② 지역중심의 양원제도를 실시한다. 지역이나 직능을 중심으로 국민의 직선제로 뽑힌 상원위원은 지역격차를 해소하고 정치에 바람직한 영향을 줄 것이다.

③ 엘리트를 충원할 수 있는 통로가 최대한 개방되어야 한다. 연구와 학술대회를 열고 사회통합시 발생하는 갈등을 조절할 수 있는 엘리트들이 지역을 중심으로 활동하는 것이 아닌 국가단위로서 충원이 필요하다.

④ 이념, 규범, 체제 등을 표방하는 전국 규모의 정당이 출현해야 한다. 이는 의회를 활성화하고 지역주의식 동원체제를 방지할 수 있다.

⑤ 두 국가를 중심으로 하는 것이 아닌 도 이하의 주 개념으로 자치를 할 수 있는 연방제의 실시가 바람직하다. 지역주의를 해소하기 위해 예를 들면 충청북도를 (갑 을 병 정 무 기 경 신) 8구역으로 나누는 것이다. 이는 지역 간의 차이를 인정하고 북한주민이 참여할 수 있는 기회가 마련된다.

⑥ 인구비례식 지역대표제가 아닌 인구를 무시한 **동등한 등가성의 비례대표제**를 실시해야 한다. 북한의 인구적 측면이 남한보다 불리하여 자칫하면 북한주민의 **관객 민주주의**를 불러올 수 있다. 그런데 비례대표제의 실시는 이를 방지해 준다.

여기서 참고로 통일한국의 복지체제 전망에 대해 간략히 소개해보도록 하자.

① 생산적이고 효율적인 시장경제질서를 받아들여야 한다.

② 포괄적인 사회안전망을 구축하고 사회보장가치를 최대한 보장한다.

③ 무엇보다도 북한주민을 위한 실질적 평등을 추구해야 한다. 형식적 평등만으로 현재 차이를 극복해내기 어렵다. 그러므로 **합리적 차별을 인정하는 실질적 평등을 실시해야 한다.**

④ 국가의 재정에서 복지의 측면이 크게 확대되어야 한다. 유럽에 비해 우리나라는 복지가 너무 빈약하다. 게다가 통일된 한국은 경제적 격차가 엄청날 것이므로 복지재정의 확대도 중요하게 작용할 것이다.

VII. 결론: 청소년들이 앞장서야

통일은 절대로 영화(零和)(Zero-Sum)게임으로 이루어져서는 안 된다. 모두 승리자가 되는 상생이 필요하다. 양보하고 타협해야 한다. 폭력에 의한 통일이 아닌 보다 **성숙한 사상과 이념의 통합을 통한 통일이 시급하다.** 서로의 장점을 받아들이고 단점은 버릴 수 있는 성숙함이 필요하다. 그러므로 3권분립의 정부형태를 바탕으로 독재를 방지하고, 이에 제4부인 지도사상부를 더해 민족의 발전과 평화통일을 위한 사상교육, 정신교육이 필요하다. 이로써 우리는 동학의 인내천사상을 바탕으로 한 상생, 평등, 통합 등에 대해 배우고, 인간중심정치철학에 대하여 배워야 한다. 그럼으로써 한반도의 평화통일에 한 발자국씩 앞으로 나아가고, 평화통일을 이룩하는 기본바탕이 될 것이다. 육체적으로 건강한 모습을 갖추면서 사상적으로 풍요로운 국민들은 그들의 삶의 질 또한 더욱 더 풍요롭고 보다 더 통합되어질 것이다.

개인주의와 집단주의는 서로 다르다. 이 세상에는 완벽하게 대립되어 따로 존재하는 것이 없고, 완전히 통합되어 하나인 사상도 없다. 모든 것이 융합의 부분과 그렇지 못한 부분을 가지는데 만약 융합된 부분이 더 크면 **통일**되었다고 보는 것이고 대립되어 있는 부분이 더 크면 **대립**되어 있다고 보는 것이다. **이렇게 대립되어 있는 사상을 청소년을 중심으로 하나로 통일하는 것이 우리가 해야 할 과제이다.**

지금까지 한국의 평화통일을 위해서 남·북이 공동으로 가지고 있는 민족의 전통성을 강조하며, 인간중심사상에 입각한 인내천 민주주의를 소개했다. 인내천사상에서는 모두가 평등하여 권력다툼도 없고 물자의 희소성도 걱정하지 않는다. 이러한 인간중심 인내천(人乃天)사상이 우리 모두가 가지게 된다면 폭력은 자연히 사라지고 통일을 이룰 수 있을 것이다. 그리하여 이를 견인하는 **지도사상부의 통일교육과 이념당의 통일운동이** 수반되어짐으로써 **민족의 평화통일은 비로소 앞당겨지게 될 것이다.**

또한 **인간중심사상을 기반으로 하는 공동체 의식의 교육이** 반드시 필요하다. 전 국민들의 인식이 '협동'과 '포용'으로 바뀌게 되면 한국민족주의의 인의, 자비, 사랑의 행복한 사회가 될 것이며, 나아가 북한도 포용함으로서 평화통일을 이루게 될 것이며, 궁극적으로는 **정치대국, 사상대국의** 통일한국이 될 것이다.

자유 민족주의의 공동체 의식교육은 이념당 및 지도사상부의 주도하에 체계화 시킨다면 대통령제의 문제점인 자본주의의 3권 분립으로 인한 사회적 통합을 저해하는 요소를 없앨 수 있을 것이다. 그리하여 **전 세계의 새로운 권력구조 모델을** 제시함으로서 세계의 중심 이데올로기로 자리잡아 정치·사상대국으로 떠오르게 될 것이다.

분단된지 70여년의 세월이 넘어가고 있다. 그동안 우리민족은 다른 문화사상의 지배 아래 살아왔다. 그래서 남과 북 사이에는 많은 차이점이 존재하고 이념과 사상도 많이 다르다. 하지만 그래서는 안 된다. 우리 한민족은 같은 뿌리를 타고 났고, 같은 문화와 언어를 공유하고 있다. 지금의 남북한의 상황은 이산가족들을 보면 민족의 동질성을 절감할 것이다.

텔레비로 보며 눈물 흘리지 않은 사람도 없을 것이다. 왜 내 일이 아닌데도 우리가 눈물을 흘리는 것일까. 바로 같은 민족이고 같은 뿌리를 가지고 있기에 함께 슬픔의 눈물을 흘린 것이다. 우리는 더 이상 많은 '적'이 아닌 '다른 지방에 사는 같은 민족'이라고 여기게 된다. 남을 배려해주고 양보해 주며, 상호간에 호감을 표하거나 친근감을 보이는 것이다. 우리는 지금 분단되어 있지만 결국은 같은 민족이고, 같이 세상을 살아가야 할 동포인 것이다.

그러므로 우리는 '인간중심철학'과 '지도사상부' '이념당' 등의 연구와 토착화로 하루빨리 평화통일을 이루어 세계 속의 한민족의 우뚝선 모습을 보여주는데 매진해가야 하겠다.

남·북이 제휴하면 멀지않은 장래에 미국 다음의 선진국으로 발돋움할 것으로 미래학자들은 내다보고 있다. 미국은 영토가 넓고 자원이 많은 대국으로, 상기한 조건들로 한민족공동체건설이 달성되면 사실상 한민족이 세계를 견인할 수 있는 지위에 오르게 되는 것이다.

부 록:

평화와 통일을 위한 천도교의 역할[1]

1. 천도교에 관해 2~3분 소개해주시라.

천도교는 1860년에 수운(水雲) 최제우(崔濟愚)가 창도한 종교다. 수운은 당시 우리 사회가 전통적 가치관의 몰락과 무규범 사회로 전락하였음을 개탄하면서 21세 때 출가하여 10년 동안 8도를 주유하며 구도행각에 나선다. 1857년 양산 천성산(千聖山)에 있는 자연동굴을 찾아 적멸굴(寂滅窟)이라 이름하고 49일기도를 했다.

여기서도 뜻을 이루지 못한 수운은 1859년에 고향인 경주 가정리로 돌아와 마을 앞 구미산龜尾山 자락에 있는 용담정(龍潭亭)에 기거하면서 '불출산외(不出山外)'네 글자를 써 붙이고 제선(濟宣)이라는 이름을 제우(濟愚)로 바꾸고 호(號)를 수운(水雲)이라고 하며, 혼신의 성력을 다해서 구도수련 끝에 경신년(1860) 4월 5일 득도하여 동학을 창도했다.

수운은 득도 후 1년여 동안 수련과정을 거친 후 다음해부터 포교를 시작하여 동학이 크게 확산되자 정부가 이단으로 몰아 탄압했다. 이에 수운은 1863년 8월 14일에 해월 최시형(최경상)에게 도통을 전수하고 1894년 3월 10일 대구에서 순도했다.

그 후 관청의 압제에도 불구하고 3남 지방으로 교세가 확산되면서 보국안민(輔國安民)의 기치 아래 보은에서 척왜양운동(斥倭洋運動)을 하고 1894년에 동학혁명을 일으켜 반봉건 반침략운동을 전개하면서 수십만명이 희생되었다.

---

[1] 노태구 외, 『종교와 평화: 평화와 통일을 위한 종교의 역할』 (열린서원: 2021. 11. 30) pp.157~178.

이렇게 천도교는 동학을 바탕으로 발전시킨 종교이다. 동학혁명이 외세에 의해 진압된 뒤 제2대 교주인 해월마저 처형되자 도통은 의암 손병희에 전수되었다. 의암은 동학을 창시한 1860년부터 1905년까지 45년간을 은도隱道시대라 하고, 진보회를 중심으로 하는 갑진개화운동을 거치면서 1905년 12월 1일에 동학을 공식적으로 천도교로 개칭하였다. 이날이 바로 대고천하(大告天下)한 현도일(顯道日)이다. 본격적인 근대적인 종교체제를 갖추게 된 것이다.

2. 천도교는 동학 (농민전쟁/혁명)에서 출발했다. 요즘 둘의 관계는 어떠한가?

수운은 21세에 주유8로(周遊八路)하면서 1860년 4월5일에 한울님으로부터 인류구제의 무극대도(無極大道)를 받게 되었다. 무극대도는 천도天道이며 그 학(學)은 동(東)에서 낳으니 동학이라 하였다. 1862년 «논학문(論學文)»에서 동학이라고 지칭하게 된다.

동학혁명의 역사적 배경은 일찍이 조선왕조가 탐관오리의 횡포 등 3정(政)의 문란으로 봉건적 질서가 붕괴되기 시작한 18C 부터 비롯되었다. 실학의 발생과 평민의식의 대두를 보면서 홍경래의 난, 진주민란 등이 일어나게 된다. 한편 대외적으로는 제국주의적 무력침략의 위기를 맞고 있었다.

이러한 역사적 배경하에서 동학혁명은 고부(古阜)군수 조병갑(趙秉甲)의 가렴주구가 도화선이 되어 동학군이 기포(起包)하여 전주성(全州城)을 점령하는 등 호남 일대에 우리나라 초유의 민정기관인 집강소(執綱所)를 53개 각 읍에 설치하여 반상계급의 타파, 노비제도의 철폐, 토착왜구의 척결 등 12개조 폐정개혁을 시행하게 된다. 집강소의 폐정개혁을 위한 민정은 오늘 우리가 추구하는 통일민주주의로 나아가는 토착적인 행정기관의 전형(典型)이 된다고 할 수있겠다.

그러나 일병이 궁궐을 침범하고, 청일전쟁이 일어나자 이제 반봉건 반독재의 제폭구민(除暴救民)의 동학운동은 반외세 반제국의 척양척왜구호를 들고 민족자결운동으로 나아가게 된다.

그러나 관군과 일본군의 연합한 섬멸작전에 의하여 공주 우금치의 마지막 전투에서 치명적인 패배를 당하며 혁명은 좌절되고 말았다.

그러나 동학혁명 이후 정부는 갑오경장을 시행하면서 사회신분제를 폐지함으로써 뿌리깊은 반상班常의 계급차별이 없어진다. 공평세상이 열린 것이다. 이것은 동학혁명의 직접적인 영향에서 비롯된 것이다.

1919년에 5월 11일, 황토현 전승일을 정부가 동학농민혁명의 국가기념일로 제정하였다. 이는 동학군이 표방했던 보국안민(輔國安民)·제폭구민(除暴救民)·광제창생(廣濟蒼生) 등의 구호에서 알 수 있듯이 주권재민의 인민을 위한 민주 민족혁명이었기 때문이다.

3. 천도교에서는 성직자와 일반신도를 구분하지 않는 것으로 알고 있다. 그리고 도정, 직접도훈 등 원직이라는 직함의 지위나 역할은 무엇인가?

천도교에는 성직자제도가 없다. 왜냐하면 천도교의 기본이념인 시천주(侍天主)와 실천윤리인 사인여천(事人如天)의 기본정신은 인간평등을 핵심으로 하고 있기 때문에 계급적인 성직자제도를 두지 않는다.

천도교를 창시한 수운은 "나는 도시 믿지 말고 한울님을 믿었어라. 네 몸에 모셨으니 사근취원(捨近取遠)하단말가"라고 하였다. 그래서 교조(敎祖)를 신격화(神格化)하여 그 탄신일을 최대의 경축일로 삼는 타 종교와는 달리 천도교는 교조의 득도일(得道日)을 천일기념일(天日紀念日)로 삼아 최대경축일로 정하고 있다. 그것은 시천주(侍天主)의 진리가 근원적 평등을 대표하는 핵심교리이기 때문에 교리(敎理)나 교사(敎史)에 대한 상당한 식견이 있는 교인이면 남녀노소를 가리지 않고 누구나 설교를 할 수 있다.

도정(道正)이나 직접도훈(直接道訓) 등 천도교 연원조직의 원직(原職) 개념은 행정직인 주직과 구분된다. 원직제도는 핍박받던 동학시대에 정부의 박해를 피하기 위해 인맥(人脈)을 통한 포교수단으로 접(接)제도가 처음 생긴 후 포도직(包組織)으로 발전하면서, 1905년 천도교의 현도(顯道) 이후 생긴 교화행정직인 주직과는 달리, 포접조직의 전통을 살리기 위해 그 제도를 고수하고 있다. 따라서 원직을 맡은 자는 자체 연원에 소속된 교인들의 교화 및 포교를 담당하고 지도하는 직책으로 임기가 없다. 그리고 5관(款) (주문(呪文), 청수(淸水), 시일(侍日), 성미(誠米), 기도(祈禱)) 실행을 빠짐없이 5년을 계속하면 연원의 책임을 맡을 수 있는 자격이 부여된다. 주문은 의식이나 수련할 때 외우며, 청수는 맑고 깨끗한 물을 모든 의식에서 봉전하고 진행하는 것을 말한다. 시일은 일요일마다 교인들이 모이는 종교집회를 말하며, 성미는 매일 조석간에 밥을 지을 때 밥쌀을 식구수대로 한 숟가락씩 떠서 모아 교회에 헌납하는 것을 말한다. 기도는 매일 저녁 9시 기도와 특별기도가 있다.

4. 선생인 천도교의 관련된 '민족통일학회'나 '동학민족통일회'대표를 맡으셨다. 특히 '민족통일'문제에 관심 갖게 된 배경이나 이유는?

남북문제는 민족문제로 보고 더 이상은 동족상잔은 안 된다고 여겨 대학에서는 민족사상연구소를 신설하고, 교외로는 민족사상 연구에 참여한 전국의 교수들을 중심으로 민족통일학회를 조직하였다. 또 1992년에 동구의 공산권이 해체됨으로서 평화공존의 시대가 도래하여, 남북관계도 천도교가 민족통일을 견인한다는 위미에서 천도교의 전위단체인 동학민족통일학회가 창설되면서 공동대표를 맞개 되었다.

민족통일의 평화적 접근을 두고 통일이념으로 중용·중도의 인내천(人乃天) 이념을 연구하게 된다. 좌우의 민주주의 이념을 통합하는 것이다. 남북의 개인(개체)민주주의와 집단(집체)민주주의를 복합·융합적으로 통섭(consilience)하는 것이다. 中和(공평)를 두고, 새도 좌우 양 날개로 날고 과유불급(過猶不及)이라는 말도 있다.

이제 평화공존의 시대를 맞이하여 남북은 양(陽)일 때는 음(陰)을 생각하고 음(陰)일 때는 양(陽)을 생각하여 음양의 조화로 병을 예방할 수 있듯이 중용의 이치가 인생 최고의 경계라는 것을 상기하면서 민족의 평화통일이념을 모색하게 된다. 음양의 中和는 만고의 규율이자 대법칙임을 역경은 말하고 있다. 중화를 공평의 의미로 해석할 수도 있을 것이다.

백범(김구)은 문화민족주의, 우사(김규식)는 민족자주연맹의 정신으로 남북협상에 임했고, 몽양(여운형)의 민주주의 민족전선, 소앙(조용은)의 삼균주의 역시 좌우합작로선이다. 오늘 평화공존의 시대를 맞아 이들 민족자결주의 정치이념은 재조명되어야 한다.

5. 제3대 교주 손병희를 비롯한 천도교도들이 1919년 3.1운동 주동자로 많이 참여 했듯, 해방 전엔 천도교가 세력도 컸고 독립운동도 활발하게 전개했다. 해방 후엔 다른 종교에 비해 상대적으로 세력이 약화하고 이에 따라 활동도 줄어든 것같다. 왜 그런가?

3·1운동은 민족독립운동의 차원을 넘어 주권재민의 실현과 민주공화국 건설을 지향하는 혁명적 성격을 지녔다. 헌법전문에도 3·1운동으로 건립된 대한민국임시정부의 법통을 밝히고 있다. 백범이 귀국하여 먼저 우이동 봉황각 경내에 있는 의암의 묘소를 찾았고, 천도교 중앙대교당 귀국보고대회에서 3·1운동이 없었다면 임시정부는 없었다고 했다. 따라서 상해임시정부가 없었다면 우리나라의 독립은 없었을 것이라고 웅변적으로 토로하였다.

이러한 천도교가 해방 후 침체된 원인은 몇 가지가 있지만 그중에 가장 큰 원인은 남북분단의 냉전논리에 있다. 북한지역은 과거 동학혁명으로 엄청난 피해를 당한 남한지역에 비해서 덜해 일제강점기부터 천도교의 교세가 월등히 높았다. 그래서 해방 후 북한에는 그 여세에 더해 천도교와 그 전위단체인 천도교 청우당 당원이 약 3백만 명에 이를 만큼 급신장하였다. 북한 전 지역에 천도교 교구와 청우당(靑友黨) 지부가 설치되어 한때는 노동당보다 청우당세력이 더 컸다. 노동당원들은 무산자 대중들로 글자를 몰라 상대적으로 학력이 높은 천도교인들이 도움을 주었다는 말도 있다.

그러나 북한에 노동당이 집권하면서, 더구나 종교를 인정하지 않는 공산 정권에 의해서 북한의 천도교와 청우당은 거의 자취를 감추게 되었다.

또한 남쪽의 천도교 역시, 미·쏘 냉전논리로 인한 민족주의자들이 그 역할을 제대로 할 수 없었듯이 민족종교는 서구에서 들어온 외래종교의 영향으로 큰 타격을 받아 침체할 수밖에 없었다. 그리하여 전문교역자를 양성하는 전문 교육기관을 갖지 못하는 등으로 활동이 부진하게 되었는데, 그러나 해방 전에는 고려대학교의 전신인 보성전문학교, 동덕여대의 전신인 동덕여학교도 천도교가 운영하였다.

6. 북한에서는 천도교인들이 정당도 유지할 정도로 세력과 영향력이 크다. 종교활동 자체가 제한적이긴 하지만 북한의 제1종교다. 왜 그럴까?

김일성 회고록 『세기와 더불어』 5권 에는 천도교인 박인진 도정에 관한 설명이 있다. 박도정은 공산주의자를 중심으로 압록강 일대에서 전개된 조국광복회에 참여했다. 그는 동학혁명에 참여했던 아버지로부터 일제에 대한 저항의식을 물러 받음으로써 민족의식이 더욱 강화되었다. 청년들에게 우리 글과 우리 말을 가르치며 민족의식을 고취시켰다. 3년간 감옥살이를 하였다. 이리하여 김일성주석은 청년시절 박인진 도정이 이끄는 천도교단의 조직으로 하여 혁명의 동반자가 되어 반일민족통일전선을 형성하는데 통이 큰 작전을 벌리게 되었다고 하였다.

한편 평소 천도교에 발간하는 잡지인 『개벽』을 통해 천도교를 잘 알고 있었으며, 무엇보다도 독립군학교인 화성의숙의 숙장이던 최동오 선생으로 천도교의 역사와 교리를 배웠다. 최숙장은 동학을 알려면 보국안민(輔國安民)의 구호부터 보라고 하였다. 그는 천도교를 선전할 때마다 매번 이런 표제를 프랑카드처럼 내걸었다.

그리하여 언젠가는"성주! 자넨 밖으로부터 외래 침략에 대해 나라를 지키는 것이 보국이고, 안으로는 악정에 대처해서 백성을 편안하게 하는 것이 안민이오"라며 이를 어떻게 생각하느냐며 느닷없이 질문을 받았다. 그러나

"좋은 구호라고 생각합니다. 보국안민을 제창한 것이 천도교라면 그 교를 지지하겠읍니다"라고 답변했다고 한다.

지금 남에서는 95%가 천도교를 모른다면 북에서는 95%가 천도교를 잘 알고 있다.

그래서 북한의 종교분포를 보면 항상 천도교가 제1종교로 나타나고 있다.

그러나 작금의 상황은 남북이산가족 상봉행사 당시 북한에서 오랜 신앙생활을 하다가 월남한 원로교인이 고향친척들을 만나게 되었다. 천도교에 대해 아는 것이 거의 없었다고 했다. 오늘 북한의 천도교 상황을 가늠할 수 있다.

7. 천도교 최고지도자 교령을 지내신 분들이 월북했다. 외무부장관까지 지낸 최덕신이 1980년대에, 오익제 교령이 1990년대에, 2년 전 2019년엔 최덕신·류미영 부부의 아들 최인국도 북녘으로 올라갔다. 그 집안에서는 최동오-최덕신-최인국으로 이어진 3대째 월북이다. 천도교 지도자들의 월북 배경과 이유는? 정부와 천도교단 사이에 갈등은 없었는가? 이에 대한 천도교의 입장은?

한마디로 그들의 월북은 개인적으로 이루어졌다. 최덕신(崔德新)은 일제치하에서 천도교인으로 독립운동을 했던 최동오(崔東旿)의 자제로 천도교단에서 영입 추대하여 교령이 되었다. 그는 1972년 수운회관을 신축하여 침체된 교단을 중흥시키는데 상당한 업적을 남겼다.

최덕신은 그 후 미국에 체류하면서 6·25 때 납북 당한 아버지 최동오가 북한에서 김일성의 배려로 애국지사로 대우받다가 렬사릉에 안장된 사실을 알게 되자 월북하였다. 어릴 때 길림성 화성의숙의 교장으로서 김일성의 스승이었던 최동오는 백범과 함께 남북협상에 참석하였다. 하루는 호텔에서 백범과 머물고 있는데 스승을 찾아왔다고 한다. 북에 머물기를 간청하였으나 남하하였는데 6·25때 북으로 납북되었다. 최덕신의 월북은 이와 무관하지 않는다.

최동오선생은 신숙선생과 더불어 3·1운동후 의암이 천도교대표로 상해임정에 파견한 인물이다. 임정은 초대대통령으로 의암 손병희를 추대하였다. 최동오는 임정의 법무부장을 지냈으며 신숙은 3본주의(민본(民本)정치, 노본(勞本)경제, 인본(人本)문화)를 제창하였다. 1921년으로, 1924년의 중산의 3민주의와 1927년에 나온 소앙의 3균주의보다 앞섰다. 3본주의는 천도교의 후천개벽의 3대개벽인 정신개벽(신인간인격완성)   사회개벽(평등사회건설) 민족개벽(민족독립완성)과 삼전론(三戰論)(도전(道戰), 재전(財戰),   언전(言戰))의 산물로 보인다.

오익제는 월남전에 북에 부인과 딸이 있었다. 모두 개인적인 이유로 이들의 월북은 정부와 교단 사이에 갈등으로 인한 것이 아니다.

8. 그들의 월북이 남북 천도교 사이에 가교 역할을 하는가, 교류의 걸림돌이 되는가?

평화공존의 국제정세에 즈음하여 민족종교인 천도교를 통해 남북통일의 가교역할을 기대하게 된다. 그 한 예로 최덕신의 둘째아들인 최인국의 월북은 촛불정부인 문 정부의 통일부에 보고를 함으로서 남북교류의 일환으로 파견된 것으로 보여 진다. 그 후 남북의 정상회담이 3번이나 연달아 개최되지 않았는가.

촛불정신은 천도교의 인내천(人乃天)의 정신에도 부합하며, 인내천은 북의 주제사상과도 상통하는 바가 있다. 인외무천(人外無天, 사람이외에 하늘이 없고, 천외무인(天外無人), 하늘이외에 사람이 없다. 그래서 경인(敬人), 경물(敬物), 경천(敬天)의 동학의 삼경(三敬)사상으로 남의 자본주의 정치이념과 그 세계관인 유심론은 북의 공산주의와 세계관인 유물론의 세계관을 다 아우러는 것이다. 남북의 천도교인들이 평화통일의 디딤돌 역할을 할 것으로 사료된다.

9. 코로나 이전엔 해마다 개천절을 맞아 천도교도들이 평양을 방문해 성대한 기념식을 가진 것으로 알고 있다. 왜 언제부터 어떻게 진행해왔는가?

천도교가 우리나라에서 자생한 민족종교이기 때문에 남북교류가 활성화될 때 북한은 외래종교에 비해 천도교에 대해 북한의 배려가 많았다고 할 수 있다. 앞에서 김일성의 회고록인 『세기와 더불어』에서도 소개한바와 같이 천도교와 반일통일전선의 조국광복회 등을 결성하는 등 관계가 각별하였다고 할 수있다.

천도교 중앙총부는 동서냉전체제가 무너지면서 북의 천도교관계자와 교류를 통해서 통일운동에 기여하기 위해 노력하였다. 1989년 7월 3일 '남북교류추진위원회'를 발족시키고, 남에서는 1991년 5월에 '동학민족통일회'를 조직하여 통일운동을 계속하고 있다. 1991년 10월 27일에 네팔 카트만두에서 개최된 제4차 아시아종교인평화회의 총회에서 처음으로 남북천도교 대표가 회동했는데, 여기서 남측 천도교 대표인 임운길 교화관장이 정신혁 조선 천도교위원장을 만났다.

그후 1993년 10월에 오익제 교령은 북경에서 류미영 북한 천도교위원장과 만난다. 류미영은 최덕신의 부인으로 상해임정요인인 류동열부장의 딸이다. 이 회동에서 동학혁명 100주년 행사를 서울에서 공동으로 개최하는 것을 합의했다.

또한 단군(檀君)은 우리 민족의 원조(元祖)인데 평양에 단군성전(檀君聖殿)을 만들어 '우리 민족끼리'의 구호밑에 개천절행사를 함께하였다. 천도교를 위주로 7대종단 대표들이 참석하였다. 개신교, 불교, 원불교, 천도교, 천주교, 기타 민족종교를 포함한 '한국민족종교협의회' 등이다. 1965년 창립된 한국종교인평화회의(KCRP)가 연대협력기구를 만들었다. 1986년 아시아종교인평화회의(ACRP) 서울총회를 개최하는 국제종교기구 등과 유대를 공고히 하였다.

10. 천도교가 지금까지 남북교류와 평화통일에 특히 힘쓴 일 소개해주시라.

여기서는 천도교의 남북통일운동의 일환으로 '3·1재현운동'에 대해 설명하고자 한다. 해방 후 천도교는 한반도 정세가 반탁 친탁으로 국론이 분열되는 상황을 맞았는데 이때 천도교는 남북분열저지운동을 전개하고자 하였다.

해방 후 UN은 분단된 남북문제를 해결하기 위해 1947년 11월에 1948년 3월 31일까지 유엔 감시하에서 남북한총선거를 실시하여 통일정부를 수립하도록 찬성 43, 반대 0, 기권 6표로 결의했다. 이에 따라 총선거를 감시할 유엔한국임시위원단이 1948년 1월 8일 서울에 도착했다. 그러나 유엔감시위원단의 입북이 거부됨으로써 통일의 꿈은 물거품이 되고 말았다.

이에 천도교중앙총부는 북한의 3백만 천도교인과 청우당원을 총동원하여 북한 주민과 함께 이 해 3월 1일을 기해 남북한 자유총선거와 통일정부 수립을 위한 만세시위운동을 대대적으로 단행하기로 하고 극비리에 북한 천도교에 이 뜻을 전달했다.

그래서 북한의 핵심 교역자 및 청우당 지도자가 이를 논의했으나 북한 청우당 김달현(金達鉉) 위원장이 반대했다. 그럼에도 불구하고 청우당을 제외한 북한 천도교 지도자들은 연원조직을 통해 3월 1일 북한 전역에서 만세시위를 단행하기로 하여 극비리에 추진했다. 그러나 김달현의 밀고로 거사일을 하루 앞둔 2월 28일 밤과 당일 새벽에 검거 선풍이 불어닥쳐 북한 전역에서 1만 7천여명의 교인이 검거되었다.

이로 인해 북한 전역에서의 시위운동은 좌절되었으나 영변·희천·구장·개천 등 일부 지역에서 3월 1일을 기해 수만 군중이 자유총선거와 통일정부수립 만세를 외치며 비폭력 시위운동을 전개했다. 결국 이 운동으로 핵심 교역자 87명이 공산정권에 의해 희생당하고 많은 교인들이 옥고를 치뤘다. 이를 두고 천도교에서는 천도교가 주도한 1919년의 3·1운동정신을 계승하여 이 비폭력 평화운동을 재개하였다고 하여 일명 '3·1재현운동'이라고 칭한다.

공산정권에 의해 3·1재현운동이 좌절되었지만 북한의 뜻 있는 교역자들은 영우회(靈友會)라는 지하단체를 극비리에 조직하여 활동하였다. 이 역시 공산정권에 탄로되어 많은 교인들이 검거되어 희생되었다. 민족의 자주 역량이 부족하여 미·쏘 냉전 대결구도의 희생양이 되고만 것이다.

이제 신자유주의의 세계화 시대가 가고, 하물며 코로나 감염병 국면의 민족주의의 시대를 맞이하여 더 이상 외세에 의한 정략적 수단이나 이해를 넘어, 이제는 어디까지나 민족 대단결로 하여 완전독립을 위한 근본적인 변화나 교류를 위하여 노력할 때이다.

11. 한반도 평화와 통일을 위한 천도교의 특별한 역할이나 다른 종교보다 더 잘 할 수 있는 사업이 있다면?

동학혁명후 정부는 1894년 갑오경장을 시행하면서 사회신분제를 폐지하여 비인간적인 뿌리깊은 반상의 계급차별이 없어진다. 이것은 동학혁명의 직접적인 영향에서 비롯한 것이다.

2019년에 정부가 동학혁명을 국가기념일로 제정하였다. 황토현 전승기념일인 1894년 5월 11일을 기념하여 매년 5월 11일을 국가차원에서 기념행사를 정하게된 것이다. 올해는 동학군의 최종목적지였던 경복궁에서 제127주년 동학농민혁명 기념행사를 거행하였다.

그러면 한반도 평화와 통일을 위한 천도교의 역할을 두고, 정치이념 철학사상의 측면에서 살펴보도록 하자. 세계는 지금 양자역학적 세계관의 시대이다. 통섭적인 뉴 패러다임이 요구되는 즉, 심원한 정치철학적 함의와 그것의 실천을 요구하는 인식론적 틀과 과학적 방법론이 요구되는 변천의 시대이다. 따라서 삶에 대한 사유의 근본적 전환을 요구하는 문명사적 대변환의 시대인 것이다. 그리하여 21C 생명정치의 전일적 탐색을 지향하는 사회과학방법론이 특별히 동학 천도교의 관점에서 가능한 것인지를 추구해보자는 것이다. 이것이 가능하다면 민족사의 당면과제인 평화통일을 앞두고 천도교가 기여할 수 있는 역할로 보여 진다.

새 패러다임은 생명정치의 분열을 극복할 수 있고, 즉 생명이 단순히 개체화된 물질적 생명체가 아니라 비분리성 비이원성을 본질로 하는 영성(靈

性)(sprituality)이라는 대통섭의 진정한 통찰이 수반되어야 한다.

윌버(Ken Wilber)는 초개인 심리학 분야의 대가이며 대표적 포스트 모던 사상가로 삶의 3양태(차원)을 말한다. 육안(肉眼)·심안(心眼)·영안(靈眼)은 감각적, 정신적, 초월적으로 각각 고유한 앎의 대상을 가지며 상호 조응한다. 진화적 홀아키(holarchy)로 이루어져 있는 것이다.

뉴 패러다임은 미국의 생물학자 윌손(Edward O. Wilson)의 저서 『Consilience』(1998)가 통섭으로 번역되면서 학계의 화두가 되었다. 즉 진리는 설명의 차원이 아니라 이해의 차원이며, 추론의 차원이 아니라 직관의 차원이다.

영성이 배제된 근대 서구의 객관적 이성중심주의 내지는 개성과 다양성이 배려되지않은 전체성의 관점은 통섭적 사유가 결여되어 있기 때문에 세상을 변혁시키는 동력으로 작동하기 어렵다.

통섭적인 뉴 패러다임은 물질과 정신, 부분과 전체, 작용과 본체의 유비적 대응관계에 주목한다. 동양사상의 바탕을 이루는 리사(理事)·체용(體用)·진속(眞俗)·염정(染淨)의 이들 범주들은 의식계(본체계)와 물질계(현상계)의 상호연결을 이해하기 위해 설정된 논리적 범주들이다.

한마디로 물질(기(氣)·색(色)·유(有))의 궁극적 본질이 비물질(리(理)·공(空)·무(無))과 둘이 아니며 분리성은 환상에 지나지 않는다는 것이다.

동학은 한사상의 근대적 발현으로 뉴 패러다임의 실천적 한계를 극복한 방안인 것이다. 동학은 동에서 났으니 동학이라고 한 것일 뿐, 일체의 경계가 해체된 무경계의 사상이다. 동학은 공공성, 소통성, 자율성, 평등성을 본질로 하는 한사상이 근대의 시·공간에서 독창적으로 발현된 생명사상이다.

생명이 육체와 분리 자체가 근원적으로 불가능한 영성(靈性)이다. 그 자체로 생명사상의 진수이다.

동학의 원리 불연기연(不然其然)의 불연(不然)은 초논리, 초이성, 직관의 영역으로 사물의 근본이치이고, 기연(其然)은 감각적, 지각적, 경험적, 판단의 영역으로 사물의 현상적 측면이다.

오심즉여심(吾心卽汝心)은 '내 마음이 곧 네 마음'으로 천인합일(天人合一)의 이치인 것이다.

동학의 통섭적 세계관은 동학의 표제어(key word)인 논학문의 시侍(모심)의 3화음적 구조인 내유신령(內有神靈)·외유기화(外有氣化)·각자불이(各者不移)에서도 확연히 들어난다. 즉 신령과 기화는 생명의 본체와 작용, 내재와 초월의 관계로서 합일이다. 생명은 본래 불가분의 관계로 하늘을 생명의 본체(영(靈), 신(神), 참본성, 천天, 혼원일기(混元一氣), 지기(至氣))라고 하고, 만물은 그 작용이라고 하는 것이다.

시천주(侍天主) 도덕으로 우주만물의 전일성을 현시로, 본래의 천심을 회복하여, 참나의 자각적 주체가 됨으로써 공심(公心)의 발휘가 극대화되어 각자불이(各者不移)의 평등무이(平等無二)한 무극대도(無極大道)의 세계를 구현하려는 것이 동학의 실천원리이다.

뉴 패러다임의 본질로 의식의 스펙트럼이 물질계(육안), 양자계(심안), 비국소성(영안)의 영역까지 확장된 것이다. 이들 3차원도 상위차원이 하위차원을 포괄하는 동시에 초월하는 진화적 홀아키로 이루어져 있다.

통섭학은 글로벌 차원의 접근이 필요하다. 서구의 과학문명, 과학적 물질주의가 여전히 2원론에 빠져 있는데, 아울러 이는 감염병 판데믹, 또한 기후변화, 자원고갈, 불평등의 문제를 다루어야 하기 때문이다.

삶에 대한 사유의 근본적 전환이 필요하다. 지식과 삶의 화해가 절실히 요구된다. 또 민족의 운명이 달린 문제이기도 하다. 그러므로 동학 천도교가 그 통섭적 이념으로 하여 남·북 양체제를 변증법적으로 지양(止揚)함으로써 민족의 평화통일에 기여하는 바가 크다고 하겠다.

12. 학생들 질문을 받아보자.

북한인권 개선을 위한 종교의 역할[1]

1. 질문: 북한의 인권상황은?

유엔 인권이사회 산하 북한인권조사위원회는 2014년 발표한 보고서에서 "북한에서 벌어지는 인권 침해의 심각성과 규모, 그리고 본질은 현대 사회의 어떤 국가에서도 찾아볼 수 없는" 열악한 상황이라고 표현했다.

이에 대해 북한 당국은 '우리식 **인권(인민주권)** 개념'에 따라 참다운 정치적 자유와 권리를 누리고 있다고 주장한다.

어느 주장이 더 현실에 가깝다고 보는가?

답변: 인권은 인민주권의 약자이다.

종교가 개인의 인권을 말하지만 북의 사회주의 체제는 인민(people)과 민족(nationality)을 중시한다. 사회적 연대(social tie)로 그들 정부와 구분되지 않는다. 민족은 시대(시간), 수, 공간, 정치, 법률, 종교제도 외 전통에 있어서 인민의 확대와 연속이다. 민족은 역사의 발전의 산물로 태도(manners)와 관습의 오래 계속된 통일체(uniformity)이다. 민족은 하나는 전체를 전체는 하나를 위한다는 인민주권의 민주적 교의이고 공통의 기원이다(the democratic doctrine and common origin of popular sovereignty)(Hayes, *The Historical Evolution of Modern Nationalism.* Macmillan Co. 1931. p.91, p.93).

그래서 방법, 대책을 두고 '제3의 길'을 모색해보고자 한다. 본인의 입장은(천도교를 하는 입장에서) 일찍이 북에 대한 적대시정책을 철회해야 한다고 주장한 바 있다. 체제유지를 위해서 물샐틈없는 정책을 강구하다 보니 이런 상황이 귀결되었다고 보고 먼저 대북제재를 풀고 나서 위의 질문을 하는 것이 순서라고 본다. 현실은 선비핵화 후체제보장을 한미의 대북정책으로 하고 있기 때문이다.

한편 일제시대는 시대정신이 독립운동이라면 지금 민족의 평화통일이라고 본다. 따라서 한반도의 평화·번영·통일의 정치노선을 표방해가기 위해서는

---

[1] 카톨릭동북아평화연구소 주관, 제5회 국제학술대회 발표(2021. 11. 3~4)

그간의 한국의 통일정책인 반북 반공의 냉전논리의 통일노선을 지양해야 한다.

통일의 논의를 두고 북이 군사적 물리적인 강경노선에서 대화로 민족통합을 해갈 수 있도록 평화통일 정치이념을 표방해가야 한다는 것이다. 필자는 『통일과 인간중심의 정치학: 개인민주주의와 집단민주주의 결합을』『민족통일학: 발전의 변증법으로』을 제목으로 저술한 적이 있다. 그 이론의 기저에는 동학천도교의 무극대도(無極大道)의 인내천(人乃天)사상이 있다. 다섯 번 째 질문에서 『동경대전(東經大全)』의 '불연기연(不然其然)' 이론을 소개하고자 한다.

무극대도란 시천주(侍天主)도덕이 우주만물의 전일성을 현시적으로 보면서 본래의 천심을 회복하여 참나의 자각적 주체가 됨으로써 내가 나되는 것을 통해 공심(公心)의 발휘가 극대화됨으로써 평등무이(平等無二)한 세계를 구현하려는 실천원리이다. 뉴패러다임의 정치철학적 함의와 실천적 적용의 의미가 있다고 하겠다.

나는 타자에 대해 늘 책임감을 느끼며 내가 가진 것들을 내놓을 때 평등은 실현된다. 내 신분, 내 재산, 내 권력, 내 생명을 내놓아야 한다. 모두가 자기해방을 이루어 조화를 누리는 무위이화(無爲而化)의 세상은 타자에 대한 개인의 권리와 인권의 존엄성이 존중되는 환대의 윤리실천에 기초한다. 비로소 **도성덕립의 세상**이 수립된다.

합의에 의한 평화통일론이 가장 바람직한 통일방안으로 제시된다. 이는 남북간의 1973년에 이미 합의된 내용이기도 하다. 평화통일이 되기 위해서는 남북 간에는 차이보다는 구동존이(求同存異)의 공감대가 커져야 한다. 공감대를 늘리기 위해서는 남북이 공감할 수 있는 공동의 정치철학이 있어야 한다.

이러한 기조 하에 영국의 엔서니 기든스가 '제3의 길'을 말하고, 중국은 '시장사회주의'라는 개념을 제시했다.

전자는 사회주의와 자본주의의 유구한 역사를 가진 영국의 경험에서 이끌어낸 노선이다. 보수와 진보의 대결을 슬기롭게 통합하는 지혜로서 활용될 수 있을 것이다.

후자는 등소평이 자본주의의 생산력과 공사주의의 일당통치를 통합하는 길이다. 이는 양극단을 배제하고 가운데를 쓴다는 중용적 민족주의(중화주의)가 바탕에 깔려 있다. 생산력 증대를 위하여 자본주의의 자본, 기술, 경영을 배우겠다는 것이다.

그러나 동학은 이미 좌우통일론의 역사를 가지고 있다. 좌우통합론은 유물, 유심을 하나로 통일시키는 철학이며 개인주의와 계급주의(집체주의)를 통합하는 사상이며 공산주의의 중심가치인 평등과 자본주의의 중심가치인 자유를 통합시키는 이념이며, 미·소로 상징되는 분단세력에 대항한 민족주의 세력이라고 주장할 수 있다.

그 이론의 근거로 동경대전에는 '불연기연(不然其然)론'이 있다. 불가의 색공일원론(色空一元論)과 같은 것이다. 양자물리학에서 소립자가 파장과 입자로 동시에 불리는 이치이다. 이돈화는 유심론과 유물론을 철학적으로 통합 동귀일체(同歸一體)시키고자 하였다. 유심과 유물의 현상을 더듬어올라가 그 극(단), 만물의 본원에 도달하고 보면 여기에는 물질이라고 볼 수도 없고 정신이라고 칭할 수 없는 이론적 극이 있다는 것이다. 이를 수운은 지기(至氣)라고 했다. 지기일원론(至氣一元論)으로 유심론과 유물론을 통합하고자 했다.

이러한 사상은 1920년대에 천도교 청우당에 의해 채택되어 정치운동으로 현실화되었다.

동학의 통일철학은 자유민주주의와 인민민주주의의 인간관을 비판적으로 분석 해체한 뒤 **동학·천도교의 인간관을 통일철학의 대안으로** 제시한다. 자유민주주의의 토대라고 할 수 있는 개체성을 비판적으로 분석하여 영성적 주체의 회복을 제시한다. 인민민주주의의 이론적 가정이라고 할 수 있는 계급성을 비판적으로 분석하여 우주적 공동체성의 회복을 제시한다. **영성적 주체성**과 **우주적 공동체성**은 동학·천도교의 인간존재의 근본실상이다. 즉 인간의 근본실상의 회복을 통해서 기존의 좌·우이데올로기의 세계관을 해체하여 그 근본실상을 회복함으로써 남북 통일의 세계관으로 새로운 길을 추구하자는 것이다.

이러한 통일이념을 제시하고 실천해가면 권위주의적인 체제로부터 북의 소외된 인권문제도 자연스럽게 해결될 수 있을 것으로 사료된다. 명실상부한 사상, 군사, 정치의 대국을 이룰 수 있을 것이다.

2. 질문: 주권 국가의 인권 개선을 위한 외부 개입이 정당할 수 있는가? 북한의 열악한 인권 상황의 내부 요인이 북한체제의 구조적 모순과 통제 시스템 때문이라는 시각이 있다. 이를 근거로 일각에서는 북한인권 문제 해결을 위해 북한 정권을 붕괴시키고 사회주의 체제를 자본주의 체제로 전환해야 한다는 주장을 펼치고 있다.

이에 대해 북한 당국은 유엔을 비롯한 국제사회가 서방의 인권기준을 따라 내정간섭 행위를 벌이고 있다고 비난하고 있다. 또한 모든 사람은 현실적으로 관할 국가의 영토 내에서 자립적으로 삶을 영위하고, 국가의 법적·실제적 조치에 의해 보장된 인권을 향유하기 때문에 **주권이 없는 인권은 상상할 수 없다고** 주장하고 있다.

과연 주권 국가의 인권 상황 개선을 위해 이뤄지는 외부 개입이 정당할 수 있겠는가?

정당하다면 어느 선까지 개입할 수 있는가?

답변: 북의 주권(국가)의 문제에 대한 외부개입의 문제(정도)이다.

원래 자본주의의 인권시각에서 남은 반공통일을, 북은 공산주의시각에서 용공통일을 주장하며 6·25 전쟁을 벌린 적이 있다.

그러나 현실은 300만의 희생이 있었지만 물리적인 통일은 대화(외교적, 사상적 접근으로)로 풀지않으면 안된다는 것이 역사적 경험으로 입증되었다.

오늘날 중·소는 공산주의를 표방하면서도 건재하고 있다. 서독은 다르지만 베트남은 공산주의로 통일되었다. 집체주의의 공산주의를 두고 개인주의적 자본주의 시스템의 인권 시각에서 북을 볼 수는 없다는 것이다.

하물며 주권이 개입되는 **민족주권의 문제**를 두고는 더 그러한 것이다. 불란서의 쟈코방민족주의는 공화정 민족주의를 표방하면서도 늘 민족적 민주주의, 민족주권의 애국심을 고취한 것이다. (자본주의의)개인가치로 대표되는 군주, 귀족, 사제의 기존의 개별적 특권의식을 혁파하고 대중, 민중, 민족의 집단의 가치를 지키려고 쟈코방당은 민족주의를 표방한 것이다. 이들이 인도적(humanitarian), 세계주의의 인간(인권)주의의 정신을 고취하는 것으로 확신하고 있는 것이다.

하물며 한반도가 미소의 지배를 받아 독립되고 지금도 그러한 영향권 하에 있다면 반제반봉건(反帝半封建), 반외세반침략(反外勢反侵略)의 우리민족끼리라는 민족주의와 민주주의(집체주의)를 표방하는 것은 (민족)주권의 중심 개념일 것이다.

북한체제의 구조적 모순과 통제시스템으로 인권문제를 보는 시각 자체가 정치적 기능주의적 접근을 하는 것으로 보인다. 내재적 접근으로 역사적 인문학적 접근을 해야 한다는 것이다.

3. 질문: 미국의 대북 인권정책을 어떻게 평가하는가?

미국 의회는 2004년 <북한인권법>을 통과시켰다. 주요 내용은 △북한주민의 인권 보호 및 신장을 위해 라디오 방송 및 라디오 수신기 보급 촉진 △북한의 인권·민주주의 프로그램 후원 △탈북자 및 탈북자 지원단체 후원 △북한 내·외부에서 북한주민 지원 △북한특사 임명 등이었다. 또한 미국 행정부는 2016년부터 대북제재법에 근거해 4회에 걸쳐 개인 32명과 기관 13곳에 대해 인권 제재를 단행하였다. 미국 재무부의 '특별지정 제재대상(SDN)'에 오르면 미국인과 미국 기업, 금융기관 등과 거래가 금지되며 미국 입국도 할 수 없다.

그러나 미국의 대북 인권정책에 비판적인 인사들은 이러한 미국의 정책이 인권의 여러 측면 가운데 **자유권에 편향돼있고, 수단도 제재 일변도라며 비판해왔다.**

과연 미국의 대북 인권정책이 북한의 인권 상황을 실질적으로 개선했다고 보는가?

그렇지 않다면 미국은 어떤 접근법을 취해야 한다고 보는가?

답변: 2번 질문에서 입장과 대책을 밝혔지만 미국의 대북인권정책은 개선된 것은 없다.

여기서는 그렇지 않다면 미국은 어떤 접근법을 취해야 하는가를 두고 '코리아연구원'의 평화대담(peace talk)을 참작했으면 한다.

코리아연구원(새로운 코리아구상을 위한 연구원)이 '지속가능한 평화만들기 대화–peace talk–'를 사업명으로 하여 한반도의 진정한 평화를 위해 5개 주제로 하여 강연회를 진행하였다. **변진홍 원장**(코리아연구원)의 사회로 **강영식 회장**(남북교류협력지원협회)과 **이기범 이사장**(어린이어깨동무)이 대담을 하였다.

　　3년의 전쟁을 마치고 아직도 종전협정을 맺지 못했다. 3개월 이내에 전쟁을 끝내기로 했지만 그 3개월이 지금까지 지속되고 있다. 이제 한시바삐 종전협정이 평화협정으로 되어 한반도에 평화가 정착되어 그리고 나서 북의 인권문제를 거론해야한다고 본다.

　　어느 원로의 말이 일곱 살에 전쟁이 일어나 팔십이 되었는데도 아직도 전쟁이 끝나지 않았다고 했다. 그래서 시민단체에서는 정전 70주년인 2023년에는 정전협정을 평화협정으로 대체하자는 캠페인을 벌이고 있다.

　　<어깨동무>는 고난의 행군시절에 식량사정이 어렵다는 말을 듣고 조건 없이 생명을 살려야 한다는 절박한 심정으로 동포애와 종교적 신념, 인류애로 도움의 손길을 뻗어야 한다고 여겨 어린아이들이 굶어죽거나 아파서 생명이 위협받는 일은 없어야 하겠다는 생각으로 한겨레 신문과 같이 '안녕 친구여!'라는 이름의 캠페인을 펼치게 되었다. 그리하여 아이들이 도시락에 쌀을 가져오고 도움의 손길이 이어져 1998년에, 또 적십자와 제3의 채널 등을 통해 북에 쌀을 보내게 되었다.

　　2004년에 북의 기아와 질병을 두고 이는 설사와 폐렴인데, 산모도 영양 부족으로 출산하게 되어 대를 물려 영양실조가 되고 그래서 어깨동무가 전문병원을 세우고 그저 급한 마음으로 전달의 통로도 알지 못하고 맨발로 뛰어선 것이다. 지난 2년간은 남북이 단절되었지만 그 전에 20여년 간의 협력관계가 있었기 때문에 가능한 것이다.

　　우리민족서로돕기운동은 70년 적대관계의 골을 녹이고 나눔의 정신으로 평화를 만들자는 것이 우리민족 서로돕기운동의 창립정신이었다. 25년 전의 일이다.

　　대북지원의 업그레이드를 강조하고 있다. 북주민과의 접촉, 물자 반출입, 방북 등 정부 승인제도가 너무 경직되어 이를 포괄승인제로 바꾸어야 하고, 대북지원도 일회성 단기지원이 아니라 북한의 재난과 사회적 위기를 스스로 극복해갈 수 있는 복원력을 갖추도록 해야 한다. 즉 제도적 노력이 중요하다.

교류협력이 가다서다 반복하면 안하는 것보다 못하다. 정치로 해서 민간 교류가 중단된다면 이에 대한 제도적 보완장치가 없이는 쉽게 민간단체가 나선다는 것은 안 된다고 본다. 규모 있고 안정적인 교류협력재단의 설립이 우선적으로 해야 할 일이다.

이는 **출구**에 그치는 것에 아니고 지속가능한 대북 인도적 지원사업이 될 수 있는 민간의 자율적인 토대를 만들고자 하는 정책적 전환이 필요하고 그래서 법적인 제도화가 필요하다는 것이다.

다시 남북 간의 교류협력이 재개된다면 발전된 형태로 진전되어야 하고 발전된 형태의 핵심은 사회적 합의에 의한 안정적인 제도화이다. 특히 지속 가능한 대북 교류협력이 되어야 한다.

지난 2년여 동안 시민연대 회의에서 한반도 평화에 대한 사회적 대화를 했다. 결과가 옥동자처럼 귀하게 나와서 관계부처에 '통일국민협약'으로 전달되었다. 협약의 형태로 우리 사회의 보수와 진보를 다 아울러 공감대를 정권교체와 관계없이 우왕좌왕하지 않도록 하자고 많은 뜻이 수렴된 것이다. 교류협력법은 고쳐가야 하고, 인도개발특별법은 모법이 없으므로 새로 만들어야 한다.

헌법은 북녘까지도 영토로 되어 있지만 국가보안법은 다른 것으로 되어 있기 때문에 혼란스럽다. 그래서 이런 논쟁 자체가 불필요한 갈등을 유발한다고 걱정할 수 있다. 이는 우리나라의 안정적인 발전을 위해서는 한번은 거쳐야 할 성장통이다. 시간을 두고서라도 평화의 토양을 우리 뜰 안에서 가꾸는 일은 어떤 정권이든지 간에 정지작업을 해가는 것이 중요하다.

또 흥미가 있는 것은 '어린이 어깨동무'가 2008년에 유엔경제이사회의 협의적 NGO의 지위를 획득했다. 그래서 MB정부 시절에는 북한의료인 교육을 평양에서 실시했고 정명훈 음악회도 성사시켰다. 이러한 국제적 네트워크가 중요한데 어떻게 여기까지 손을 뻗치게 되었는가?

이 일은 비교적 일찍 시작된 것인데 한반도 평화는 우선 남북이 마음이 맞아야 하지만 그것만으로는 해결이 안 되는 다층적 구조를 가지고 있기 때문에, 유엔의 역할이 그 중의 하나이다. 평화활동을 알리고 유엔과 같이 할 수 있는 일을 찾는 것이 중요하고 그래서 창의적 아이디어의 뜻을 담아서 이 일을 성사시키게 되었다.

5·14조치로 대북지원이 중단되었다. 문정부가 들어와서는 대북제재의 벽을 뚫지 못하고 있다. 그러나 말라리아 방역사업에서 보듯이 서로의 필요에 의해 민간단체, 지방단체가 같이 할 수 있는 사업이 있다.

의료시설의 백업문제는 정상적으로 운영할 당시에는 거의 2주 간격으로 협력의 선순환이 이루어졌는데, 보건분야의 지원이 요청되고 있다. 고난의 행군기간에 남북협력이 잘 이루어졌다. 분단 역사상 처음으로 하루에 전세기가 10여대가 평양공항에 내리고, 그러나 북은 힘든 시간을 보내고 있었다. 떠올리고 싶지 않은 기억일 수 있다. 앞으로는 민간차원의 전혀 다른 방식의 협력의 방식이어야 한다. 일방적인 물자지원이 아니라 기반을 만들고 그 결실을 남북이 함께 공유하는 그런 방식이어야 한다. 이렇게 협력방식이 바뀜으로 협력의 가능성이 있다고 본다.

민간의 인도적 지원사업의 교훈으로 된다고 본다. 그러면 어려운 과정이 되고 있지만 출구전략이 무엇인가? 어쨌든 남북교류협력 전반에 대한 해답이 모색되어야 하겠는데. 2018년 양 정상의 판문점 회담을 떠올리는 것은 의미가 있다. 요사이 젊은이들이 통일에 관심이 없는 것 같은데 통일까지는 먼 얘기라면 남북의 정상을 비롯한 평화로운 자유왕래를 위해서도 상상력과 창의력이 있어야 아이들이 참여하게 되기 때문이다. 양 정상이 만나면 아이들도 그들의 그린 그림에서도 볼 수 있듯이 창의력에 도움이 되고 참여하는 마음도 커진다.

대북제재는 유엔제재로 한반도 비핵화, 북한의 비핵화가 마무리되기까지는 어렵게 되어있다. 그런데 그것이 정부간, 민간의 인도적 교류협력에 어떤 영향을 미치느냐 하는 것인데, 국제사회에 호소하고 북과 남이 협력하여 만들어내면 적어도 인도적 분야의 제재는 풀려질 것으로 본다. 문제는 어떻게 달라져야 하는가 하는 것이다. 이·박정권에서는 한 번도 북에 못가고 북의 초청이 있으면 안보내주고, 가라면 북에서 안 받는다. 북은 9.19공동선언의 함의를 굉장이 중요하게 여긴다. 북을 도운다는 패러다임에서 벗어나 인도적 개발을 두고 민족경제의 균형발전을 위한 평화 패러다임으로 바꾸어야 한다. 인도적 지원에서 대북제재를 안받는 것이 아니라 한반도 평화를 위해서 대북제재가 면제되는 것이어야 한다. 민족의 균형발전을 위한 대북제재의 면제가 되어야 한다고 본다.

사람이 굶어죽어야 인도적 목적에 해당한다면 이것은 시대착오적이다. **인류애와 유엔의 설립취지에 어긋나는 것이다.** 예를 들어 코로나 감염병이 재발되지 않도록 예방하도록 돕는 것이 인도적이다. 식량이 부족하여 또 병에 걸리기 전에 예방적 차원에서 방역적 차원에서 민족적 협력이 되어야 한다. **유엔제재의 관점이나 폭도 달라져야 한다.**

사실은 제재는 비인도적인 것인데 학자 간에도 제재가 성공한 적이 없다고 한다. 비인도적 상황으로 몰고 갔을 뿐이라고 한다.

또 신냉전과 자국보호주의, 세계의 금융 네트웍이 촘촘하게 짜여진 상황에서 우리가 성장동력을 얻을 수 있는 유일한 길은 남북이 합쳐서 하나의 민족경제를 열어가는 것이다.

이미 박정희 대통령의 10·4선언, 노태우 대통령의 남북기본합의서, 김대중 대통령, 참여정부의 남북정상의 약속 중에 민족경제가 빠진 적이 없다. 미래의 희망에 대해서는 같이 개척해갈 수 있다는 굳은 신념이 있기 때문에 그러한 신념을 우리의 미래세대와 함께 냉전의 마음의 철조망을 걷어내고 구체적인 로드맵을 제시해야한다.

따라서 먼저 지속가능한 평화의 주춧돌은 인도적 지원과 개발협력이라고 본다. 백신이 한 병도 안 들어간 나라가 지구상에서 6나라가 있는데 북이 포함되어 있다. 북은 백만톤의 쌀이 부족하고 우리는 백만톤의 쌀이 남아돈다. 또 보고서에는 10%의 아이가 저체중이고 우리는 반대로 10%의 아이가 과체중이다. 삶이 다르다. 그런 의미에서 공동번영의 핵심이 삶의 균형발전이다. 앞으로 정부와 민간이 남북 주민들 간의 삶의 질을 균형적으로 하여 한반도의 어디에서 태어나도 삶이 균형 발전되는 꿈을 꾸어야 한다. 그래서 핵심적 인도적 교류협력이 무엇인가에 집중해야 한다.

그리고 이제는 가다서다가 안되겠고 법과 기구를 만들어 제도적으로 되어야 한다. 교류와 협력은 사람이 왕래하는 것인데 지금처럼 유엔의 관할에 두고서는 어떻게 일을 할 수 있겠는가. 유엔의 관할 하에 있는 경의선, 동해선의 비군사시설이 출입 통관이 되도록 되어야 한다. 이것이 제도화다. 이것이 해결되어야 지속가능한 평화가 정착될 수 있다. 협회와 국민들이 힘을 모을 때다.

　결론적으로 평화협력은 북쪽을 위한 것이 아니라 우리를 위한 것이라는 판단을 해야 한다. 국민들이 공감을 해야 되고 정보도 알아야 하고, 오늘 언론의 타이틀을 보면 '이제 식량이 부족하니까 손을 벌리고 나온다'는 이러한 시각 밖에 못나오고 있는데, 북의 집단체조 중에는 '건국사상총동원운동'이라는 배경막이 나오는데 북은 자신들이 건국했을 때처럼 나라를 새로 개편한다는 큰 그림을 그리고 있다. 그 그림 속에서 남과의 갈등을 유지하고서는 이익될 것이 없기 때문에, 우리도 싸스같은 데서도 볼 수 있는 것처럼 미중의 대결 속에서 우리가 취약한데, 남북이 경제발전과 안보를 위해서 협력을 하면 동반상생이 가능하게 된다.

　끝으로 퍼주기 논리에 제대로 대응하지 못한 책임을 느끼고 있지만 퍼주기와 반대는 안주기가 아니고 잘 주기다. 아무리 주어도 제대로 주지 못하면 이런 말이 나오게 된다. 아무리 큰 것을 주어도, 북이 삶의 위기를 극복하고 균형발전을 해나간다면 잘 주는 것이 된다. 그래서 잘 어떻게 줄 것이냐가 화두가 되어야 한다. 안주냐 퍼주냐의 문제가 아니라 정말 지속가능한 평화를 만들기 위해서 어떻게 효율적으로 잘 지원할 것인가를 이제는 국민적 합의를 제대로 해나가야 한다는 말을 강조하고 싶다.
　남북교류 협력 최전선에서 68년 전에 휴전 상태가 정전상태로 돌입한 데서 야기되는 인권문제는 남북교류 협력이 멈추어 서버린 답답함 속에 이제 대북인도적 사업의 출구전략에서 해답을 찾아야 한다. 대북 인도적 사업과 남북교류협력의 의의와 결실에 대해 깊은 이해와 성찰, 실천력을 증명해보여야한다..

　요약하면: 이상은 한반도의 진정한 평화를 위해 출구전략을 중심으로 대담을 한 것이다. 위의 3분은 평생을 대북연구와 실천을 두고 구동존이(求同存異)의 정신으로 내재적 접근을 해온 이 분야의 전문가이자 실천가임을 알 수 있다. 냉전논리의 상황에서 결코 쉽지 않은 용기를 낸 역정의 과정을 두고 경의를 표하게 된다.
　촛불정부의 출현으로 본격적으로 한반도에 평화와 번영, 통일이 도래하는가 싶었는데 결과는 여의치 않은 것이다. 민간이 아무리 열심히 일하고자 하나 국제정세의 영향도 있었겠지만 대통령의 결단과 용기가 수반되지 않고서는 여의치 않은 것이다. 마침 임기 마지막이지만 UN총회연설에서 대통령이 종전협정을 강조한 것이다. 북도 화답하였다. 마지막 기대를 걸게 된다.

그리하여 대북 민간접근을 두고 법적·제도적 장치가 마련되어 더 이상 가다서다를 반복하지말고 '지속가능한 평화 만들기'가 추진될 수 있도록 하여야 한다는 것이다. 정부가 자주외교의 정치력을 발휘하게 되면 우리들의 전문성과 실천적인 역량을 살려 한국민족주의로 한민족공동체건설에 일로매진할 수 있는 명실상부한 출구전략의 '평화의 담론(peace talk)'을 열어갈 수 있을 것이다. 궁극적으로 민족통일의 역사적 과업을 완수할 수 있게 되는 것이다.

단지 이러한 사업이 지속가능한 것이 되기 위해서는 이를 뒷받침할 수 있는 정치철학이 있어야 하지 않는가 하는 것이다. 본인은 평소 천도교인으로서 동학의 인내천(人乃天) 사상을 강조하고 있다. 무극대도(無極大道)인 인내천의 인간중심의 정치철학에 관심을 가져온 것이다. 남북의 유신론과 유물론 세계관을 인간론의 제3의 세계관으로 정립하여 평화통일을 달성하야야 한다는 것이다. 정치학계의 제3정부론, 제3체재론의 주장과도 궤를 같이 한다고 할 수 있다.

4. 질문: 한국 정부가 북한인권 문제에 개입하는 것을 어떻게 보는가?

보수 진영은 정부가 북한의 인권 상황 개선을 위해 적극적인 역할을 담당해야 하고, 대북정책도 인권을 우선하는 것을 원칙으로 삼아야 한다고 주장한다.

이에 반해 **진보 진영**은 인권을 명분으로 한 대북 압박정책이 남북관계와 한반도 안보 환경, 북한 인권상황을 오히려 악화시킬 것이라 우려하며, 정부 차원에서는 '**조용한 외교**'를 펼치는 게 더 효과적이라 주장한다.

그러면 한국 정부는 북한의 인권상황 개선을 위해 어떤 원칙하에, 어떤 역할을 해야 하는가?

답변: 북의 정권보장, 체제보장으로 대북적대시 정책의 철회를 통해서, 즉 선대북제재해제 후비핵화의 원칙 하에서 북의 핵무력 강화정책이 경제성장

정책으로 나아갈 수 있도록 접근해가야 할 것이다.

남북협상(좌우합작)으로 우사의 민족자주 연맹노선이나 소앙의 삼균주의 (三均主義) 접근으로 나아가야 한다. 천도교에는 북의 천도교 청우당이[2] 있어서 남북협상의 역할을 주도할 수 있을 것이다.

5. 질문: 북한에 대한 각종 인도적 지원, **북한 인권 개선을 위한 종교계의 노력은** 북한 당국의 '종교(신앙의) 자유' 허용을 전제로 해야 하는가?

모든 종교는 모든 국가가 종교(신앙의) 자유를 보장하기를 바라고 있다. 특히 가톨릭교회는 모든 인권의 기초가 '종교(신앙의) 자유'에 있다고 보고 모든 나라에 종교(신앙의) 자유 허용을 촉구하고 있다.

그러나 북한은 종교계의 대북지원은 수용하면서도 종교(신앙의) 자유는 불허하고 있다.   이런 상황에서 종교계가 북한의 인권 상황 개선을 위해 할 수 있는 역할이 있겠는가?

할 수 있다면 어떤 영역에서 어떤 방법이 가능하겠는가?

답변: 서양철학과 종교가 '**외재적 초월주의**'를 특징으로 하고 있는 반면에 동학은 '**내재적 초월주의**'의 형태를 갖는다고 분석한다(정진화, "수운과 센델의 생명사상연구". 『동학학보』 제59호, 2021). 전자는 신과 인격의 질적 차이가 강조되어 수직적 위계질서가 형성되며 이것이 현실사회에 적용될 경우 불평등한 사회질서의 기반이 될 수 있다. 하지만 신의 특징인 초월성, 절대성, 무한성을 인간 내면의 특징으로 남는 내재적 초월주의는 신과 인간의 동질성을 두고 착취와 피착취의 불평등을 지양하여 평등의 관계로 전환시킬 수 있다. 혼원한 지기(混元之氣)로 시천주 개념의 내재적 초월성이다. 지기란 인간과 자연의 우주만물 창조의 근원이자 모든 생명의 궁극적 본질로서 만물은 지기에 의해서 형성되고 발현되는 것으로 본다.

수운은 이러한 논리를 '불연기연(不然其然)'으로 설명했다. 조물주(造物者)에 비교하여 '불연'은 기필코 판단하기 어려우나 조물주가 모든 만물의 창조

---

2) 강재(剛齋) 신숙(申肅)의 삼본주의(三本主義)는 민본정치의 실현, 노본경제의 조직, 인본문화의 건설이다. 이는 한국독립당의 당강(黨綱)이 되었다. 3·1독립운동후 최동오선생과 함께 천도교의 대표로 참여하였다. 『왜 이념당 건설인가!』(민족사상연구 제21호). 민족사상연구소, 2012. pp.357~384.

자인 것을 알면, '기연'인 이치를 알아 세계는 이분법적 이항대립의 세계가 아니라 이데아와 현상계의 구분과는 달리 불연과 기연의 세계는 어느 하나만으로는 완전해질 수 없는 세계라는 것을 알 수 있게 된다는 것이다.

이러한 접근으로 천도교는 일찌기 청우당을 만들어 자본가 전횡의 미국식 자유민주주이 정부와 무산자 독재의 소련식 프로레타리아 민주주의 정권을 지양하여 진정한 민주국가, 도덕문화국가를 꿈꾸었다. 동귀일체(同歸一體) 정신에 바탕한 가부장적 윤리의 극복과 진정한 남녀평등사회의 건설, 사인여천(事人與天), 성·경·신(誠·敬·信), 삼경사상(三敬思想: 경천(敬天), 경인(敬人), 경물(敬物))에 바탕한 청우당(靑友黨)이 꿈꾼 높은 윤리적 이상과 문화국가로서의 비젼은 분단극복을 위한 평화적 통일국가건설의 밑거름이 된다. 북의 인권상황도 이러한 동학사상의 구현으로 비로소 개선되어질 것으로 사료된다.

6. 질문: 북한인권 문제가 국제적으로 공론화된 지 20여 년이 흘렀다. 그간 국제사회의 압박과 제재가 있었지만 북한 인권 상황이 기대만큼 개선되었다는 소식은 없다.

과연 북한의 자발적 협조 없이 국제사회의 노력만으로 북한의 인권 상황을 실질적으로 개선할 수 있겠는가?

혹은 북한을 움직여 국제사회와 협력하며 인권 상황을 개선할 수 있는 방법은 있는가?

답변: 토마스 오헤아 킨타나 유엔 북한인권 특별보고관은(<동아일보>, 2021. 10.25. [A6면]) 신종 코로나 바이러스 감염증(코로나 19)으로 인한 북한 주민의 경제적 어려움을 거론하며 대북제재 재평가 및 완화의 필요성을 재차 언급했다.

그러나 미국무부는 북한 주민들의 어려움은 북한 정권의 책임이라며 북한의 민생고가 대북제재 완화논의로 이어지지 않도록 선을 분명히 그었다.

킨타나 보고관은 22일 뉴욕본부에서 기자회견을 열고 코로나 19이후 북한의 인권상황을 업데이트한 보고서의 주요내용을 브리핑했다. 그는 국제사회의 대북제재와 북한의 엄격한 방역 및 국경봉쇄 등으로 북 주민의 생활에 필수적인 북·중간의 거래의 통제로 식량구입이 어려워졌다며 이러한 봉쇄정책으로 북한을 그 어느 때보다 고립되어 있고 이로 인해 정보가 차단되면서 북 내부 인권상황을 파악하기가 점점 더 어려워지고 있다는 점을 지적했다.

그는 이어 대북제재로 압박을 우선시하는 접근이 북한을 더욱 고립시키고 있고 이로 인해 인도주의와 인권 측면에서 의도하지 않는 결과를 낳고 있다고 했다. 그러면서 유엔 안전보장이사회가 코로나 19 팬데믹이라는 특수상황에서 대북제재 체제를 다시 평가하고 필요할 경우 제재를 완화할 것을 권고한다고 밝혔다.

인도주의적 지원 뿐 아니라 북한 주민의 생계에 영향을 미치는 직물과 수산물 수출 등 분야 별 제재를 완화해야 한다는 것을 분명히 한다고 강조했다.

그러나 미국은 네더프라이스 국무부 대변인은 이들 관련 질문을 받고 북한 정권 자체가 자국내 인도주의적 상황에 대한 책임이 있다며 안보리결의 등은 유효하며 모든 유엔 회원국은 안보리의 결의를 준수할 의무가 있다고 했다.

박한식 교수의 남북에는 다섯가지 이질성이 있다고 하였다. 김반아 박사의 "남북의 이질화 극복을 위한 좌우뇌의 접근방법"의 글에서 소개하는 내용이다.

북은 민족주의, 사회주의, 집단주의, 평등주의 정신(주체철학),

남은 세계주의, 자본주의, 개인주의, 자유주의, 물질(돈, 인맥) 등이 남북이 움직이고 있는 제도와 방법으로 정반대로 상이하다고 하였다.

남북은 1991년 12월 13일 <남북기본합의서>에서 서로 상대방의 체제를 인정하고 존중한다고 했다. 서로 같은 역사적 뿌리에서 태동했고 하나의 통일된 나라가 되어야함을 의식하고 있는 것이다. 한국은 인도적 차원에서 북을 적극 지원해야 할 것이다. 남북은 경제협력을 강화하고 **연합제(연방제)후 통일을** 추진해야 할 것이다.

남북은 북의 지나친 자주정신과 남의 나약한 자주정신을 융합하여 **새로운 패러다임의 자주를 창조해야 할 것이다.** 남북 정부는 남북의 '**이질화 방지위원회**'를 조직하여 연중 회의를 하고 **중립화 정책**을 검토해야 할 것이다.

지구촌 193개국의 750만명의 재외동포가 살고 있고 재외동포들은 남북경제공동체 건설, 세계 한민족 네트워크 공동체 건설을 하는 데 중요한 민족적 자산이다. 남북 정부는 **미국과 유엔의 제대대상이 아닌 불가침 조약을 체결하고** 서울과 평양에 대표부를 개설할 수 있을 것이다.

좌뇌의 관점은 남북의 각종 현상들을 머리로 분석하고 해결책을 제안하나 동시에 판단하며 때로는 심판한다. 이런 행동은 남남갈등 뿐만 아니라 학자, 통일운동가들 사이에도 분열을 일으킨다.

우뇌의 관점은 다양한 이질성들을 통합적으로 가슴을 열고 다가가서 보며 본질(영성, 신성, 진아)과 연결한다. 우뇌는 판단을 삼간다. 우뇌로 세상을 볼 때는 사물을 분별하여 통합적으로 인식하고 거기에서 그친다. 우뇌의 방식은 실천하지 못하는 것이 문제이다. 판단과 분열의 차이를 가르치지 않기 때문이다. 부모와 교사 자신도 그 둘을 혼동하고 판단을 하는 것이 습관화되어 있다. 정확하게 인식하는 데서 그치지 않고 편견 속에서 심판자의 역할(말)을 반복하고 원망하고 꾸짖고 탓한다. **원래 심판은 신의 영역으로 수행자들이 끈임없이 판단하여 거짓을 알아채고 중단시키는 것이다.** 각자가 자기를 최고의 신으로 착각하는 행동의 과오를 범할 때 일어나는 현상이다. 그런데 **자고로 한민족은 영성(신성)을 숭배하고 이상을 추구하는 경향이 강하여 초자아가 깨어나면 우주의 기운을 타게 된다. 영적으로 깨인다.**

심판하듯 판단하지 않기 위해서는 그래서 깨어있는 훈련을 해야 한다. 인간의 인지능력에는 심판할 수 있는 능력은 내재해 있지 않다. 심판이란 심판자가 너는 절대적으로 틀렸다 라는 결론을 내리는 것인데 이는 사실상의 신의 영역에 속하는 것이다

남북갈등과 남남갈등은 사람들이 무의식적으로 자기를 최고의 신으로 착각하면서 행동하는 과오를 범할 때 일어나는 현상이다. 이는 너무도 쉽게 상대를 적으로 만든다. 한민족은 하늘 신앙을 가졌고 천신(天神)은 한국적인 초자아의 원형을 제공하고 있다. 지금 한류가 지구촌을 들석이는 이유는 한국사람 저변의 영성적인 힘이 자기표현의 예술로 매체와 통합하여 뿜어내기 때문이다.

사람들이 본질 대 본질로 만나서 모두의 순수의식이 작동하게 되면 기적과 같은 현상이 일어난다. 이제 본질에 대한 무지를 깨고 자각하여 치유의

길로 나가야 한다. 통합현상과 마음의 치유가 널리 인식되고 음악과 공연예술로 하여 이념과 관련된 가슴의 상처와 한에 묶여 있는 냉전논리를 체험한 세대들이 (설명이 아닌) 이해와 사랑과 (추론이 아닌) 직관의 치유의 에너지로 더 이상 분단과 분열이 없는 넓은 창공으로 날아오르기 바란다. 막혀 있는 남북의 통로도 냉전을 경험하지않은 이 땅의 젊은 청년들이 앞장서서 뚫고 나아갈 것을 기원한다.

본질(천성(天性), 영성(靈性), 신성(神聖), 진아(眞我))을 자각할 때 마음의 치유가 일어난다. 감정의 불바다가 잠잠해지고 평정심이 회복될 때 본질에 대한 자각이 떠오른다. 2021년 한국사회에는 통합명상과 마음의 치유에 대한 인식이 널리 퍼져있다.3) 가까운 장래에 그 영향이 남남갈등, 남북갈등을 해소하는 영역에 미치기를 바란다. 가장 쉬운 방법은 음악과 공연예술일 것이다. 10만의 세계 각국의 아미(army)들을 능라도에 초대해서 대대적인 BTS공연을 하는 꿈을 함께 꾸어보자.

---

3) 윌버(Ken Wilber)는 삶의 3양태(차원)을 말한다. 비분리성, 비이원성을 본질로 하는 영성(靈性)(sprituality)이라는 **대통섭의 진정한 통찰의 진화적 홀아키(holarchy)**를 제시한다. 육안(肉眼)·심안(心眼)·영안(靈眼)의 감각적, 정신적, 초월적인 각각의 고유한 앎의 대상이 상호 조응한다. 미국의 생물학자 윌슨(Edward O. Wilson)의 저서 『Consilience』(1998)가 통섭으로 번역되면서, 진리는 설명의 차원이 아니라 이해의 차원이며, 추론의 차원이 아니라 직관의 차원이라며 **통섭적인 세계관**을 제시한다. 뉴 패러다임의 진리는 물질과 정신, 부분과 전체, 작용과 본체의 유비적 대응관계에 주목한다. 리사(理事)·체용(體用)·진속(眞俗)·염정(染淨)의 일체의 경계가 해체된 무경계의 혼원지기(混元之氣)의 세계이다.
　　공공성, 소통성, 자율성, 평등성을 본질로 하는 한사상이 근대의 시·공간에서 독창적으로 발현된 **동학의 생명사상**이다.

공평세상을 위한 정치지도력[1]

I. 서언

공평사회는 앞으로 계급이 철폐되어 사람들의 의식수준이 높아져 법적 통제없이도 다 자각적으로 사회질서를 지키기 때문에 맑스의 지적처럼 정권기관을 통한 사람의 관리가 필요없게 되고 물건의 관리만이 남게 된다는 것이다.

그러나 현실은 사회가 발전할수록 사회성원들의 요구와 이해관계를 사회 공동의 요구와 이익에 맞게 통일적으로 조절하는 문제는 더욱 필요하게 되며 사회관계를 합리적으로 개선하고 개인의 이익과 공동의 이익을 다같이 실현할 수 있도록 사회에서 차지하는 사람들의 지위와 역할을 통일적으로 조절하는 사회적 기능으로서의 **정치**는 영원히 필요하다.

정치를 발전시키기 위한 노력은 모든 사회에서 그리고 영원히 필요하다.

공평세상을 위한 정치지도력을 두고 동학·천도교의 공평(公平)(사상)(equity, fairness, impartiality, justice)과 관련하여 살펴보도록 하자.

II. 공평이란?

먼저 공평의 개념에 대해 알아보자.

공평(공정, 평등)은 어느 쪽으로 치우치지 않고 평평하게 고른 것으로, 능력에 따라 차별을 받지 않는 기준을 정한다. 능력에 따라 차등대우를 차별이란 발상은 공산주의의 발상이다. 무상배급, 무상노동으로 국가가 주는 대로 먹고사는 것이다. 공산주의체제에서 평등은 인간윤리를 무시하고 사회질서를 파괴하여 한 때는 시아버지 동무, 며느리 동무라 하여 평등이 윤리화, 제도화 되지못한 저열한 평등개념이다.(喆菴 朴應三, 『東學思想槪論』 1976)

또 공평은 한쪽으로 기울어지지 않고 공정함(judgement)으로, 원래는 저울로 무게를 달다는 뜻에서 유래한 말로서 항상 치우침 없이 항상 공정하여 올바른 것으로 거룩하신 하나님의 성품의 한 면으로서 하나님의 백성이 추

---

1) 노태구 외, 『공평국가: 민주개혁정부』(홍익세상: 2021. 12. 15) pp. 27~41.

구하여야 할 삶의 태도이기도 하다.

한편 유사한 말로 형평(衡平)이라는 말이 있다.

형평운동은 1923년부터 일어난 백정(白丁)도 사람이라는 백정들의 신분해방운동이다. 형평의 사전적 의미는 '균형이 맞은 상태'로 불평등을 평등한 것으로 개혁한다는 사회적, 개혁적 의미가 담겨 있다. 형평운동을 추구한 백정들이 지향한 평등은 상향적 평등으로 자신들이 받는 차별대우를 근절하고 평민과 대등한 수준으로 대우를 받는 것이었다.

형평운동은 평등사회를 지향한 것으로 인종이나 직업 등을 넘어 모두가 평등한 권리를 갖는다는 것은 근대 평등사회의 이념이다.

형평사(衡平社)는 1923년 4월 진주에서 백정들의 신분해방을 위해 설립된 사회운동단체이다. 1930년대까지 활동하고 일부는 사회주의사상을 수용하여 계급을 타파하고 백정에 대한 모욕적인 칭호를 폐지하며 교육을 장려하며 백정도 참다운 인간으로 인정받도록 하고자 하였다. 개항 이후 자유평등사상이 유입되고 형평청년전위동맹 사건을 겪으면서 퇴조하여 대동사(大同社)로 전락하여 일제 식민통치에 영합하게 된다(1935년 4월).

형평사는 백정의 계급적인 투쟁과 민족적인 해방투쟁의 두 가지 성격이 내포되어 독립운동의 방향을 두고 일어난 신분해방운동이다. 일본의 수평사(水平社)(도자(屠者)의 신분해방운동단체)의 조직 소식을 듣고 무장투쟁, 외교활동, 의열투쟁, 실력향상운동, 농민노동운동, 청년학생운동의 일환으로 일어난 것이다.

III. 동학·천도교의 공평관

동학 천도교의 공평의 개념은 인내천(人乃天)의 뜻을 제대로 파악하는 데서 이해할 수 있을 것이다. 인내천이란 천도교의 종지(宗旨)이다.

'인내천은 사람이 한울을 모시고 있다'는 시천주를 바탕으로 하고 있다. 모든 사람이 한울님을 모시고 있으므로 사람이 바로 하늘이라는 인내천으로 이어지고, 나아가 사람을 대할 때 한울님처럼 대해야 한다는 사인여천(事人與天)의 윤리가 이에서 비롯되었다. 인내천을 통해 한울 사람의 삶을 이룩하고, 한울사람이 사는 지상천국(地上天國)을 이루는 데에 천도교의 본뜻이

있기 때문에 인내천을 그 종지로 삼았다

인내천의 견지에서 평등이란 신인합일(神人合一), 개전일체(個全一體) 자타일체(自他一體)의 사인여천을 따라 사람마다 각득기소(各得其所)의 평등이 되고, 각수기분(各守其分)의 평등이 실시되어야 한다.

동학의 하나로 돌아간다는 동귀일체(同歸一體: 모든 일이 한 몸으로 돌아온다)의 정신에서도 공평의 뜻을 살필 수 있다. 수운은 산하대운 진귀차도(山河大運 盡歸此道: 산하의 큰 운수가 모두 이 도로 돌아온다)라 하여 동귀일체의 도(道)와 한 몸은 무극대도(無極大道) 또 천도(天道)라고 하였다. 천도는 우주를 허·공·무(虛·空·無)라 부를 수 있는 것의 중심을 말한다. 공평의 포용력이 무한하다.

수운은 유일집중 인사지찰(惟一執中 人事之察: 오직 중을 잡는 것은 사람이 할 바)이라고 했다. 중(中)은 마음의 중심을 뜻하며 마음의 중심을 성품이라고 할 수 있고, 성(性)은 곧 하늘을 의미한다. 맹자는 마음을 다하면 성품을 보고 성품을 보면 하늘을 알게 된다고 했다. 한울님을 잊지 않고 믿고, 공경하고, 정성을 들이는 일이다. 종교적으로 들릴 수 있지만 실은 자신에게 하는 일이다. 즉 동학은 한울님을 자각케 하고 이를 기르기 위해 탄생했다고 할 수 있다. 다시 개벽, 후천개벽(後天開闢)이라고 부른다. 인류역사와는 완전히 다른 공평의 참사람, 참교육, 참정권이 태어나는 것이다.

공평(통일)은 우리 눈이 평면에 머물러 서로 다른 둘을 통합하는 것이 아니라 우리 눈이 피라밋의 꼭지점에 이르러서는 평면에서는 서로 다르게 보이지만, 본래 하나였다는 사실을 자각할 수 있다. 조물주(造物者)와 조상이 우리와 하나이듯이 불연기연(不然其然)의 이치이다.

공평사상은 새로운 생각에서만 나올 수 있다. 어진 기운으로 만물을 살리는 봄기운과 만물을 불평없이 엄정하게 죽이는 숙살의 기운은 어떤 경우에도 양립할 수 없는 대립 모순이지만 계절의 중심에서 보면 우주기운의 두 측면일 따름이다. 두 기운을 서로 조화시키면 생명이 번창하고 두 기운을 조화시키지 못하면 죽음이다. 음과 양의 조화에서 우주만물이 탄생하였다. 그 음양조화를 이루는 힘이 하나의 혼원한 기운(混元之氣)이다. 이 하나의 혼원한 기운에 통하는 길을 천도로 하여 집중(執中)이라 한다.

공평사상은 모순을 새로운 차원으로 통일시켜 새로운 생명을 탄생시키는 길이다. 남북이 통일되기 이전에 내 마음이 천지(天地)의 이치와 먼저 통해야 한다. 그러면 남북통일은 동학의 공평사회로 하여 현실로 성큼 다가올 것이다.

IV. 정치가의 역할

일부 사람들은 한정된 민주주의만을 강조하면서 사회적 운동의 통일성을 보장하기 위한 지휘나 지도의 필요성을 부정한다. 이런 사람들은 모든 문제를 다수결로 결정하고 사회여론에 의거하여 해결하여야 한다고 주장한다.

경제나 문화 등 어떠한 운동에서도 전문가가 있고 전문가의 지도가 필요한 것처럼 정치에도 정치전문가가 있고 **정치전문가의 지도**가 필요하다. 학생에 대한 선생의 지도, 환자에 대한 의사의 지도가 필요한 것처럼 대중에 대한 정치전문가들의 지도가 필요하다.

어쨌든 개인의 자유와 평등도 절대적으로 보장하고 사회의 통일도 절대적으로 보장할 수는 없다. 개인의 자유와 평등도 상대적으로 잘 보장하면서 사회의 통일도 상대적으로 잘 보장되도록 하여야 한다. 개인의 이익에도 맞고 사회공동의 이익에도 맞는 점을 찾아내도록 하는 것이 **정치의 요령**이라고 말할 수 있다.

개인의 자유가 더 귀중한가 사회공동체의 통일이 더 귀중한가에 대하여 추상적으로 논의할 것이 아니라 어떻게 하는 것이 개인의 이익에도 맞고 사회공동의 이익에도 맞는가를 구체적 실정에 비추어 판단하는 것이 필요할 것이다. 자유는 사람들의 수준과도 관련되어 있다. 의식수준이 낮은 어린애들에게 지나친 자유를 주어서는 안되는 것처럼 아직 사상문화 수준이 낮은 뒤떨어진 나라들에서 선진국가들에서 실시하고 있는 민주주의적 자유를 그대로 모방하려고 하는 것은 잘못이다. 다년간 개인독재 밑에서 민주주의적 자유가 극도로 억제되어 온 실정에서 갑자기 발전된 자본주의 나라들에서 실시하고 있는 민주주의적 자유를 그대로 모방하는 것은 적합하다고 볼 수 없다.[2]

계급주의적 사회주의에서는 정치가 경제와 문화를 지배하였다면, 오늘 자본주의 사회에서는 일반적으로 경제에 비하여 정치와 문화가 상대적으로 뒤

---

2) 황장엽, 『개인의 생명보다 귀중한 민족의 생명』(서울: 시대정신, 1999. 12. 15), p. 199.

떨어져 있고 따라서 경제에 종속되어 있다. **민주정치**를 확립하기 위하여서는 정경유착 현상을 극복하고 정치가 국가와 사회의 공동의 이익을 옹호하는 원칙에서 사회생활 전반을 통일적으로 조절하여 나가도록 하여야 한다.

따라서 **공평세상도 자유경쟁의 원리와 상호협조의 원리를 옳게 결합시켜야 한다.**

평가와 경쟁은 뗄 수 없는 관계에 있다. 평가가 있는 곳에 반드시 경쟁이 있고 경쟁이 있는 곳에 반드시 평가가 뒤따르는 법이다. 능력평가사업을 광범하게 조직함으로써 능력을 높이기 위한 경쟁을 대대적으로 벌이게 하여야 한다. 정치·경제·문화의 모든 분야에서 능력판정 시험제도를 엄격히 세우고 능력 판정의 결과 자격증을 수여하여야 하며 자격증에 따라 적재를 적소에 배치하고 사업실적에 따라 평가해 주어야 할 것이다.

사회성원들의 행동에 대한 정확한 평가제도를 세우기 위하여서는 신상필벌(信賞必罰)의 원칙을 철저히 관철하는 것이 중요하다. 착한 행동에 대하여 빠짐없이 표창하는 동시에 죄과를 범한 자에 대하여서는 반드시 처벌하는 공명정대한 국가적 규율을 세워야 한다. 처벌의 도수를 강하게 할 것인가 약하게 할 것인가 하는 문제는 국민의 의식수준과 국가와 사회의 이익에 맞도록 구체적 실정을 고려하여 정하여야 할 것이다.

아직 일반적으로 정치를 권력과만 결부시켜 생각하고 정치능력을 사람들을 틀어쥐고 관리하는 통솔력으로만 인식하고 있다. 민주주의는 주권이 인민에게 있다는 것을 강조하고 있음에도 불구하고 사람들은 정치인을 권력을 쥔 사람으로서 두려워하며 그들에게 아부하고 있다. 이것은 정치에 대한 올바른 관점이 서 있지 않다는 것을 말하여 준다.

설사 오늘은 아직 정치가 권력과 결부되어 있지만 앞으로 민주주의가 발전할수록 정치적 특권의 가치가 떨어질 것은 의심할 바 없다. 그런데 특권이 없어지고 계급적 차별이 없어진 미래사회에 가서 권력에 의거한 정치가 없어진다 하더라도 정치 자체는 없어지지 않는다. 사람들을 결합시켜 통일된 사회적 집단을 이룩하며 사람들의 사회적 협력을 실현해 나가는 사회적 기능이 다름 아닌 **정치**이다. 원시사회로부터 오늘에 이르는 인류발전 역사는 인간의 사회적 협력이 끊임없이 확대 강화되어 왔다는 것을 보여주고 있다. 사회적 협력을 확대 강화하여 온 민족은 번영하고 내부가 분열되어 협력이 잘 되지 않는 민족은 쇠퇴 몰락하여 멸망한다는 것이 **역사의 교훈**이다. 공평의 정치지도력이 주목되는 이유이다.

V. 동학·천도교의 정치관

사람들이 사회적으로 결합되어 협력하면 인간의 생활력이 강화된다는데 대해서는 다 잘 알고 있지만, 사회적 결합을 통하여 인간의 삶의 요구 자체에서 큰 변화가 일어나고 행복을 누리는 수준에서 질적 변화가 일어난다는데 대하여서는 응당한 관심을 돌리지 못하고 있다.

온갖 특권이 없어진 미래사회에 가서는 정치에서 폭력이 완전히 없어지게 되겠지만 그것은 정치의 약화를 의미하는 것이 아니라 **정치의 발전**을 의미한다. 폭력에 의거한 강제적인 통일과 협력은 참다운 통일과 협력이 되지 못하며 그것은 공평의식의 자각적인 통일과 협력보다 비할 바 없이 약한 것이다. 폭력이 없이 진행되는 정치에서 비로소 **정치의 참다운 본질**이 뚜렷이 표현된다고 보아야 할 것이다.

정치일꾼들은 인민들의 운명에 대하여 책임지는 입장에서 어머니의 심정으로 인민들을 위하여 복무하여야 하며 옳은 방향으로 이끌어주어야 한다. 어머니는 아이들의 단순한 심부름꾼이 아니라 아이들의 생명의 보호자이며 생활의 지도자이다.

어머니의 기쁨과 행복은 자녀들이 씩씩하게 자라 훌륭한 인재가 되는 것이다. 이와 마찬가지로 **정치일꾼**들은 인민들이 행복한 생활을 누리고 국가가 부강발전하는데서 끝없는 기쁨과 행복을 체험하게 되어야 할 것이다.

정치지도자들은 생활에서 불편이 없도록 물질적으로 보장해주며 사회적으로 높은 대우를 해주어야 한다. 그 대신 책임성을 높이고 관료주의와 부정부패가 나타날 때에는 엄격히 처벌하여야 한다.

어머니 심정의 정치가들에 대해 사랑과 존경심을 갖인 국민대중과의 굳은 단결과 협조를 보장하는 것은 모든 승리의 결정적 담보가 된다. 공평세상을 만드는 **사상부문(담당) 전문가**들은 사상이론적으로 일반대중을 교육교양할 뿐 아니라 사상의 정당성을 실천적 모범으로 보여주어야 한다.

어머니 심정의 공평세계에 대한 정치지도력을 두고 천도교의 사회관·향복관(享福觀)을 통해서 설명해보자(金哲, 『인내천이론의 개요』 2003년). 천도교 공평관은 진실로 만인을 위해 복을 누리는 사람, 사회를 위한 정신적 성숙한 어른이 되어 도덕적인 민주주의국가를 건설하는 것이다. 공산세계가 신을 부정하는 유물론이지만 서로가 평등하여 잘 살아보자고 하는 것은 나쁘지 않다.

동학은 도덕적 평등으로 그 기저에는 천주를 신봉하는 **도덕적 우주관**이 내재해 있다.

수운은 일신(一身)으로 도(道)에 순(殉)하여 덕(德)을 후세 만대에 전하고자 하여 이를 천명(天命)이라고 당당히 말할 수 있었던 것이다. 순도(殉道)를 두려워하지 않은 것은 죽어서도 장생(長生)의 공평 복(福)을 알았기 때문이다.

"나의 주문(呪文)을 받아 사람들을 가르치고 포덕(布德)을 하면 너로 하여금 장생하여 천하에 뚜렷이 빛나게 하리라"고 한 천명에 순응하는 것이기에 당당할 수 있었던 것이다. 천주와 합일됨으로써 모든 사람에게 숭앙을 받는 것이야말로 최고의 복이다.

베푸게 되는 조건이 없어야 한다. 거기에 무슨 목적이 있어서는 안 된다. 모든 **종교**가 그렇게 되어야 한다. 도를 배반하고 돌아간 사람은 경이원지(敬而遠之)하라고 했다. 죄는 미워하되 사람은 미워하지 말라는 반면교사(反面敎師)적 교훈 방법으로 설명한다.

그리고 도척 같은 사람도 강령(降靈)이 내리는 것에 대해, 수운은 도는 불택선악(不擇善惡)이라고 했다. 강령 그 자체는 도(道)이며 교(敎)가 아니다. 교는 선악을 분별하지만 도는 무선무악(無善無惡)이다. 동학의 도는 막비자연(莫非自然)이기 때문에 자연 이치를 따라 학문의 공정성과 중요성이 확인될 수 없다. 비가 모든 대지를 적시듯이, 그러나 지극히 지기의 경지에 이르면 지덕(智德)을 갖춘 성인의 경지에 이른다(至化至氣 至於至聖).

그러면 사회정의의 문제는 어떻게 되는가. 도가 해(害)도 덕(德)도 없다면 이는 천주가 알아서 판단할 일이니 인간이 판단할 일이 아니라고 했다(有害有德 在於天主 不在於我).

다만 도를 배반하거나 악한 사람들이 복을 누린다는 말만은 다른 사람들이 듣게 해서는 안 된다고 했다(斯人享福 不可使聞於他人). 세인(世人)의 주관적인 평가로 행복을 논하지 말고 역사적인 평가를 받아야 한다는 뜻이다. 주위에 부당한 방법으로 부귀영화를 누리는 사람은 그들에 대한 올바른 평가는 역사에 맡기라는 것이다.

이상으로 우리는 斯人享福 不可使聞於他人(사인향복 불가사문어타인)이라는 구절을 통해서 동학의 향복관, 공평관을 엿볼 수 있다.

내가 사회에 얼마나 즐거운 마음으로 기여할 수 있느냐, 얼마나 가치있는 삶을 영위하고 있느냐, 그것이 한울님의 뜻과 합치되는 것이냐 하는 것이 동학 향복관의 초점이다.

공평은 무극대도(無極大道)의 동학사상에서 그 근거를 가진다고 할 것이다.

VI. 공평사상으로 보는 통일관

통일을 위해서는 오늘날 남북관계를 먼저 살펴볼 필요가 있다. 남북관계는 민족 내부 관계이기 때문에 대외관계와는 근본적으로 다르지만 나라가 완전히 통일될 때까지는 남과 북이 여전히 각각 독립국가의 형태를 유지하여야 하므로 대외정책에서 민족공동의 이익을 위하여 남북이 긴밀히 협조하면서도 서로 다른 측면을 가질 수 있는 것이다.

공평사상에 의한 완전통일은 제도상의 통일까지 실현한다는 것을 의미한다. 원래 사회제도는 무엇보다도 생산력의 발전수준과 인간의 사상문화 수준에 상응하게 수립되어야 하는 것이다. 남북이 제도상의 통일까지 이룩하기 위하여서는 경제발전에서의 격차와 사상 문화적 차이를 최소한도로 줄이고 경제, 문화적 동질성을 회복하는 문제부터 해결하여야 한다.

경제건설 면에서도 외국으로부터 빚을 많이 끌어들여 수출 주도형의 경제를 건설할 것이 아니라 국내 제조업을 빨리 발전시키고 농업을 포함한 국민경제 전반을 기계화하여 근로자들의 노동조건과 물질생활 조건을 개선하는데 전력을 다하여야 할 것이다.

북한은 **사상문화적 면**에서도 서방 자본주의 문화의 부정적 면까지 따라 배울 필요가 없으며 지금까지 발전시켜 온 것 가운데서 합리적인 것은 버리지 말고 보존하고 발전시켜 나가야 할 것이다. 북한에 서방식 자유민주주의 사상을 그대로 들여오면 혼란을 가져올 수 있고 거부반응에 부닥칠 수 있다. **남북이 다 같이 수용할 수 있는 사상은 공평의 사상, 민주주의 사상과 인도주의 사상이며 민족문화와 민족의 역사를 사랑하는 민족주의(애국주의) 사상을 기본 축으로 하여 구동존이(求同存異)의 정신으로 교류를 활발히 벌**

여나가야 할 것이다.

북한이 개혁개방으로 나가는 조건에서 완전한 통일을 이룩할 때까지 연방제를 실시할 필요는 없을 것이다. 유엔에서도 한 개의 연방국가로 활동하는 것보다 두 개의 독립국가로서 민족 공동의 이익을 위하여 서로 협조하는 것이 유리하다. 또 이렇게 하여야 역사적으로 남한이 외국에 대하여 짊어지고 있는 의무를 북한이 짊어지지 않아도 되며, 반대로 북한이 걸머지고 있는 대외의무를 남한이 책임질 필요가 없게 될 것이다.[3]

남북이 각각 자주적 입장을 지키면서 완전통일을 위한 조건을 성숙시키고 민족 공동의 이익을 위하여 긴밀히 협조해 나가는 것이 유리할 것이다.

명승지를 이용하여 관광업을 대대적으로 발전시키며 남북 간에도 **관광교류**를 발전시킬 필요가 있다. 남북 간의 **문화교류**와 **경제교류**를 목적의식적으로 계획적으로 발전시키는 사업을 선행시킨데 기초하여 **정치적인 교류**를 발전시켜 나가야 할 것이다. 경제생활과 문화생활의 동질화를 선행시킨데 기초하여 과도적 단계를 끝내고 **정치제도적 통일**을 이룩하도록 할 것이다.

이와 함께 **남북통일공동위원회**를 조직하고 민족 공동의 발전문제와 조국통일 문제를 남북이 공동으로 협의하여 합리적으로 처리해 나가도록 하여야 할 것이다.

VII. 결어

공평세상을 위해 왜 정치지도력이 요청되는가?

이는 인간의 사회적 본성이 인간이 개인적 존재인 동시에 사회적으로 결합되어 사회적으로만 살 수 있는 사회적 존재라는 인간존재의 두 면과 관련되어 있다.

인간이·개인적 존재라는 데로부터 개인의 자유 평등을 요구하는 특성이 나오게 된다면, 인간이 사회적 존재라는 데로부터 사회공동의 이익과 발전을 옹호하는 특성이 나오게 된다.

개인의 자유와 평등을 요구하는 인간의 특성은 정치지도력을 통한 공동체의 민주주의를 확대 완성하는 방법으로 실현되는 것이다.

이것이 공평민주주의의 원리이기도 하다.

---

3) 전게서, p. 289.

통일평화대학을 근간으로 통일연방정부를[1]

민족의 평화통일을 이루기 위해서는 방법(road map)이 있어야한다. 우리는 그 이념으로 동학사상의 인내천(人乃天)을 표방하나, 민족적 사회민주주의를 말하기도 한다. 평화는 통일이 되기 전에는 불가능하다. 통일된 세계는 인권(생존권, 생명권, 주권)이 실현되는 사회이다. 생존을 위한 자유의 선택권이 없으면 노예가 된다. 존엄한 삶(dignified life)을 위한 생명권은 평등이란 분배의 정의가 보장되어야 한다. 국가의 주권이 없으면 인권은 박탈된다.

작금의 민주주의는 실적주의(meritocracy)가 아니라 금권정치(moneycracy)이다. 사람이 아니라 돈이 말하는 선거가 되었다. 더 나은 세계질서를 수립하기 위해 대학이 올바른 학풍을 진작해가야 한다. 교수(professor)는 professon(전문지식을 교육하는 직업)의 어원에서 유래한다. 주체적 가치관으로 정보를 부여하고 정당화해서 자유(선택권)와 인권을 가리키는 자리이다. 교육을 통해 인간은 아량이 생기고 성장해가는 것이다. 이렇게 '사람'이 된 인간을 '정치사회적 생명체'라고도 한다. 소신껏 자기의 주장을 펼치는 교수의 신분은 정년으로 보장된다(tenure system).

보편타당하고 영원한 진리가 인권이다. 통일된 나라는 모든 상상할 수 없는 인권이 보장된 나라이다. 비판의식과 학문의 자유를 보장하는 대학에서 미래의 사상(idea)이 나온다. 대학이 앞장서서 이념을 만들어내고 정치가 나갈 수 있는 로드맵, 길을 모색한다. 훔볼트대학, 하버드대학, 고려의 국자감이나 조선의 성균관이 그러한 곳이다. 이 시대의 민족적 긍지, 인류의 자신감, 세계의 진로를 제시하는 **통일평화대학**이 필요하다. 남과 북이 손잡고 세계사적 통일대학을 만들어내야 한다.

---

1) 박한식 교수 '통일평화대학'청사진(AOK액션원코리아)통일교육시리즈). 로창현, "통일코리아가 인류를 살린다"(21. 10. 17).

DMZ(남북 4km, 동서 250km)에 존치하는 것이 좋겠다. 제3정부를 세워 남북의 지본주의와 사회주의를 조화시키고, 고려의학을 통해 예방의 동양의학과 치료의 서양의학을 접목시키는 등 관련전공의 대학을 세우는 것이다. 안 되는 것은 역설적 논리, 가능성의 조화인 구동존이(求同存異)의 변증법으로 지양해가는 것이다.

흰색의 본질은 검고 검은색의 본질은 흰색이다. 하나는 전체를 전체는 하나를 위하여 봉사한다. 차기정부는 촛불정부를 통일촛불정부로 진화시켜나가야 한다. 민중은 국민 중에 의식성이 있는 사람을 말한다. 남북의 민중이 일어서면 세계적 역사적 차원에서도 틀림없이 민족자결의 불이 붙게 된다. 우리는 부끄러울 것이 없다. **통일평화대학을 중심으로** 세계 언론을 동원해서 냉전체제의 잘잘못을 알리고 남북이 손잡고 촛불정신을 내외에 보이는 것이 중요하다.

핵무기는 통일을 위해 큰 자산이 된다. 외국의 간섭을 없애는 압력수단이 되기 때문이다. 우크라이나가 국제정치에서 휘둘리는 것을 보라. 한국민족주의에 입각한 비동맹 중립노선의 민족공동체의 건설이 가능할 때 비핵화는 자연스럽게 해결될 것으로 여겨진다.